Hans-Dieter Schütt

Klaus Lederer

Die Sterne über Berlin

Mit einem Vorwort von Gregor Gysi

be.bra verlag

Gedruckt mit freundlicher Unterstützung des Vereins Münzenbergs Erben e. V.

Die Abbildungen in diesem Buch stellte Klaus Lederer zur Verfügung. Sollten versehentlich Rechteinhaber nicht genannt worden sein, mögen sich diese bitte beim Verlag melden.

Bibliografische Information der Deutschen Nationalbibliothek
Die Deutsche Nationalbibliothek verzeichnet diese Publikation in der Deutschen Nationalbibliografie; detaillierte bibliografische Daten sind im Internet über http://dnb.d-nb.de abrufbar.

KulturBrauerei Haus 2
Schönhauser Allee 37, 10435 Berlin
post@bebraverlag.de
Lektorat: Ingrid Kirschey-Feix, Berlin
Umschlag und Satz: typegerecht berlin
Titelfoto: ullstein bild / Thielker
Schriften: Tisa Pro, Minion Pro
Druck und Bindung: CPI books GmbH, Leck
ISBN 978-3-89809-186-2

www.bebraverlag.de

Inhalt

Das fein Geplante / Ist doch zum Schrein.
Das Ungeahnte / Tritt eisern ein.

VOLKER BRAUN

Hier im Reich des Schneekönigs
und unter tausend Sternen
gibt es keine Fragen mehr.
Aber wenn wir wieder unten im Tal sind,
warum wollen wir dann tausend Antworten?

REINHOLD MESSNER

Wir fahren nachts im Boot über den See
und lassen den Himmel dichten.

MICHAEL KRÜGER

Komm lass dich nicht erweichen,
Bleib hart an deinem Kern,
Rutsch nicht in ihre Weichen,
Treib dich nicht selbst dir fern.

FEELING B

Hochzeitsgast: Gregor Gysi gratuliert Klaus und Oskar Lederer, 2009

GREGOR GYSI

Ein utopischer Realist

Linken Politikerinnen oder Politikern gelingt es nicht häufig, auf Beliebtheitsskalen ganz vorn zu stehen und dann sogar Lob von Medien zu beziehen, die der Politik im Allgemeinen und der Linkspartei im Besonderen eher sehr kritisch gegenüberstehen. Man kann sich sicherlich darüber streiten, ob dergleichen Lob überhaupt erstrebenswert ist. Doch wenn einer wie Klaus Lederer beides geschafft hat, Beliebtheit und Lob, dann lohnt es sich schon deshalb, seinem Woher und Wohin, seinem Wofür und Wogegen nachzuspüren.

Lederer ist einer, der über den berüchtigten Tellerrand hinausschaut und sich Gedanken macht, was eine Gesellschaft zusammenhält und in unserer zum Teil geradezu unversöhnlich polarisierten Welt geändert werden muss, damit wieder wirklicher Zusammenhalt entstünde. Dem promovierten Juristen ging es von Anfang seines politischen Engagements an immer darum, dass Wirtschaft, Politik, Recht, ja die Gesellschaft generell der Menschenwürde gerecht werden mögen. Und Zustände eben nicht so sein und so bleiben dürfen, dass sie diesem Wert, diesem Ziel entgegenstehen.

Die preisbedachte Dissertation Lederers beschäftigte sich kritisch mit der Privatisierung im Wassersektor. Die Forderung: Öffentliche Daseinsvorsorge muss sich im öffentlichen Eigentum vollziehen, zumindest aber in öffentlicher Verantwortung geschehen – wenn sie denn im Interesse der Menschen und nicht im Interesse des Profits von Kapitalgebern geregelt werden soll. Diese klare Erkenntnis in die konkrete Politik einer Koalition umzusetzen, die unter massivem Finanzdruck stand – damit hatte sich die Linke in ihren ersten Berliner Regierungsjahren zu Beginn des

Jahrtausends zunächst schwer getan. Zu jener Zeit wurde Klaus Lederer Landesvorsitzender seiner Partei; die Zustimmung des rot-roten Senats zum Verkauf einer Wohnungsgesellschaft ließ die Wählergunst zerfallen. Man muss schon einiges an innerer Stärke besitzen, an Verhandlungskraft, an Geduld und Geschick, um in einer Koalition ein Blatt so zu wenden, dass 15 Jahre später Berlin zur einzigen Großstadt in Deutschland werden kann, in der Mieten dank Mietendeckel – sinken.

Aktuell gibt Lederer keine Ruhe, um der Kunst und Kultur in Berlin in der Corona-Pandemie ein Überleben zu ermöglichen, das wirklich wieder – Leben ist. Von einem für Kultur zuständigen Senator mag man das logischerweise auch erwarten. Doch wer die finanziellen Verteilungskämpfe zwischen den einzelnen Ressorts in einer Regierung auch nur ein bisschen kennt, kann in etwa ermessen, was dies an Kraft und Einsatz, auch Trotz bedeutet. Ein Einsatz für Theater, Kinos, Veranstalter, Clubs, für Künstlerinnen und Künstler – dafür, dass das Land Berlin der Kultur deutlich besser hilft, als es der Bund tut. Wenn in der »BZ« aus dem Hause Springer steht: »Erste Hilfe: Berlin finanziert Kultur stärker und schneller als der Bund« und im Artikel ein kleineres Privattheater mit den Worten »Was wirklich funktioniert, sind die Landesmittel« zitiert wird, so ist das schon ein Ritterschlag für Lederer, auch oder gerade, weil die BZ ihn als Linken so selbstverständlich anerkennend nicht oft erwähnt. Was ich aus eigener Erfahrung kenne.

Als Klaus Lederer 2016 Bürgermeister von Berlin wurde und sich Kultur und Europa als Fachressort erkor, fragten sich einige, warum er sich keinen Politikbereich gesucht habe, der landläufig zu den Schwergewichten zählt. Als Jurist hätte er ja auch den Justiz-Senat beanspruchen können. Heute dürfte sich mancher Kunst- und Kulturschaffende, der die kreative Ruhe der Uckermark der Berliner Hektik vorgezogen hatte, vielleicht fragen, ob es nicht doch besser gewesen wäre, in der Hauptstadt zu bleiben. Allein die Berliner Corona-Hilfen wären dem Brandenburger »Modell«, einem Versteckspiel hinter unzureichenden Bundesregelungen, vorzuziehen.

Wer mit Lederer ins Gespräch kommt, wird schnell bemerken, dass er Argumente der jeweils anderen Seite ernst nimmt, ohne jemandem nach dem Munde zu reden. Er ist das, was man authentisch nennt, und diese Authentizität war schon immer eine der wichtigsten Eigenschaften, wenn man politische Glaubwürdigkeit erlangen wollte. Bei Lederer käme einem nicht die Vermutung in den Sinn, er stelle für einen kleinen politischen Vorteil seine Überzeugungen hintan. Man weiß bei ihm, woran man ist. Daran reiben sich viele, mitunter auch seine eigenen Genossinnen und Genossen.

Neben Bodo Ramelow wurde er zum Gesicht einer Politik, die ihre Mehrheiten links von der Mitte findet und die bei aller Begrenztheit der Landesebenen in einem föderalen System – das zum Beispiel die Steuerhoheit im Wesentlichen beim Bund sieht – eines beweisen kann und muss: dass es nicht egal ist, wer regiert. So lassen sich beim Blick auf Berlin auch Vorstellungen entwickeln, wie mit einer solchen politischen Mehrheit die Bundesrepublik aussehen könnte. Und wie diese Mehrheit im Bund Politik machen würde. Im Gespräch mit den Betroffenen. Frei von Entscheidungswillkür von oben herab. Bürgerbewegungen quasi als Lebenselixier fürs Regieren begreifend.

Solche Vision mag sehr utopisch erscheinen, wenn man sich vor Augen führt, dass bei den Grünen, als möglichem Teil einer solchen politischen Mehrheit, gerade eben erst, im neuen Grundsatzprogramm, die direkte Demokratie sehr weit auf die hinteren Ränge geschoben wurde. Aber angesichts der tiefen wirtschaftlichen und sozialen Spaltung stehen wir vor einer Frage, die drängend der Klärung bedarf: Lassen wir zu, dass die Demokratie weiter marktkonform zugerichtet und damit in ihrem Wesen zerstört wird, oder gelingt es, auf demokratischem Wege den Märkten und dem Kapital endlich und bändigend Regeln zu setzen? Die Antwort wird davon abhängen, in welchem Maße die skizzierte Vision in praktischer Politik – für die Mehrheit der Bevölkerung und mit ihr – realisiert werden kann.

Lederers Arbeiten für Kunst und Kultur in der Hauptstadt ist deshalb auch ein Arbeiten für die Demokratie. Ein Kampf um sie. Denn die politische Rechte stellt demokratische Strukturen und Grundrechte grundlegend infrage. Ihr keinen Raum zu lassen und erst recht keine Dominanz zu ermöglichen, ist Lederer wichtig: Menschen brauchen eine Perspektive für ein einigermaßen planbares Leben in sozialer und öffentlicher Sicherheit. Eltern müssen wieder sicher sein können, ihren Kindern werde es einmal besser gehen als ihnen – diejenigen, die scheinbar einfache Lösungen anbieten und einen nationalen Egoismus predigen, dürfen daher nicht weiter zunehmende Resonanz bekommen.

Als Lederer mit seinem Partner vor Jahren eine Lebensgemeinschaft einging, die Ehe gab es noch nicht, hielt ich zur Feier eine kurze Ansprache. Ich wies darauf hin und kann es inzwischen bekräftigen: dass ich in meinem Leben, hinsichtlich schwuler Männer, Zeuge einer gravierenden kulturellen Veränderung gewesen bin. Als ich Kind war, wurden sie noch eingesperrt. Dann wurde die Strafbarkeit – zunächst in der DDR, später in der BRD – aufgehoben. Der Ruch des Unmoralischen blieb wie kalter Rauch in Klamotten hängt. Dann endlich kam offiziell die Lebenspartnerschaft, und nun gibt es die Ehe. So dass zumindest vom Gesetzgeber her eine volle Akzeptanz als Maß gegeben ist. Die sich als Selbstverständlichkeit auch schrittweise in der Bevölkerung durchsetzt. Es gibt Länder, in denen dies noch gänzlich anders aussieht. Klaus Lederer und seinem Partner sagte ich deshalb, dass sie mit ihrer »späten Geburt« Glück hatten. Sie haben die Schrecken der Verfolgung nicht mehr erlebt und können mit vielen anderen zusammen Schritt für Schritt die Diskriminierung abbauen. So fügen sich in einem Leben Anstrengung, harte Arbeit, Veränderung des Zeitgeists und Glück.

Er hat etwas zu sagen, und es ist gut, dass er in meiner Stadt und ja, auch in meiner Partei, etwas zu sagen hat. Umso mehr, als er mindestens genauso gut zuhören wie reden kann. Es möge noch lange so bleiben.

Gregor Gysi, geboren 1948, Rechtsanwalt und Politiker. 1990–2002 und 2005–2015 Fraktionsvorsitzender der PDS und der Fraktion Die Linke im Bundestag. Seit 2020 außenpolitischer Sprecher der Fraktion.

HANS-DIETER SCHÜTT

Der dynamische Gleichmut

1.

Sich in einer Stadt nicht zurechtzufinden, so Walter Benjamin, heiße nicht viel. Aber sich in einer Stadt zu verirren, wie man in einem Walde sich verirrt, dies brauche Schulung. Es bedarf des wachen Blicks für Licht, dem man ausweicht, und Schatten, die man sucht; es bedarf der Lust auf Überraschungen unterwegs, die man nicht sofort mit Zu- und Einordnung erledigt. Geh hin, wo es nichts zu sehen gibt und wo du dir trotzdem alles merken willst. Wo du nur ums Haus gehst – und es ist ein Weg um die Welt. Jedes Gossengras gehört zur Geschichtsschreibung der Menschheit. Geh schräg. Steig hinab. Sei daneben. Dunkle dich weg. Fahr mit Fernlicht in Sackgassen. Vertrau Wegweisern, die noch keine Aufschrift tragen.

Benjamin band seine Bemerkung über das Verirren ans geschäftige, wirre, brodelnde Berlin. Auch für den Dichter Uwe Johnson, viele Jahrzehnte später, war Berlin ein Grund für Lob. Lob etwa für eine Bahn, »in der ein Fensterplatz noch was wert ist«. Denn dies erlaube Blicke hinaus in des Ortes so besondere Dreifaltigkeit: das Geerbte, das Gekerbte, das Gegerbte. Die S-Bahn: »das Dunkelkarmin, das Ochsenblut, das behäbige Geld darüber. Wir erkennen das Geräusch ohne Nachdenken, die klirrende Durchfahrt, nachts das atmende Bremsen und Anfahren, singende Beschleunigung.«

Berlin ist Großstadt – und längst auch Klein-Staat. Stadtstaat. Bundesland. Klaus Lederer von der Linkspartei ist Senator für Kultur und Europa. Die Kultur ist im Grunde solch eine Benjamin'sche Einladung: sich kundig zu verirren. In Vielfalt, in Mehrfarbigkeit, in Erlebnisfülle. In Berlin dürfen die grandiosen urbanen Angebote des Universalen unanfechtbar behauptet und beschworen werden. Nunmehr muss freilich hinzugefügt werden: wenn nicht gerade Corona-Beschränkungen schwer auf allem lasten.

Lederer, Jahrgang 1974, war Landesvorsitzender seiner Partei; seine Senatsverwaltung ist Teil einer rot-rot-grünen Koalition; inzwischen wurde er Spitzenkandidat der Linken für das im Herbst 2021 neu zu besetzende Amt des Regierenden Bürgermeisters. Das Grün der Stadt, der Ankauf kommunaler Wohnungen, die Bekämpfung der Armut, das kosmopolitische Lebensgefühl und Berlin als Teil eines europäischen Metropolennetzwerks – Lederer wird wissen, wie man für den möglichen großen Schritt ins Rote Rathaus gewichtige Pakete schnürt. Aber in unseren Begegnungen für dieses Buch breitet er vordergründig keine politische Bilanz aus. Und er präsentiert kein Parteiprogramm – Wahlpapiere werden woanders ediert. Er kapriziert sich auch nicht als Kandidat. All das hätte mich wenig interessiert und kaum im Dialog gehalten. Denn interessantere Schlüssellochperspektiven als die eines Politikerbüros gibt es allemal.

Es bleibt also genügend Misstrauen: Wer mit einem Politiker Interviews führt, macht sich generell der Beihilfe zu dessen Eigenwerbung schuldig. Hier nun trotzdem ein Funktionärs-Bild in Frage und Antwort?

Was mich zum Gespräch bewog, war eine Vermutung: Da versucht sich einer in halbhoher Politik, und man sieht ihm an, wie er sich gegen landläufige Rekrutierungsmechanismen des Betriebes wehrt. Eines Betriebes, der überall darauf hinauszulaufen scheint, sich ins Gegenteil seines Auftrages zu verkehren, nämlich: aufzulösen statt zu binden. Was sich in der politischen Praxis allenthalben auflöst, sind Vertrauen und Glaubwürdigkeit. Wahrlich, wer die Wahl hat, hat viel Qual: Bevölkerung, die gewonnen werden soll, fühlt sich von Politikern und Parteien zunehmend gepeinigt. Es genügt zur Bestätigung das lähmende Erlebnis eines TV-Tages mit »phoenix« oder »n-tv«: Ausführungen, Einlassungen, Erörterungen. Statements. Pressekonferenzen, Gesprächsrunden. Fraktionen sitzen, Ausschüsse sitzen, Kommissionen sitzen. Räte, Präsidien, Gremien aller Art. Alles sitzt. So geht der Betrieb. So scheint alles stillzustehen. Kontakt zum Leben: Fehlanzeige.

Man betrachte sich die Aufenthaltsorte von Politikern: Gemeinplatz, Schleudersitz, Listenplatz, Regierungsbank, Hinterbank oder jene lange Bank, auf der die Probleme gehortet werden. Gefesselte Gullivers allesamt. Und ihre Lektüre erst! Akten, Rundschreiben, Vorlagen, Dossiers, Entwürfe, Positionspapiere, Bulletins, Resolutionen, Protokolle, Gutachten, Anfragen, Anträge, Berichte, Richtlinien, Entschließungen. Angesichts dessen muten Treffen mit Politikern wie eine fatale Einladung an: Komm mit ins Elend!

Lederer weiß das. Er kann Elend weglächeln. Er lächelt gern, weil es ihm ein Entree für Gedanken ist. Die er dort hat, wo andere nur Argumente vorbringen. Manchmal freilich gehen sie aus. Ein Tweet vom Ende des vergangenen Jahres: »Ich kann nicht mehr. Heute bin ich richtig durch. Schnauze voll. Morgen wird es wieder besser sein. Es hilft, an die zu denken, die wirkliche Probleme haben. Mir geht es doch gut.«

2.

Er ist einer von den großen Kerls. Große, oder präziser: lange Kerls neigen zur Herablassung. Das ist ein natürlicher Reflex, denn die Welt der meisten anderen Menschen befindet sich nun mal auf einem etwas niedrigerem Niveau der Körpergrößen, und das Herabneigen bekommt damit etwas charmant Ungelenkes. Weil der Eindruck vermieden werden soll, man selber blicke von oben herab, sei also – bleibe man ungebeugt – herablassend. Demnach kann Augenhöhe für große Kerls eine Turnübung sein. Gegen den Verdacht des Hochmuts. Der aufrechte Gang, welch Paradoxon, erhält damit zwangsläufig etwas Gekrümmtes. Klaus Lederer weiß auch das und lässt sich also, wenn er in eine Begegnung hineingeht – herab. Was bleibt ihm übrig. Lächelt er jetzt vorsichtshalber? Nein, zugewandt. Er genießt sich selber auf angenehme Weise und möchte wahrscheinlich am liebsten, dass Menschen, die mit ihm in Kontakt kommen, dies auch tun. Oft, so der Eindruck, schafft er das.

Ist das schon Verhandlungsgeschick? Der Journalist Stefan Willeke hat es in der Hamburger »Zeit« so beschrieben: Klaus Lederer vom Flügel »der Total-Pragmatiker und Halb-Reformer« habe »ein Händchen dafür, schwerwiegende Konflikte fein zu zerbröseln«. In den Jahren als Landeschef der Berliner Linken gelang es ihm zum Beispiel, sehr heftigen, nicht ungefährlichen innerparteilichen Richtungskämpfen auf eine Weise beizukommen, dass die gemeinsame Handlungskraft bewahrt blieb.

Er war »der erste Alternative auf dem Chefsessel der Berliner Sozialisten«. So die »taz« 2005, als Lederer Vorsitzender des PDS-Landesverbandes geworden war. »Mit spektakulären Bekanntmachungen über einen neuen Kurs kann ich nicht dienen«, war damals einer seiner ersten Sätze in ein Mikrofon. Diese erste, grundlegende Maßnahme: Maß einzig an dem zu nehmen, was die Wirklichkeit vorgibt. Die Wirklichkeit, nicht die Utopie. Eine Vorsichts-Maß-Nahme. Das leise Treten als Ausdruck von Courage. Lederer wurde so zum Leadsänger des Backgrounds. Er hört nicht schlechthin zu, er hört offen. Er sammelt, ehe er entscheidet. Es sind die kleinen Kreise, die er zu großen Impulsgebern erhebt.

Die Frage nach einem Heil hat ihn nie bedrängt. Einer Mission hing er nie an und nach. Er gehört zum Beispiel auch nicht zu jenen, die eine links so hervorstechend gewordene Identitätspolitik mit nervender Tendenz zur Selbstradikalisierung betreiben. Queeres Selbstbewusstsein? Natürlich. Lederer präsentiert es. Aber fern jener neuen Ideologie, die »aus jeder Sachfrage eine Frage der Ehre macht«, wie es der Dramaturg Bernd Stegemann im »Spiegel« formulierte. In einem Essay warnte er vor »Aktivisten, die sensibel nach Kränkungen fahnden und blind für ihre eigene Aggressivität sind, mit der sie andere anprangern«. Lederer ist das Pendant. Er steht gegen die Vorherrschaft des vermeintlich politischen Richtigen, das sein Urteil einzig aus dem Glaubenssatz bezieht: Diese Gesellschaft will mich nicht so, wie ich bin. Ein Glaubenssatz, der sich gern als linkes Bekenntnis betrachtet. Lederer steht gegen derartig unterkomplexes Denken aus dem heraus, was Stegemann »Wutspannung« nennt. Zudem ist er keiner von den Genossen, die nach wie vor und explizit in vorwiegend östlicher deutscher Geographie ihre so wichtigen Selbstbejahungsstellen finden. Er ist also keiner von denen, die noch immer in der politischen Gefahr stehen, dass ihre DDR-grundierte Bodenhaftung zu blockierender Hermetik wird. Lederer: für sowas zu jung, zu klug, zu neugierig.

Als Kultursenator war er Ende 2016 auf Tim Renner gefolgt. Einer fatalen Unrühmlichkeit hatte dieser Staatssekretär von Wowereits leichtfertigen Gnaden die Krone aufgesetzt, als er den Direktor der Tate Gallery of Modern Art, Chris Dercon, zum Intendanten der Volksbühne am Rosa-Luxemburg-Platz machte. Nach einem Vierteljahrhundert Frank Castorf. Ein Proteststurm brach los. Warnungen gingen an Renner, das Theater nicht mehr zu betreten. Als er 2018 dort eine Filmvorführung besuchte, traf er auf den Schauspieler Alexander Scheer. Der schüttete ihm ein Glas Bier über den Kopf.

Vier Jahre nachdem Lederer Senator geworden war, einige Monate nach dem Beginn der Corona-Krise, »ernannte« ihn Reimund Spitzer, der Betreiber des Golden-Gate-Clubs, in einem Gespräch mit dem »Tagesspiegel« zum »St. Georg der hauptstädtischen Kulturlandschaft«. Die Zeitung kommentierte: »Wer weder Rheinländer noch katholisch geprägt ist, würde auf den Drachentöter-Vergleich vielleicht nicht kommen. Doch was Lederer vor seiner Senatorenzeit im Blick hatte – Minderheitenschutz und Bürgerrechte – das will er auch im Kulturbereich realisieren.« Und er tat es.

Einen »Beschützer soziokultureller Nischen« und »Apostel der Teilhabe« bezeichnete ihn Frederik Hanssen im »Tagesspiegel«. Und plötzlich dann war er der sehr Entschiedene – und war dies entschlossener als andere. Er nämlich war es, der im Corona-Anbruch des Frühjahrs 2020 – gewissermaßen gegen den eigenen Herzschlag – das Schließen der hauptstädtischen Theater und anderer Kulturinstitutionen betrieb. Mit bitterem Dank an seine Mathematiklehrerin, die »uns die Exponentialfunkton lehrte«. Es drückten die Bergamo-Bilder mit den Corona-Toten, und Fantasie war ihm nicht, wie gewöhnlich, die Rettung vor der Welt, sondern die Öffnung in sie hinein. Fantasie produzierte nämlich noch schlimmere Bilder als die realen italienischen aus der Lombardei, schuf somit Visionen der Angst, deren Verwirklichung auch den Freiheitsort Berlin in die Existenznotlage eines Sperrgebiets zwingen könnten. Und so offenbarte der gelassen nachdenkliche Senator seine Fähigkeit auch zum operativ befähigten Krisenmanager. Eine Fähigkeit, die sich übers Jahr zu halten wusste.

Mit Energie und gespannter Wachheit versucht Lederer, eine schon etwas bejahrte, aber bewahrte Jungenhaftigkeit ins Amt zu verlängern. Im Rhythmus der täglichen Stresserzeugung ist das nicht immer leicht. Aber er passt sehr auf, möglichst oft einer zu sein, der nicht nur immer aufpasst. Etwa wenn es um politische Korrektheit geht. Auf einer Pressekonferenz im November vorigen Jahres verkündete der Regierende Bürgermeister, Michael Müller, Coronaschutz-Maßnahmen. Als er von zu schließenden Friseursalons sprach, strich sich der mit auf dem Podium sitzende Lederer mit ironisch kommentierendem Lächeln übers kurze Haar. Er selber redete Minuten später über die sehr ernsten Corona-Diskussionen mit Müller, dabei sei koalitionäres Vertrauen, ohnehin vorhanden, noch einmal derart gewachsen, dass er Zuversicht spüre in die Verlängerung dieser politischen Partnerschaft in Berlin. Lange vorm Wahlkampf um den neuen Senat schon ein Koalitionsangebot? Und wieder dieses Lächeln, jetzt dezent offensiv. Müller hörte. Ja, hörte – zu, nicht offen. Saß plötzlich wie festgeklemmt. Ihm fiel nur ein, den Kopf zu schütteln und ebenfalls zu lächeln. Aber in der Weise, wie man etwas Flapsiges weglächelt.

Dieser sekundenkurzen Szene, gar nicht weiter wichtig, kann man ein Kalkül Lederers unterstellen und hätte sie wohl schon sehr überinterpretiert. Aber man kann des Senators Bemerkung auch für einen ehrlichen Reflex halten, und vielleicht ist damit überhaupt nichts überinterpretiert. Denn: Warum nicht sagen, was man nach anstrengenden Gesprächen mit SPD (und Grünen) empfindet? Warum nur immer gefiltert leben? Warum nur fortwährend diese Rekrutierung durch Taktiken? Warum nur immer Vorsicht und Rücksicht darauf, wann welche Absicht »nach draußen« darf?

3.

Politik ist ein Geschäft im Zerrfeld von Spannungen. Ordnung ist da nicht wirklich hineinzubringen. Wir wählen, wählen ab, wählen falsch und als Konsequenz beim nächsten Mal gar nicht. Oder wählen wieder nur so wie immer schon. Also erneut falsch. Wir lassen uns von den behaupteten Tendenzen der aktuellen Entwicklung fangen oder nicht. Alles wechselt alle paar Jahre, das Entscheidende freilich ändert sich nicht: Unterm Druck welcher Regierung, unterm Druck welcher Opposition, unterm Flaggenmix welcher politischer Farben auch immer – die Renitenz des Wirklichen straft die Propheten jeglicher geschichtlichen Geradlinigkeit Lügen. Denn Regierungszeit wechselt, die Zeiten ändern sich so rasch nicht. Und nur eine einzige Frage, entstanden aus sozialen Erfahrungen und gegen sie, geprägt von Psyche und Temperament, vereint allzeit alle Menschen: Wie soll man leben? Die gültige Antwort weiß niemand, kein Dichter, kein Forscher. Kein Politiker. Diese einzige Frage also. Und die Suche nach Antworten trennt die Menschheit seit jeher in zwei Gruppen, unabhängig davon, wer jeweilig an der Macht ist. Welt: Was für die einen Möglichkeitsräume sondergleichen darstellt, ein riesiges Selbstverwirklichungsfeld, das gilt den anderen als Arena des Scheiterns, als ein Amphitheater des immerwährenden Ruins. Melancholiker, Frohnaturen, Macher und Zauderer, Gelegenheit Begreifende und Flucht Ergreifende, Schwermütige und Weltverbesserer, Träumer und Pragmatiker, auf Abbruch Existierende und jene, denen die neuen Ufer nie ausgehen – sie alle existieren seit jeher und für immerdar auf zwei sehr wesensverschiedenen Planeten, die aber zufällig den gleichen Namen tragen: Erde.

Und so blüht eine Fantasie, die Frieden brächte: Es müssten nur zwei Wahrheiten zusammenfinden. Dass die Ideale nicht zu Ende sind – davon erzählen die einen; dass die tägliche Entzauberung der Ideale auch weitergeht – davon erzählen die anderen. Und: Jedes Wissen interessiert jeden. Das wär's: Der Blick derer, die nur Zukunft schauen, kreuzt sich mit dem Blick derer, die leider schon zu viel gesehen haben.

Aus dieser Fantasie entwickelt Klaus Lederer das, was man vielleicht einen dynamischen Gleichmut nennen könnte. Zur Philosophie seiner linken Lebenskunst gehört nämlich, etwas zu genießen, das für eine Programmpartei wie die seine schwer erträglich sein muss: den Status fortwährenden Übergangs, den Zustand des Unentschiedenen, die Unwägbarkeiten des offenen Ausgangs.

Dass Linke wie Lederer mitregieren, wirkt auf Länderebene als Zeichen wider die geläufige deutsche Lage, besonders zu beobachten im großkoalitionär geprägten Bundestag: Die Regierung ist im Grunde der Exekutivausschuss der Parlamentsmehrheit, die Kontrolleure im Parlament bilden nur die stagnierte Minderheit. Jeder Einspruch wie gegen die Wand gesprochen. Lederer ist Protagonist einer belebenden Totengräberei, wie sie bereits in mehreren Bundesländern dirigierende Praxis ist: Die Zeit der Volksparteien gehört der Vergangenheit an.

Der Sinn von Politik sei Freiheit, sagt Hannah Arendt. Freiheit in solcher Perspektive ist nicht gemeint als Fähigkeit und Privileg des einzelnen Subjekts oder als Eigenschaft des isolierten Ichs, sondern als eine Form des Miteinander-Seins, als eine Realität, die nur stattfindet, wo mehrere sich treffen. Politik ist das Geschehen, in dem sich übergreifende, handlungsleitende Ideen und ein kollektives Bewusstsein formen, daher ist es auch der Vollzug von Auseinandersetzung und Konflikt.

Können Parteien das je wieder werden? So frei, so einladend, so aufklärerisch?

»Unübersichtlichkeit« ist ein Wort, das Lederer gern ausspricht. Es klingt bei ihm nicht wie eine Last, eher wie eine Lockung. Vielleicht schaffen es Parteien doch noch, Triebkräfte kommender Frühe zu sein, vielleicht aber stolpern sie alsbald der Moderne hinterher wie ein überlasteter Gepäckträger mit einem Berg alter Koffer. Jeder Koffer gefüllt mit Kampfbegriffen, die Meilenstein sein wollten, aber vom Stein nur noch das hinderliche Gewicht haben. »Der Weg ist nicht zu Ende, wenn das Ziel explodiert«, sagt Heiner Müller. »Wie lang hält die Erde uns, und was werden wir die Freiheit nennen?«, fragt Volker Braun.

4.

In jedem besseren Frage-Antwort-Fluss erinnern sich die Gesprächspartner gegenseitig an ihre intelligenteren Möglichkeiten. Man entdeckt die Freude, navigationsfähig zu sein in einem Problemraum. Genau von dieser Art waren die Gespräche mit Klaus Lederer. Sie fanden von Juni bis Dezember 2020 statt. Wenn er so rede und sich dabei Fasern des Ingwer-Tees von der Zunge zupfe, so der »Tagesspiegel«, spüre man, wie hinter der linken Rhetorik »ein in formaler Logik geschultes Mathematikergehirn mit ungeheurem Tempo Verknüpfungen« herstelle. Schnell redet er, die Hände reden gleichsam mit, als seien sie am Knüpfen der geistigen Verbindungen beteiligt.

Es überraschte mich während der Gespräche, wie wiederkehrend schnell Klaus Lederer von Alltäglichkeiten auf Astronomie zu sprechen kam, auf Sterne, auf Konstellationen weit außerhalb unserer Begreifensgabe. Um just diese Gabe zu schärfen. Das Unbegreifliche als Trainingsfeld für die Zuversicht ins Wissen. Und ebenso für die Zuversicht, dass Wissen nicht alles ist. Weiß der Himmel!, so ruft der Mensch seine Unsicherheit hinaus. Der Himmel als das, was diese Stadt Berlin teilte (Christa Wolf); der Himmel als der Ort, von wo Engel herabkamen (Wim Wenders). Der Himmel über Berlin; ein nordischer. Irgendwo in dieser Stadt liegt vielleicht noch ein Stück Stacheldraht. Hat vergessen, was es bewachen sollte. Gegenüber der Senatsverwaltung in der Brunnenstraße, wo Klaus Lederer arbeitet, prangen an einem Gebäude groß und weiß, die Worte von oben nach unten, über die gesamte Fassade verteilt: »Dieses Haus stand früher in einem anderen Land.«

Und wieder Heiner Müller: »Berlin ist das Letzte. Der Rest ist Vorgeschichte./ Sollte Geschichte stattfinden, wird Berlin/ der Anfang sein.«

War das schon? Ist das gerade? Kommt das erst?

Hans-Dieter Schütt Berlin, im März 2021

Arbeitsplatz: Rednerpult im Abgeordnetenhaus, 2010

I

»Du bist ganz Gegenwart.
Du wirfst dich rein.
Kommt Zeit, kommt … was weiß ich.
Ich spiele nicht auf Platz.
Aber ich verkrampfe nicht.«

Klaus Lederer, den Kaffee trinken Sie aus einer Tasse, auf der steht etwas Eindeutiges: »Der Kapitalismus funktioniert nicht.« Auf der anderen Seite der Tasse der Verweis auf Marx.

Das ist eine völlig groteske Beschriftung. Erstens stimmt sie nicht, zweitens hat es Marx so nie gesagt. Karl Polanyi hat vom Kapitalismus als einer »Teufelsmühle« gesprochen, das trifft es eher. Ja, die Tasse … ein Geschenk mit komischer Aufschrift, aber ich mag sie trotzdem (*lacht*). Mein Fundus an Büro-Kaffeetassen ist groß, heute ist zufällig diese dran. Hauptsache heiß.

Sind Sie ein Morgenmensch, ein Wochenanfangstyp?

Eher gehe ich mit gemäßigtem Temperament in Tag und Woche. Aber das Leben und seine Abläufe richten sich ja nicht danach (*lacht*). Gestehen muss ich: An die Schlagzahl, die mir in meiner jetzigen Tätigkeit abgefordert wird, kann ich mich wahrscheinlich nie ganz gewöhnen. Mir liegt der ruhige Start. Ich bin ein Nachmittagsmensch, tendierend zum Nachtmenschen.

Vorsicht bei der Aussprache. Klingt wie Machtmensch.

Immer genau hinhören!

Mark Aurel soll gesagt haben, ein Mann von vierzig Jahren und in ausreichend höherer Stellung habe alles Wesentliche erfahren, was im Leben zu erfahren sei.

Ich bin über vierzig und kann das nicht bestätigen.

Vielleicht ist Ihre Stellung noch nicht ausreichend hoch.

An Höhe habe ich in dem Zusammenhang noch nie gedacht. Höchstens in einer Hinsicht: Wege nach oben sind – schräg.

Was ist denn an Ihrer Laufbahn so schräg?

Ach, das war nur eine schiefe Sprachspielerei. Hoch, schräg … alles unpassende Wörter. Fallhöhe, das klänge noch am plausibelsten (*lacht*).

Ich kann nur sagen, dass ich nie drauf aus war: Da will ich hin! Ich konnte eigentlich in jeder Phase meines Lebens nur verwundert feststellen: Aha, da bist du also jetzt gelandet.

Sie sind doch kein Spielball!

Neugierig bin ich.

Nicht auch ehrgeizig?

Zielstrebig, wenn ich zu einer Sache Ja sage.

Senator genannt zu werden – wie fühlt sich das an?

Es hat etwas Surreales, etwas Unwirkliches. Wenn ich den »Regierenden« irgendwo vertrete …

Ach ja, Sie sind ja auch Bürgermeister. Einer der zwei Stellvertreter.

… also wenn mich zum Beispiel ein Bezirksbürgermeister »Senator« nennt, dann hoffe ich immer, in seiner Tonlage möge ein winziger Anteil Ironie mitschwingen. Auch weiß ich, dass der Fahrer meines Dienstwagens Angestellter der Stadt Berlin ist, nicht meiner. Ich kann sehr wohl auch mit der Straßenbahn fahren, und ich mach's bisweilen. Ich wohne nicht im Dienstwagen, und ich finde es schon bezeichnend für das allgemeine Bild vom Politiker, wenn dich der Nachbar geradezu erstaunt anspricht: Schön, dass du nicht wegziehst, jetzt, wo du doch Senator bist.

Hans Magnus Enzensberger sagt: »Der Eintritt in die Politik ist ein Abschied vom Leben. Ein Kuss des Todes.«

Da ist was dran, wenn man von der Berufspolitik spricht.

Was tun Sie dagegen?

Mich nicht küssen lassen. Ich versuche, mich in diesem Betrieb möglichst nicht herauslocken zu lassen. Aus mir selber. Ich mühe mich um Verbindlichkeit, um kontrollierte Lautstärken und eine angemessene Schrittgeschwindigkeit (*lacht*). Öffentlich zu sein, ohne allzu auffällig zu werden, das wär's. Und deshalb habe ich das Befristete meines politischen Daseins gewissermaßen festgeschrieben, es steht auf meiner Website, es ist die öffentliche Selbstermahnung, nicht einzuknicken in der Überzeugung: Es gibt noch eine Welt woanders. Ich habe diesbezüglich keine Agenda und hatte nie eine.

Auf Ihrer Website steht: »Mein Leben habe ich nicht der Politik geweiht, Berufspolitiker werde ich nicht auf ewig sein.«

Ja, denn dafür ist es abseits von Plenar- und Sitzungssälen viel zu bunt. Aber das heißt ja nicht, dass ich nun, da ich Berufspolitiker geworden bin, energiegedämpft arbeite.

Wenn man in der Politik einen bestimmten Rang hat wie Sie, in anderen Bundesländern heißt das: Minister – hört man dann nicht doch jene Türen zuschlagen, die in ein anderes Leben führen?

Als mir die Spitzenkandidatur für den Wahlkampf 2016 angetragen wurde, war es für mich nicht zwingend, nunmehr, bei einem möglichen guten Ergebnis, in die politische Dauerschleife einzutreten. Wolfgang Schäuble ist seit 1972 im Bundestag. Das war zwei Jahre vor meiner Geburt. Für mich eine Ewigkeit im politischen Getriebe. Das wird mir nicht passieren.

Hoffen Sie.

Ich weiß es.

Hoffen Sie.

Ich weiß es. Jetzt Regierungspolitik mit zu betreiben, das heißt für mich: Verantwortung wahrnehmen, aber mit klarer Vorstellung, mit wem und wie lange.

Wie lange?

Sie glauben doch nicht wirklich an eine Antwort jetzt. Aber es wird ein Danach geben. Das entscheide ich zum richtigen Zeitpunkt.

Pressekonferenz mit Cello, dem »Instrument des Jahres 2018«, Berliner Philharmonie

Richtig ist?

Ein Zeitpunkt, an dem ich noch ein Empfinden für Zukunft habe. Ich glaube an diesen richtigen Zeitpunkt und daran, dass ich ihn nicht verpasse. Alles andere würde mich handlungsunfähig machen.

Aber die Karriereplanung …

Das Wort sticht bei mir nicht. Politiker der Linkspartei und Kultursenator bin ich nicht aufgrund eines lang gehegten persönlichen Plans geworden. Angenommen habe ich die jetzige Herausforderung, weil ich fand: Berlin hat seine Kultur lange unter Wert behandelt. Da wollte ich eine Alternative bieten. Aber wenn man dann an so einer Stelle ist, betreibt man für sich keine Zukunftsplanung.

Vorsicht.

Nein, du bist ganz Gegenwart, nicht mehr, nicht weniger. Du wirfst dich rein. Kommt Zeit, kommt … was weiß ich.

Der Wahlkampf kommt.

Ich gehe sehr frei da hinein. Und ich gehe ins Risiko, das weiß ich.

Keine Freiheit ohne Abhängigkeit: Wer A sagt, muss Bürgermeister sagen. Und zwar: Regierender Bürgermeister.

Muss nicht. Kann. Ich will. Und spiele nicht auf Platz. Aber ich verkrampfe nicht.

Sie wollen. Warum?

Wir haben als Linke im Wahlprogramm vor Jahren gesagt: »Die Stadt gehört euch.« In der Koalition arbeiten wir jetzt seit vier Jahren auch daran. Aber für ein Gemeinwesen, in dem niemand zurückgelassen wird, gibt es immer noch sehr viel Arbeit.

Stimmen Sie dem Grundgesetz zu: Solange einer Geld verdienen muss, muss er sich was gefallen lassen?

Gehalt bekommen heißt: gehalten werden? Das stimmt nur zu einem Teil.

Erstens kommt es auf die Höhe des Gehalts an …

Wir können das abbrechen! Das ist eine rhetorische Technik, die wirft einem Gysi vor, dass er ein Genießer ist, die kritisiert an einem Lafontaine oder sonst wem die Rotwein-Leidenschaft, und sie nimmt einem Lederer wahrscheinlich übel, dass er meist kostenfrei Veranstaltungen der sogenannten Hoch- und Höchstkultur besucht. Wer links ist, bekämpft Armut, muss doch aber nicht selber Hartz IV beziehen, um glaubwürdig zu sein. Das zum einen. Zum anderen: Ich empfinde das, was ich tue, wirklich als Traumjob. Momentan. Ich bin darin glücklich. Momentan. Aber ich weiß: Irgendwann werde ich diese Aufgabe nicht mehr nach meinen eigenen Ansprüchen erfüllen können. Hohe Ansprüche taugen nur, wenn sie mit dir selber wachsen, immer ein Stück über dich hinaus. Und außerdem habe ich eine ziemlich gute Vorstellung davon, was ich eines Tages ohne eine 60- bis 80-Stunden-Woche machen werde.

Was denn?

Vielleicht Klavier oder Cello lernen, mehr Bücher lesen und mehr schreiben, vielleicht wieder Lehraufträge übernehmen. Ich würde gerne meine Sprachkompetenz verbessern und mehr von der Welt sehen, mein persönlicher Globus hat noch zu viel unentdecktes Land. Ich hoffe, dass ich das alles hinbekomme, solange es noch Spaß macht.

Das ist der Vor-Gedanke ans ferne Alter?

Fern?

Ich bitte Sie, was weiß ein relativ junger Mensch wie Sie übers Alter?

Danke. Aber was ich eines Tages wissen werde, ahne ich schon. Allein die Literatur ist voll von diesem Wissen. Nehmen wir das Reisen. Eines Tages wird aus dem Satz: »Da möchte ich *wieder* hin« der Satz: »Da möchte ich *nochmal* hin.« Und wenn der Geist dann trotzig sagt, ich will, antwortet der Körper möglicherweise: Ja, aber ich kann nicht mehr … Dann ist es zu spät.

Warum sind Sie links?

Man könnte sagen, aus anatomischen Gründen: Herz statt Ellenbogen.

Weniger pathetisch?

Das freie Spiel der Kräfte soll nicht entscheiden, wer als gesellschaftsfähig gilt und wer nicht.

Verstehen Sie, dass manche Leute Angst vor den Linken haben?

Klar. Ist noch keine Ewigkeit her, dass diese Linken in Deutschland Demokraten wurden. Als Opposition nimmt man uns längst wahr und ernst. Aber was passierte, wenn wir mal wieder die Macht hätten? Blieben dann alle Linken Demokraten?

Wäre Deutschland besser, wenn die Linke die parlamentarische Mehrheit hätte?

Die Frage verführt zum »Ja«.

Das Jahr 2021 ist auch in Ihrer Partei ein Jahr personeller Wechsel. Wie sehr beansprucht Sie das?

Diejenigen, die eine Partei nach außen repräsentieren, sind nicht automatisch identisch mit denen, die sie führen. Das war, ist und bleibt so. Ich muss gestehen: Es gab Zeiten, da haben mich personelle Fragen, im Zusammenhang mit dem Zustand der Partei, schon mal mehr interessiert. Mich bewegt anderes. Zum Beispiel stören mich Lagerbildungen nach alten Mustern.

Was meinen Sie damit?

Es reicht nicht, sich in einer großen historischen Tradition der Arbeiterbewegung zu fühlen und diese Vergangenheit der antikapitalistischen Kämpfe dann dauernd so, als gäbe es sie noch, gegen eine ruppige Gegenwart verteidigen zu wollen. Das ist langweilig. Das reißt nicht hoch und reißt nicht sehr viele Leute mit. Wenn du relevant sein willst, musst du die Wagenburg verlassen.

Und in eine Regierung gehen, etwa in die von Berlin.

Zum Beispiel.

Die Gefahr besteht darin, sich den Verhältnissen anzuschmiegen, statt sie zu verändern.

Ebenso bleibt es eine Gefahr, sich Illusionen über das zu machen, was in einer spezifischen Situation erreichbar ist. Alles richtig. Aber man kann als politische Minderheit nicht so tun, als könne man andere Parteien oppositionell vor sich herjagen und ständig moralstolz darauf verweisen, wie wenig man sich selber an der Gesellschaft die Hände schmutzig macht. Der Protestgestus steht einer linken Partei im hoch entwickelten, rücksichtslosen Kapitalismus grundsätzlich gut zu Gesicht, ist Teil ihres Wesens …

Aber?

Wenn darüber hinaus die Übersetzung von sozialen Interessen und Bedürfnissen in praktische, institutionelle Politik nicht gelingt, dann schleift sich die Attraktivität des Protests ab. Wenn wir auf die jeweilige Lage nur immer mit einer weiteren Radikalisierung der Protestpose antworten, wird es eines Tages sehr schwer, überzeugend für realistische Wege der Veränderung zu werben und die Spielräume dafür zu nutzen.

Es gibt Linke, für die existiert nur die soziale und die Friedensfrage.

Zentral wichtige Fragen, zweifelsohne. Aber sie führen bei manchen eben zur Zwangsparole, den Kapitalismus abzuschaffen, und zwar möglichst sofort. Denn: Dessen schäbigste Form, der Imperialismus, trage den Krieg als Keim in sich wie die Wolke den Regen. Bei diesen leidenden, sich ständig im Kampf befindlichen Linken macht man sich schon verdächtig, wenn man diese einfache, wünschenswerte Botschaft nicht permanent auch verkündet, bis zum Anschlag.

Nur immer dieser Druck, diese Fixierung, diese Reduktion des Lebens auf Kampf. Und auf Arbeiterklasse!

Dabei ist die Welt der abhängig Beschäftigten äußerst vielfältig. Da passt nichts mehr in eine landläufige Parole. Der tariflich abgesicherte Fabrikarbeiter in Großunternehmen ist heute – falls er es je war – nicht mehr prototypisch. Die Maschine vertreibt den Menschen. Dessen Arbeitsanteil an der Warenproduktion geht relativ zurück, und die verbleibende Drecksarbeit zieht zynisch in die Länder des Südens oder findet hierzulande eher im prekären Dienstleistungsbereich statt als in der Fabrik. Es gilt, diese Dynamik analytisch zu erfassen und daraus progressive Politik zu entwickeln. Hier von überlebten Bildern auszugehen, führt in die Sackgasse. Die sich dort auftut, wo vor die Wahrnehmung schon wieder die Definition gesetzt wird.

Überspitzt gesagt: Man kann nicht erst dann mit Gestaltung beginnen, wenn man die Mehrheit hat.

Es ist doch seltsam, dass auch in unserer Partei von manchen gern gesagt wird, gemeinsame Politik mit bürgerlichen Parteien mache erpressbar, man müsse gewissermaßen Abstand wahren, man gehöre nicht dazu – aber wenn es um die Sicherung von Mandaten geht, um die Verteidigung von claims, da wird mit Bandagen gekämpft, dass man nur staunen kann über diesen Fleiß und diese Wendigkeit, sich im bürgerlichen Politikbetrieb zu halten.

Das Thema moderner linker Gesellschaftskritik besteht nicht mehr in Zukunftsgewissheit, in Zukunftsbesitz gar?

Allein das Ende des rohstoffextensiven Fordismus mit Massenproduktion und Massenkonsum steht für viele Veränderungen nach 1989. Nationalstaatliche Steuerungen werden unterlaufen, und globale kapitalistische Dynamik mit ihren ökologischen und globalen sozialen Konsequenzen stellt uns vor ganz neue Herausforderungen. Hinzu kommt der Zusammenbruch des real existierenden, parteibürokratischen Sozialismus als Versuch, eine humanistische Gesellschaft diktatorisch, per ordre über die Menschheit bringen zu wollen. Mit allen bitteren Folgen und eben auch dem Erbe schlimmer Verbrechen. Mich macht das demütig, für mich folgt: Linke müssen raus aus dieser hinderlichen Selbstbeschränkung, jegliche Veränderung unterhalb der »Abschaffung des Kapitalismus« – wie eigentlich und zugunsten wovon? – lohne den Einsatz nicht.

Was haben Geringschätzung und Herablassung und die Kultivierung der Fremdheit im System zur Konsequenz?

Dass jedes noch so kleine Denken und Handeln in Alternativen, auch in parlamentarischen Strukturen, als zwecklos erachtet wird. Mein Freund Robert Misik hat mal auf die Frage, warum der Klügere nachgebe, geantwortet: weil der Klügere weiß, was passiert, wenn zwei Züge frontal aufeinander zufahren. Also sucht er nach rettenden Weichenstellungen. Wer sich im Besitz der Wahrheit wähnt, bleibt auf seinen eingefahrenen Gleisen.

Es heißt bei Kritikern, die Frage, wer in dieser Gesellschaft was vom großen Kuchen abbekomme, also die soziale Frage, werde bei den Linken leider durch vehemente Identitätspolitik in den Hintergrund gedrängt.

Ein profundes Missverständnis. Als schlösse das Eine das Andere aus. Man muss schon sehr schlicht denken, um eine so einfache Logik aufzumachen. Aber schlichtes Denken sucht bekanntlich auch links begierig nach Futter. Von den Gralshütern des »Hauptwiderspruchs« kommt der Vorwurf: Wer sich im Identitätsdiskurs verhakt, ist abgedriftet und hat den Klassenstandpunkt verlassen. Damit wird ein alter Toter exhumiert: das Denken in den überholten Trennungen von Basis und Überbau. Aber soziale Hierarchien sind deutlich komplizierter, als es die schlichte überkommene Klassenkampfaufstellung suggeriert. Neoliberale Ideologie verstärkt die Differenz – was es erschwert, auch über Milieus und Schichten hinweg Bündnisse entlang gemeinsamer Ziele und Interessen zu bilden. Aber hier wird es doch erst interessant …

Ein Kabarettist sagte kürzlich: Bald hat jeder Mensch sein eigenes Geschlecht.

Sei's drum. Die Anerkennung von Differenz und bislang marginalisierter Perspektiven ist wichtig. Aber die soziale und gesellschaftliche Emanzipation des Einzelnen unabhängig von dieser Differenz, als Voraussetzung der Emanzipation Aller – das ist doch das Wesentliche. Es geht nicht nur um Anerkennung individueller Lebenskonzepte, sondern um den Kampf darum, gleiche Lebenschancen herzustellen.

Das bedeutet?

Ist es denn so abwegig, sich den durchschnittlichen Industriearbeiter als schwarze Lesbe vorzustellen? Ich erinnere an Harvey Bernard Milk, er war der erste offen schwule Politiker der USA, der in San Francisco ein Mandat im Stadtrat errang und 1978 – deswegen! – erschossen wurde. Seine Election Campaign verband den Kampf um die Rechte von Schwulen und Lesben mit dem Kampf um die Rechte anderer sozial Benachteiligter und gegen Rassismus. Nur deshalb war er erfolgreich. Es geht um übergreifende Bündnisse zur Veränderung unzumutbarer Zustände. Es kann nicht nur darum gehen, dass »vom Arbeiter« an den Hochschulen gesprochen wird, sondern vor allem darum, dass mehr Menschen aus solchen Familien auf Hochschulen gehen können.

Sie sind Funktionär.

Klingt deprimierend, ist aber so, ja.

Der Blick in die Welt erfolgt in Ihrer Berufssparte durch sogenannte Zeitfenster.

Nicht sehr groß, diese Fenster. Der Ausguck oft nicht sehr weit. Die Zukunft kennt kaum eine Lücke, auch sehr viele Sonntage sind belegt (*lacht*).

Welches Verhältnis haben Sie zur Zeit?

Das hat sich zwangsläufig geändert. Ich habe als Freizeitpolitiker begonnen, Ausbildung und Studium standen da absolut im Vordergrund. Nicht nur guten Gewissens, sondern auch guten Wissens. Seit über zwanzig Jahren bin ich mit meinem Mann zusammen, da ist Zeit geteilte Zeit, zumal auch er sich politisch, sozial stark engagiert. Aber die Zeit rast. Im vergangenen Jahr sind meine drei verbliebenen Großeltern gestorben. Da hältst du inne und fragst, wie viel Zeit bleibt, für Familie und für dich selbst. Ich will nicht irgendwann zurückschauen und dann konzedieren, was ich gern noch alles mit meinen Eltern erlebt hätte …

Und was die tägliche Zeit betrifft?

Ich besitze nicht mehr die Hoheit über meinen Kalender. Zu einem beträchtlichen Teil werde ich organisiert. Da muss man aufpassen, dass Fremdorganisation nicht Fremdbestimmung wird. Aber die Eigenzeit hat es überall schwer, sich gegen gesellschaftliche Normierung durchzusetzen. Und Zeitdruck, dem jeder irgendwie ausgesetzt bleibt, ist ja nichts anderes als Normsetzung. Normen!? Während wir so reden, wird mir wieder mal bewusst, welche Fallen das Leben in der Politik bereithält (*lacht*). Jede Norm ist immer auch eine Falle, ja. Mit dem, was einen bedrängt, muss man deshalb immer auch ein wenig spielen, jonglieren. Man muss das trainieren: dass man nicht schneller wankt, als die Dinge einen stoßen und schieben.

Man kann einiges trainieren.

Ja. Zum Beispiel bin ich eher ungeduldig, aber auch langen Atem kann man sich antrainieren, gegen das flache Luftholen, wenn der Stress kommt.

Die Tageszeit, in der Sie am zuversichtlichsten sind?

Das wechselt zwischen Wachwerden und Schlafengehen.

Ganz einfache Frage: Was tun Sie eigentlich, als Politiker?

Streng genommen ist es die Vertretung von Interessen, als Senator viel Kommunikation, Moderation und Verwaltung. Ich bin ja Behördenleiter.

O je. Welch ein Wort! Fast wie Funktionär.

Vom Landesvorsitzenden einer Partei und Abgeordneten in eine Regierung hinein, das ist schon ein Seitenwechsel. Einerseits ist es in einer Koalition die Organisation politischer Kompromisse, etwa bei Budgetfragen, andererseits bist du verantwortlich, in deinem Bereich zu organisieren, dass die öffentlichen Dienstleistungen funktionieren. Ob das gelingt oder nicht, wird deutlich schneller sichtbar als beim Entwerfen hoher Forderungen nur immer auf der Oppositionsbank. Das Konkrete ist nämlich nicht wegwünschbar, und in der Gemenge-Lage der verschiedenen Interessen eigene Akzente zu setzen, ist schwer. Du musst dir ein anderes Zeitgefühl angewöhnen, nicht immer nur radikale und sofortige Veränderung denken, sondern auch dem mühsamen Verwalten von Zuständen etwas abgewinnen.

Verwaltung klingt langweilig.

Aber ich glaube tatsächlich, dass die Linke, um größere Veränderungen erreichen zu können, zunächst beweisen muss, dass sie genau das leisten kann. Natürlich nicht einfach affirmativ, nicht in frageloser Anpassung an die Verhältnisse. Dazu wird mir natürlich sofort bewusst, dass Kultur weit mehr ist als – Verwaltung. Wer hier, in dieser Senatsverwaltung, arbeiten möchte, ist in der Regel neugierig auf spannende gesellschaftliche Auseinandersetzungen. Kultur hält, glaube ich, anders jung und wach als Arbeit in anderen Büros. Wer sich bei uns bewirbt, tut das oft sehr bewusst. Das ist für mich ein Glück, ein Privileg, denn auf die Verwaltung und die in ihr tätigen Menschen bist du angewiesen. Ohne sie läuft nichts, aber mit ihnen kannst du schon viel bewegen!

Wie schmeckt die Macht?

Die Möglichkeit, mit den richtigen Leuten Dinge zu gestalten, das ist toll. Aber soll ich dazu Macht sagen? Fällt mir sehr schwer. Ich empfinde das wirklich nicht so.

Verantwortung ist Macht.

Verantwortung – ja, die trage ich, von der werde ich auch belastet, die drückt, die schiebt, die hebt mich aber auch. Von meinen Entscheidungen können Existenzen abhängen, aber ich sehe meine Funktion nicht zuerst als Machtposition. Mit Macht und Herrschaft ist es im modernen Kapitalismus ohnehin eine vertrackte Sache. Herrschaft ist im Kapitalverhältnis verdinglicht, das legt sich sogar über die herrschende Klasse. Wir merken's doch an der Frage, wen an der Spitze der Mächtigen man verantwortlich machen soll für Krisen und Konflikte. Ich glaube, das meinte die Kunsthistorikerin Verena Krieger, als sie sagte: Der bürgerliche Staat ist kein Fahrrad, auf das man sich setzen und in jede beliebige Richtung davonradeln kann.

Die Reichen werden immer reicher, die Armen ärmer und ärmer, die Ausbeutung wächst …

Ja, aber jeder Industrie- und Bankenboss würde sich doch gegen den Anwurf wehren, er ließe absichtlich Kinder verhungern. Der Gegner war für Shakespeare leichter zu sehen.

Das waren die Könige, die galoppierten mit ihren Pferden direkt in das Schlafzimmer der Bauerntöchter hinein.

Unsere Freiheit ist gefangen in gesellschaftlichen Machtstrukturen, bei Gramsci heißt es: Hegemonie, gepanzert mit Zwang. Das ist ein Bedingungsgefüge, dem wir uns nicht einfach durch Willensentschluss entziehen können … Moment, ich mach' nur das Fenster zu. Es wird kühl (*lacht*), und draußen ist eh nur grau in grau. Der Himmel über Berlin, ein nordischer Himmel …

Welchen Himmel haben Sie denn lieber?

Den mit Sternen.

Was ist das für Sie, der Sternenhimmel?

Sternenhimmel liebe ich. Für den, der hinaufsieht, ist das zunächst ein bloßer Eindruck – aber schnell kommt das Gefühl, dass hinter dem Wahrgenommenen doch mehr steckt. Real ist das ein Chaos von Formen und Zuständen, von steinernen Erbschaften und physikalischen Möglichkeiten. Nee, Korrektur! Chaos nehm' ich zurück. Da draußen ist kein Chaos. Menschen unterwerfen sich gesellschaftlichen Gesetzen nicht annähernd mit so einer großen Präzision wie die Natur den Gesetzen der Physik.

Erbschaften und Möglichkeiten. Wie das menschliche Ich.

Wir machen das ja oft: die Natur vermenschlichen.

Ja. Zum Beispiel die Ochsentour bei Politikern.

Der Bienenfleiß. Die Bärenstärke. Das Hasenherz. Die Graswurzelrevolution.

Das Abgerückte hat Sie schon immer interessiert?

Naturwissenschaften. Neben der Astrophysik die Mathematik. Das begleitet mich schon sehr lange.

Ist Mathematik ein Höhenrausch – der Vernunft?

Was wie ein Widerspruch anmutet. Ja.

Mathematik kann, so drücken es die Spezialisten aus, ein nüchternes Schwindelgefühl hervorrufen.

Mathematik will nicht die Welt erklären, sie ist reine Produktion. Mathematik ist ein Gedankengebäude, in dem, aufgrund von Axiomen, nur belegbare Aussagen als wahr gelten. Und genau das ist sie, die Schönheit! Die Schönheit eines mathematischen Beweises – bei dem jeder Zwischenschritt logisch abgeleitet sein muss. Sie hat Eleganz, diese modellhafte, hochabstrakte Struktur des Denkens. Im Gesellschaftlichen findet das keine Entsprechung, aber es ist dennoch hilfreich beim Betrachten der Welt. Mit dreizehn, ich war Schüler in Friedrichshain, wollte ich Astrophysiker werden. Der nächtliche Sternenhimmel und das Wunder des Fernrohrs: faszinierend. Dann kam 1989 die politische Wende. Die irdischen Fragen wurden mir wichtiger als der Himmel.

Wir sprachen über die klare politische Kennung von Freund und Feind. Man kannte früher, auf der linken Seite, genau diesen erwähnten Punkt, von dem aus die Welt bekämpft werden konnte. Man kannte sozusagen Ross und Reiter. Nochmal: Wo ist besagter Punkt heute?

Das ist die Frage, ja. Man wähnte sich auf der richtigen Seite der Geschichte, und es war einfach und lange Zeit auch mobilisierend: Dort ist der Feind, nämlich der Monopolkapitalismus, die Kapitalisten, und der Weltimperialismus, also die imperialen Nationen, was eigentlich auch dasselbe ist – also los, vorwärts! Aber diese sehr schlichte, dogmatische Weltsicht, diese Anmaßung höherer Einsicht, die beim Vollzug der geschichtlichen Verheißung keine Rücksichten erforderte – das brachte keinen Sozialismus. Der wurde voll gegen die Wand gefahren, ist an seinen Widersprüchen gescheitert, erstickt in einem scheinsozialistischen, wattigen, auch militanten Spießertum mit viel Unrecht. Das Eingeständnis dieses Scheiterns und großer Verbrechen stehen für mich am Anfang aller Überlegungen. Und da hilft es nicht, darauf zu verweisen, dass auch andere historische Verheißungen und gesellschaftliche Realitäten viele Tote auf dem Konto haben. Das kann doch kein linker Anspruch sein!

Mit diesem Sozialismus scheiterte die hochgereckte, aber auch elende Besserwisserei, wie Geschichte laufe und zu laufen habe.

Ja, eine schwarz-weiße Weltwahrnehmung: Schuld an allem Elend sind die anderen, und man selber sieht sich als einzig wahren Verteidiger von Bevölkerungsinteressen? Wir müssen uns von einer Gesellschaftsvorstellung verabschieden, die von einer starren und schlichten, bipolaren Klassenwelt ausgeht. Klar, die Ausbeutung ist real, aber Interessengegensätze trennen nicht nur Klassen und Schichten, sondern können auch innerhalb von Klassenfraktionen verlaufen. Sie können vordergründig ökonomisch fundiert, aber auch kulturell oder ideologisch »abgefälscht« sein. Mit der richtigen Feststellung, dass wir in einer Klassengesellschaft leben, fängt für linke Politik die Arbeit doch erst an, also die Analyse ebenso wie die Praxis!

Wenn der Stalinismus nicht die Abweichung vom Marxismus ist, sondern dessen Konsequenz – was bedeutet dann noch Marx?

Marx bleibt für mich großartiger denkerischer Zündstoff, denn der Kapitalismus lebt und stachelt intensiver denn je die Alternativsuchenden an. Nur taugt tatsächlich kein Marxismus mehr als Matrix für messianische Dimensionen. Eine geschlossene Theorie vermag keine logische Weltentwicklung zu begründen, sie ist höchstens Trostpapier, um die Wartezeit auf eine Zukunft zu verkürzen, die doch unter starkem Verdacht steht, nie zu kommen. Revolutionstheorien sind bislang ohne Avantgardismus nicht denkbar gewesen, der aber schied oft genug Geschichtsverlauf und Vernunft.

Die Geschichte des sogenannten Fortschritts war oft genug ein Rückschritt in der Geschichte des Denkens.

Es gibt da Ausnahmetexte. Das »Kommunistische Manifest« ist zweifelsfrei eine Kampfschrift. Marx und Engels wollten aufrütteln, das Pro-

Nicht immer nur den Teufel an die Wand malen

letariat organisieren. Und obwohl doch Differenzierung nicht gerade typisch ist für solche Kampfschriften, findet sich bei Marx und Engels im Blick auf den Kapitalismus eine faszinierende Beschreibung des Widersprüchlichen. Noch deutlicher wird das im »Kapital«. Das klingt gänzlich anders, als wenn orthodoxe Maristen befehlen: »Sag mir, wo du stehst!«, Dialektik bedeutet bei Marx nicht: Ja, von allem gibt es zwei Ansichten – unsere und die falsche.

Sämtliche Ökonomie drängt ins Gesellschaftliche, durchwirkt es, schafft Mischformen des Bewusstseins.

Und jene Phase ist vorbei, da viele Menschen am Wohlstand beteiligt waren, wohlgemerkt am Warenkonsum, nicht so sehr an der Gestaltung der Gesellschaft. Wobei in westlichen Ländern inzwischen ein relativer »Abstieg« größerer Bevölkerungsteile stattfindet. Vorbei eine Zeit, da der Nationalstaat noch das verlässliche Gefäß für sozialstaatliche Kompromisse war, nicht zuletzt auf dem Rücken der Bevölkerung und der Länder des Südens. Vorbei die Vollbeschäftigung, vorbei die erwartbaren Aufstiegschancen. Damalige Elterngenerationen gingen beruhigt davon aus, den Kindern werde es garantiert besser gehen. Wer außer denen, die auf Kapitalvermögen sitzen, denkt das heute noch? Wobei nicht vergessen werden darf: diese unappetitlichen, lästigen, einengenden, auch gewaltförmigen Familienverhältnisse in der früheren Bundesrepublik, Frau am Herd, Mann im Geschäft der Geldbeschaffung – ein Modell der geschlechtsbedingten Abhängigkeiten. In den fünfziger Jahren noch hatte der Bundesgerichtshof das Recht des Mannes auf Beischlaf mit der Ehefrau bekräftigt. Die Frau wurde gleichsam per Urteil verpflichtet, das nicht nur teilnahmslos geschehen zu lassen, sondern aus ganzem Herzen zu bejahen. Bis in die siebziger Jahre hinein hatte allein der Ehemann den gesetzlichen Zugriff auf den Arbeitsvertrag der Ehefrau. Noch Helmut Kohl erklärte, die Migranten blieben nur zeitweise. Die Schwulen und Lesben suchten verzweifelt nach rechtsfreien Lücken, denn geltendes Recht und Gesetz verstieß, verfolgte sie. Ich skizziere diese Zeit nur, um zu sagen: Wir leben heute in anderen Konstellationen. Aber: Noch heute konstituieren etwa Hartz IV und Bedarfsgemeinschaften – über ihre Ausgrenzungswirkung hinaus – geschlechtsspezifische Abhängigkeiten, die der malerischen Gleichheit aller vor dem Gesetz ganz böse widersprechen. Die Arbeit an umfassender sozialer Würde und die Gewährleistung von individueller Verschiedenheit – das ist für mich, in einer modernen linken Politik und Denkungsart, nicht zu trennen. Das Recht auf Selbstbestimmung ist auch heute noch und wieder hart umkämpft, schauen wir nur nach Polen. Aber auch hierzulande ist noch so vieles zu tun.

Neben Marx ist Rosa Luxemburg eine linke Säulenheilige.

Bei Säulen denke ich an Tempel, und heilig ist ebenfalls ein belasteter Begriff. Wenn eine einzige Vermutung über Rosa Luxemburg mit höchster Wahrscheinlichkeit richtig ist, dann die, dass sie es sehr befremdlich gefunden hätte, noch immer oder schon wieder als sozialistische Säulenheilige, als Ikone, angerufen zu werden.

Bei einigen angeblichen Ikonen des Sozialismus sind wir heute so klug, sie vor allem als abschreckendes Beispiel zu betrachten.

Ja, sie stehen für blutige Sackgassen – ausgerechnet auf der Suche nach menschenwürdigen Alternativen zum Kapitalismus. Überhaupt sollte das Wort Ikone in politischen Zusammenhängen gestrichen bleiben.

In einem Interview haben Sie gesagt, Rosa Luxemburg gehöre keiner Partei – also auch nicht (nur) der Linkspartei.

Rosa Luxemburg gehört zur Geschichte jeder linken Partei. Aber es wäre vermessen, wenn eine politische Partei sagen würde, sie allein trete das Erbe an. Rosa Luxemburg sah gesellschaftliche Veränderungen als Prozess umfassender Demokratisierung und Transformation.

Welche ihrer Ideen wären denn würdig, heute noch weitergetragen zu werden?

Mit Sicherheit die erwähnte Gleichberechtigung. Luxemburg war eine Ausnahmepersönlichkeit in einer Zeit, in der Politik noch eine Männerdomäne war. Wenngleich in der Arbeiterbewegung auch andere starke Frauen eine Rolle gespielt haben wie Clara Zetkin oder Marie Juchacz, die Mitbegründerin der Arbeiterwohlfahrt. Außerdem war Rosa Luxemburg eine Internationalistin. Als polnische Jüdin, die den Weg zur deutschen Sozialdemokratie fand, hatte sie eine ganz andere Biografie als die der klassischen sozialdemokratischen Funktionäre. Ihr internationalistischer Ansatz ist heute relevanter denn je. Und sie wurde nicht müde zu betonen, dass es keinen Sozialismus geben könne, den die Bevölkerung nicht selbst erringt, in einem schwierigen Lernprozess.

Sie stritt dafür, alle gesellschaftlichen Sphären zu demokratisieren, auch die Wirtschaft. Was würde das heute heißen?

Wie kommt man zu internationalen Commitments, und zwar über ein nachhaltiges Wirtschaften und über Lieferkettenkontrolle? Wie kommt man zu einer Kontrolle der Kapitalmärkte? Wie kommt man zu Vereinbarungen, wie für die sozialen Verhältnisse und Demokratie auf dem Globus Mindeststandards durchgesetzt werden können? Das reformerische Versagen der Sozialdemokratie, die Suche nach einer progressiven gesellschaftlichen Mitte, das sind doch interessante Fragen. Die Erde zittert, wo aber liegt die global wirksame friedenschaffende Antwort? Wo ist die politische, soziale Bewegung – die etwas in Bewegung bringt?

Friday for Future, Belarus, Hongkong, USA, andere Länder …

Ja, immer wieder flackert Zorn auf, sucht Unmut nach Bündnissen, geht die Wut auf die Straßen, aber es fehlt das Andauernde, das Beständige eines wirklichen Widerstandes. Es gab mal einen linken Geist, der setzte analytische Maßstäbe, der hatte das Format wirklicher bedrängender Gegnerschaft. Das fehlt heute. Eine linke Plattform auf der Höhe der Zeit gibt es nicht. Es gibt kaum einen gemeinsamen Katalog von pragmatischen Zielen, auf den sich eine europäische Linke so einigen könnte, dass gemeinsame Impulse entstünden. Eine globale Linke lässt sich eigentlich nicht ausmachen. Linke Hoffnungen und Projektionen wanderten in den zurückliegenden Jahrzehnten von einer Bewegung und Persönlichkeit zur nächsten, von Südamerika über Griechenland nach Großbritannien und die USA – stets mit viel zu hohen Erwartungen und Projektionen aufgeladen. Und einem entsprechend schnellen Liebensentzug nach der Ernüchterung, dann also, wenn sich die Dinge nicht so entwickelten, wie erhofft. Das ist schon tragisch. Dabei wäre das ein Anlass zur Reflexion …

Vor einiger Zeit sprach Oskar Lafontaine über die hohen Kosten für minderjährige Geflüchtete – etwa 5.000 Euro monatlich. Diese Aufwendungen seien so hoch, dass er deren Notwendigkeit einer Sozialrentnerin »nicht guten Gewissens erklären« könne.

Ich kann dieser Rentnerin nicht guten Gewissens erklären, warum eines der reichsten Länder den Menschen in bitterster Not nicht hilft, während gleichzeitig die obszönen Reichtümer Weniger unangetastet bleiben. Die Gegenübersetzung von Menschen hierzulande und Geflüchteten ist schon deshalb falsch, weil die Sozialrentnerin in einer brutal abgeschotteten Festung Europa ja nicht automatisch einen einzigen Cent mehr bekäme. Es führt kein Weg an der Wahrheit vorbei, dass der Wohlstand des Nordens sehr viel mit der ökonomischen Abhängigkeit und Ausbeutung des Südens zu tun hat. Bevor die Linke aber das Lied des Standortnationalismus und -chauvinismus singt, wäre es doch reizvoll, darüber nachzudenken, wie das auch hierzulande zusammengehen könnte: ein gerechterer Welthandel, eine Ökologisierung der Ökonomie mit der Sicherung der sozialen Grundbedürfnisse Aller. Eine Sozialgarantie quasi.

Fürchten Sie sich vor den Armen dieser Welt?

Nein, eher vor den Zuständen, die ein unverschämter Reichtum und seine Gier verursacht. Klar geht mir durch den Kopf, was Steffen Mensching und Hans-Eckardt Wenzel schon vor dreißig Jahren beim »Abschied der Matrosen vom Kommunismus« sangen: »Sie werden kommen, der Tag ist nicht fern/ Aus den verwahrlosten Städten/ Und reißen uns nachts, in London und Bern/ Aus den Schlaraffiabetten.«

»Links redet man nicht, links handelt man«, das ist einer Ihrer Sätze.

Der Satz stammt vom marxistischen Philosophen Wolfgang Fritz Haug. Links handeln, das kann man klug oder dumm machen. Und was heute wirklich los war, das weiß man erst morgen.

Nicht reden – handeln. Sie reden aber auch gern. Gibt es Dinge, die Ihnen peinlich sind?

Ja, absolut: ertappt zu werden bei etwas nicht bis zu Ende Durchdachtem (*lacht*).

Haben Sie vor Annahme des Senatoren-Amtes die Möglichkeit durchgespielt: Daraus wird nichts, denn mein Lebenspartner fürchtet zu große Einbußen an Gemeinsamkeit?

Nein, das habe ich nicht durchgespielt – weil ich es nicht musste. Meine Zurückhaltung war sogar größer als die meines Mannes. Er ermunterte mich. Und früher waren es meine Eltern, die den Advocatus diaboli gaben, mich vor einer Fixierung auf das politische Geschäft warnten: Kreißsaal, Hörsaal, Plenarsaal – das sei keine anstrebenswerte Biografie. Recht haben sie, und heute merke ich, dass sie da gelassen und vielleicht auch ein wenig stolz sind. In gewisser Weise verdanke ich ihnen, dass ich mit meinem Erlernten nicht abhängig bin von dem, was ich derzeit tue.

Sind diese biografischen Angaben über Ihren Mann aus den »Prenzlauer Berg Nachrichten« richtig? »Oskar Lederer, 37 Jahre alt, geboren in Dresden, aufgewachsen in Pankow, seit 2000 wohnt er in Prenzlauer Berg. Bereits mit sechzehn Jahren ist er der Linken beigetreten, war gegen neue Nazis in Pankow aktiv. Nach seiner Ausbildung zum Verwaltungswirt zunächst sechs Jahre als Arbeitsvermittler beim Jobcenter tätig, arbeitet er nun im Bundesarbeitsministerium im Bereich Digitalisierung. Seit 2009 verheiratet.«

Ja.

Sind Sie sich selber ein Freund?

Es geht so. Ich könnte sorgsamer mit mir umgehen.

Wobei geht im Amt die meiste Kraft drauf?

Was viel Energie kostet, ist das ständige Agieren. Du hast eigentlich nie Pause. Auch bist du zur fortwährenden Arbeit an dir selbst, zur Beobachtung deiner selbst aufgefordert, um möglichst Herr der wechselnden Lagen zu sein. Du wirst dir selber bedenklicher – musst doch aber oftmals sehr entschieden sein. In dieser Gesellschaft ist es nicht so einfach, wirklich sensibel zu leben.

Der Betrieb macht auch blind.

Routinen werden leicht zu einer Art Leblosigkeit. Da musst du aufpassen, dass nicht irgendwann zu vieles an dir wie angeschafft wirkt, das wächst dir wie ein Panzer, der keine Luft mehr an dich ranlässt. Das trocknet dich aus.

Um Kraft zu haben, muss man reflektieren.

Aber reflektierst du, dann kostet das noch mehr Kraft. Reflexion macht ja nicht sicher, sondern unsicher, macht nicht fest, sondern porös, macht das Fell nicht dick, sondern dünn.

Und da reden Sie von Erfüllung.

Das dünne Fell ist die Erfüllung! (*Lacht.*) Das Kultur- und Europaressort – das ist doch ein tolles Gelände, wenn man sich denn schon für ein beamtennahes Dasein auf Zeit entscheidet (*lacht*). Seit 2016 stehe ich im spannendsten Bildungsereignis meines Lebens. Die andere Seite: Wenn für andere der Tag zu Ende ist, fangen Kultur und Kunst oft erst an, inklusive der Wochenenden.

Vor Corona! Künstler und Kulturleute drängen darauf, dass auch ihre Arbeit, ihr Werk als »systemimmanent« betrachtet wird. Der Theaterkritiker Simon Strauß sagt zuspitzend: »Kunst ist nicht systemimmanent, sondern entscheidend!«

Ja, leider darf man's als typisch ansehen, dass die Kultur in der »Tagesschau«, wenn überhaupt, dann meist erst kurz vorm Wetterbericht kommt – da weiß man, woher bei uns der Wind weht. Wie schön wäre es, wenn es statt der »Börse vor acht« die »Kultur vor acht« gäbe!

Fällt es Ihnen schwer, mit einer politischen, administrierenden Position auch mal allein dazustehen?

Gelassenheit ist mitunter unabdingbar, aber das ist kein Selbstläufer. Es geschieht häufig, dass ich auf Situationen und Probleme keine eindeutige Antwort weiß, daher komme ich selten in die Lage, mich absolut sicher zu fühlen. Ich bin nicht streitsüchtig, aber wenn ich von etwas überzeugt bin und guten Gewissens sagen kann, dem sei gründliche Überlegung vorausgegangen, dann stehe ich auch dazu. Es bereitet mir keine Freude, allein zu stehen – aber ich kann es inzwischen.

Man kann ja nicht immer das Richtige tun.

Aber man kann was Richtiges aus dem machen, was man tut (*lacht*).

Wann standen Sie besonders allein?

Zum Beispiel, als es um die erste Regierungsbeteiligung der Linken in Berlin ging, 2002. Ich habe das damals für falsch gehalten.

Ausgerechnet Sie.

Ja. Über achtzig Prozent der Delegierten stimmten für die Koalition mit der SPD; und ich fand mich plötzlich an der Seite der Kommunistischen Plattform wieder. Sie war aus prinzipiellen Gründen dagegen, ich hatte eher Einwände, die sich auf die konkrete Situation bezogen. Wenn schon, dann sollten wir das so gut machen wie nur möglich. Genau das war das Problem: Ich hatte nicht den Eindruck, dass wir auf eine solche Situation auch nur ansatzweise vorbereitet waren, also auf die konkreten Bedingungen und Widersprüche, die auf uns warteten. Gregor Gysi und andere betonten die historische Dimension und die Chancen: Ach, wir kriegen das alles schon hin! – Wir hatten schließlich große Erwartungen erzeugt … Was aber bleibt von solcher Lockerheit, wenn es konkret wird? Wenn man von außen in eine Struktur stößt, die einem noch relativ fremd und die auch ziemlich fest ist? Da muss man doch vorher wenigstens mal über die mögliche und auch unabdingbare Selbstveränderung reden, Möglichkeiten und Gefahren mal durchsprechen!

Diese Diskussion hatte es nicht gegeben?

Nein. Und das ärgerte mich. Obgleich ich heute glaube, dass wir aus der Sache sowieso nicht rausgekommen wären. Und es hat ja dann auch bitteres Lehrgeld gekostet.

Beeinträchtigt Regierungsbeteiligung das Selbstbewusstsein einer Partei? Wie geht sie fortan mit eigenen Interessen um?

In der Koalition ist die Partei, nicht ich bin es, als Privatperson. Und es bleibt ein Unterschied, ob wir in der Regierung zu einer Zeit sind, da die Steuern sprudeln, oder dann, wenn nicht. In der zurückliegenden Legislaturperiode stand Berlins Haushalt äußerst gut da, das ist aber nicht ewig gesetzt. Die Rahmenbedingungen legen nicht wir fest.

Wer in der Regierung ist, vertritt seine Partei.

Aber das bedeutet keine Nibelungentreue, bei der nichts hinterfragt wird. Du bist delegierter Teil einer Formation, aber da jede Koalition ein Kompromiss ist, kannst du den Parteiwillen nicht eins zu eins durchsetzen.

Also muss man bisweilen auch den Widerspruch zur eigenen Partei aushalten?

Initiativen und Aktivismus außerhalb der Regierung, in Opposition zu ihr sind legitim, ja wichtig, sie sind für linke Politik lebensnotwendig. Da wird es immer einen Streit über Spielräume geben. Die Partei sieht den Horizont, ich sehe auch die Zäune. Koalitionsverträge sind keine Geschichtsbücher und nicht die Blaupause von Parteiprogrammen. Es sind Mischpapiere für absehbare Zeiten.

Ist es unangenehm, wenn der Senator von seiner eigenen Partei attackiert wird?

Klar. Aber es muss eben keine fraglose Übereinstimmung zwischen jeder Regierungsentscheidung und Parteizielen geben. Das sind zwei unterschiedliche Ebenen.

Parteien sollten ein eigenes Selbstbewusstsein besitzen, auch gegenüber ihren Vertretern in einer Regierung.

Koalitionen setzen innerparteiliche Auseinandersetzungen über einen Kurs nicht außer Kraft. US-Präsident Franklin D. Roosevelt soll zu Vertretern gesellschaftlich progressiver Initiativen gesagt haben: »Sie haben mich überzeugt. Nun gehen Sie raus und üben Druck auf mich aus, sodass ich es durchsetzen kann.«

Haben Sie selbst so etwas auch erlebt?

Nachdem wir in Berlin erstmals mit der SPD die Regierung gebildet hatten, wurde ich Landesvorsitzender der PDS. Wir wollten die teilprivatisierten Berliner Wasserbetriebe zurückhaben, stritten für die Offenlegung der Privatisierungsverträge. Ich war rechtspolitischer Sprecher der Fraktion, es ging um Kompromisse in komplizierten Rechtslagen. Die Protestbewegung gegen die vollzogenen Privatisierungen nahmen mich wahr – aber als Adressaten ihres Protestes, nicht als Partner. Ein Volksentscheid wurde angestrengt, ich begriff nicht gleich, dass es richtig war, auf uns im Parlament Druck auszuüben, ich sah eher dessen Grenzen als die mir vage erscheinenden Möglichkeiten. Daraus die Erfahrung: Druck treibt an und hält wach.

Die Welt will, dass wir ihr entsprechen. Will man dem absolut aus dem Weg gehen, muss man eigentlich bereit sein, an der Welt zu verzweifeln.

Es gibt noch andere Wege.

Der andere Weg: den Eigensinn dem Kompromiss auszusetzen.

Die gesellschaftliche Linke ist Teil der Gesellschaft. Zu glauben, von einer Energiequelle außerhalb dieser Tatsache erleuchtet zu werden, ist ein schwerer Irrtum. Wenn der Wind rauer wird, die Sitten roher, dann macht dies auch um unser linkes Aktions- und Reaktionsvermögen keinen Bogen. Wir können Papiere stapeln, Programme häufen, Lehren türmen noch und noch – gelernt wird nicht vor, sondern während der Prüfung. Der Rest der Welt soll nur immer damit beschäftigt sein, eines einzusehen: dass wir recht haben? Nein. Das zu begreifen, bleibt in fast jeder Situation das oberste Lernziel.

Wer zu viele Kompromisse macht, verliert den Charakter.

Parteien haben keinen Charakter. So wie Gesellschaften keinen Körper haben, deshalb lernen sie so schwer aus Katastrophen. Aus einem erfahrenen Schmerz kann nur der Einzelne lernen, er hat einen Körper, er spürt den Schmerz. Alles wünschenswert Bessere dieser Welt wird folglich von der Frage belastet sein, wie es fern kollektiver Zwangsversuche gelingt, individuelle Weisheit und Einsicht auf soziale Institutionen zu übertragen und in technische Systeme einzubauen; nur Individuen können klug sein, Institutionen sind im günstigsten Falle gut konzipiert. An solchen Übertragungsproblemen werden sich wohl auch alternative Parteien auf lange Sicht abarbeiten müssen.

Heißt Kompromissbereitschaft, ständig Richtungsänderungen zu trainieren?

Nein, es heißt, seine eigene Richtung beizubehalten – nur eben können die Schritte dorthin kleiner sein als geplant. Sie werden immer kleiner sein, als man sich das erträumt. Vielleicht ist der Millimeter das wahre Maß, um voranzukommen. Und warum immer voran? Es geht auch seitwärts, und Rückzüge können ebenso Weltgeschichte machen. Man denke an Gorbatschow. Immer werden die Macher gepriesen – wer lobt die Vorsichtigen? Scheitern als Lernerfahrung, bei Rosa Luxemburg spielt das eine ganz wichtige Rolle. Da gibt es auch keinen gesetzmäßigen Fortschritt.

Die Berliner Linkspartei hat zum Beispiel auf ihrem Parteitag 2020 gegen Vereinbarungen mit dem Kaufhaus-Konzern Signa gestimmt.

Für Katrin Lompscher und mich war das die schwierige Frage nach der Rettung von vier Hauptstadt-Filialen mit etwa 500 Jobs. Das Interesse des Konzerns bestand in Neubauplänen in Kreuzberg und in der City West. Das ist zweifelsohne die Wahl zwischen zwei schlechten Alternativen.

Eine Neuköllner Delegierte sprach von einem »dreckigen Karstadt-Deal«, und Sie seien »eingeknickt vor der Erpressung durch einen Investor«.

Der Senat wollte die Mitarbeitenden, vor allem Frauen über fünfzig, vor der Arbeitslosigkeit retten, die nach Verlust ihres Arbeitsplatzes bei Karstadt wohl kaum einen neuen bekämen. Ich finde so einen Rettungsversuch erst einmal legitim. Unsere Zustimmung zu diesem »Letter of

Intent«, schloss keinen Freifahrtschein für Signa ein, nun alle Renditeträume zu verwirklichen. Und trotzdem verstehe ich auch die Kritik, es ist ja nicht so, dass ich das Interesse von Signa nicht sähe.

Offenbar glaubte kaum noch jemand in Ihrer Partei an ein langfristiges Engagement von Karstadt und den entsprechenden Erhalt der Kaufhäuser und Jobs. Nach Meinung der Partei wogen Ihnen ein paar schlecht bezahlte Arbeitsplätze weniger als die Standhaftigkeit, sich nicht vom Großkapital erpressen zu lassen.

Kann man so sehen. Aber wir können doch nicht einfach so tun, als sei die Entscheidung hier einfach und der Preis akzeptabel! Der gleiche Parteitag resümierte, dass es nicht ausreicht, in Corona-Zeiten den Pflegerinnen und Pflegern aus gesichertem Abstand Beifall zu zollen, nein, ihre Arbeit muss ganz anders bewertet, also bezahlt werden. Richtig so! Aber sind die Arbeitsplätze bei Karstadt nichts? Ich dachte die ganze Zeit: Wer sagt es den Karstadt-Kolleginnen, dass sie das jetzt eben hinnehmen müssten, weil Berlin, weil DIE LINKE – mit großer Geste – sich eben nicht erpressen lässt? Und diese Attitüde stört mich wirklich sehr. So reitet man auf fremdem Arsch mutig durchs Feuer. Mich stören die Verhältnisse, die uns vor solche Alternativen stellen. Aber da kommst du eben schwerer ran, das ist so.

Manchmal hat man das Gefühl, alltägliche politische Arbeit in den Strukturen des realen (kapitalistischen!) Lebens regt in linkem Gelände das schlechte Gewissen: Wir haben uns einfangen lassen.

Ich habe auch Parteitage der SPD erlebt, auf denen sich das Führungspersonal in flammender linker Rhetorik überschlug. Auch beim Auftritt von Gewerkschaftssekretären gibt es dieses Phänomen. Da werden mit feurigem Vokabular Barrikaden gebaut und Fahnen gehisst – sind die Aufführungen dann zu Ende, geht ein Lächeln über die Gesichter: Na ja, Pathos muss ja auch mal sein. Nach dem Lächeln ist das Feuer dann nur noch Asche. So ein Verhalten finde ich, sehr milde gesagt, schwierig. Auch in unserer Partei findet man das. Rettung der revolutionären Art ins

Alibi. Klare Position, die nichts kostet. Unbestechlichkeit, die nicht das Gesicht wahrt, sondern nur die Maske. Als fordere praktische politische Arbeit inmitten der kapitalistischen Strukturen immer eine Entschuldigung, eine agitatorische Absicherung. Das ist Lüge oder Verklemmtheit. Entweder sich den Widersprüchen und damit der eigenen Verstrickung ins Widersprüchliche stellen – oder rein bleiben. Das ist doch keine wirkliche Alternative!

Wer rein bleiben will, ist irgendwann sehr einsam?

Selbstagitation ist immer die heroischste. Natürlich kann man, vom Beifall vieler Delegierten getragen, sich immer wieder selbst in der Ablehnung des Kapitalismus bestätigen. Nur wird das diesen, erfahrungsgemäß, wenig interessieren. Und die meisten Menschen kümmert es auch nicht, wenn sie mit derartigen Bekenntnissen behämmert werden – während ihnen die Sorgen über den Kopf wachsen. Nein, worauf es in der Linken ankommt: daran mitzuwirken, das konkrete gesellschaftliche Kräfteparallelogramm zu verschieben. An diesem sehr diffizilen Parallelogramm müssen wir mitzerren und mitziehen. Das geht nicht ohne schwierige Entscheidungssituationen und Erfahrungen, auch Niederlagen, ab.

Ihre dramatischste Fehlentscheidung?

Hat nichts mit Politik zu tun. Der Kauf eines Kleincomputers, eines Commodore C 64, im September 1989, für 3.000 DDR-Mark. Im Westen, zwei Monate später, hat er 279 D-Mark gekostet (*lacht*).

Kennen Sie Hass?

Ja. Und in Verbindung damit kommt es dann zur Zuschreibung von niederen Eigenschaften: dem Drang nach den Fleischtöpfen, fressendem Ehrgeiz. Das Mildeste war die Verdächtigung, ich hätte das Amt nur angetreten, um auf roten Teppichen herumzulaufen.

Andererseits hieß es in den Medien, bei personellen Entscheidungen für die Hochkultur fehle Ihnen als Senator ein Gefühl für Glamour.

Das klingt nach etwas, bei dem ich lieber nicht nachfrage, was manche Leute darunter verstehen. Zugespitzt gesagt: Ich stehe eher – und das gern – für scheinbar langweilige Entscheidungen (*lacht*).

Das heißt?

Es zählt nicht der kurzfristige Effekt, die ausgelöste Überraschung, sondern die Frage, ob eine Entscheidung trägt und dem jeweiligen Problem angemessen ist. Oder bei Personalentscheidungen: ob die Menschen das, was zu leisten ist, mit Erfahrung, Umsicht und Kreativität ausfüllen können. Die unschönen Folgen mancher geerbten glamourösen, spektakulären Entscheidung haben mich leider gut beschäftigt …

Transparenz?

Ist wichtig und wird auch gebraucht, um für Entscheidungen Akzeptanz zu schaffen. Politik muss die Maßstäbe ihres Handelns offenlegen. Aber es gibt Entscheidungen, die kannst du nicht auf dem Marktplatz verhandeln. Weil es Menschen beschädigen kann. Und es geht ja zuweilen ordentlich zur Sache, wenn Kräfte und Interessen aufeinanderprallen. Jedes Interesse setzt unterschiedliche Energien frei, die für sich jeweils Dominanz und Sieg schaffen wollen.

Sagen wir also: Kampf.

Ja. Und dieser Energienstreit muss am Ende aufgelöst werden. Das ist das Feld der Kleinarbeit, des Verständnisses, der Moderation. Von Lobbyisten lasse ich mich nicht treiben. Man ist auch für einen guten Stil verantwortlich, wenn man Verträge schließt.

Es geht um Menschen und Atmosphären.

Wie gehen Sie mit Niedergeschlagenheit um?

Wenn sie mich trifft, lass ich dieser Niedergeschlagenheit die Zeit, die sie braucht. Früher benötigte ich, wenn ich traurig war, in größerem Maße den Austausch. Klar, Einsamkeit bleibt eine unappetitliche Sache, zumal dann, wenn man eine Gesellschaftsvorstellung hat, bei der der

Kunst ist Rettung: mit Dirigent Daniel Barenboim

... mit dem Schauspieler Alexander Scheer

Mensch kein Wesen ist, das allein in der Welt herumkrebst. Aber mit den Jahren habe ich gelernt, mit bestimmten Dingen auch allein ganz gut fertig zu werden. Als Landesvorsitzender der Partei war ich nie wirklich allein. Mir war immer wichtig, fundierte Kritiker in der Nähe zu haben. Die Gehässigen sagten, es seien meine »buddies« gewesen – was aber Blödsinn war. Du brauchst so eine Basis, brauchst Menschen, die einander vertrauen, wenn du ein ehrliches Echo auf deine Arbeit haben willst. Das halte ich bis heute so. Trotzdem gibt es immer diese Momente – in denen du allein bist. Was da hilft, ist eine gewisse Bedachtsamkeit. Die mit den Jahren zunimmt.

Sprach der alte Herr Lederer.

Nein, nein. Das soll nicht verfrüht altklug klingen. Aber ich benötige keinen Brüllschacht mehr, der hermetisch abgeschlossen ist und in den hinein ich alles schreie, was mich peinigt und was ich loswerden muss, ohne dass es alle mitbekommen.

Ihre Einsamkeitsbeschäftigung?

Lesen, lesen, lesen. Spaziergänge. Musik.

Haben Sie einen Talisman?

Nein.

Die Ohrringe sind keiner?

Nein.

Herr Lederer, was fehlt der repräsentativen Demokratie?

Wenn ich nur den Bundestag nehme: Menschen mit prekärer sozialer Erfahrung sind dort nicht präsent.

Waren Sie selber schon mal arbeitslos?

Ja, in kurzen Übergangsphasen. Ich wusste, es würde vorübergehen, und trotzdem hatte ich einen unruhigen Schlaf. Wie auch zu Zeiten, da ich BAföG bezog und wegen Studium und Politik nicht zu Nebenjobs gekommen bin. Wie gesagt, es belastete mich, obwohl es überhaupt nicht existenziell war. Wie muss es Menschen gehen, die jeden Tag existenzielle Sorgen haben?

Als Sie mit Ihren Koalitionspartnern 2016 in Berlin vor die Presse traten, schrieb der »Tagesspiegel«, Sie hätten das Kreuz durchgedrückt. »Und obwohl er zuversichtlich lächelt, sieht es aus, als würde er angestrengt ein Bonbon lutschen. Als ließe er sich die heimliche Freude darüber auf der Zunge zergehen, dass sein Plan aufgegangen ist und er den Regierenden Bürgermeister um das Kulturressort gebracht hat.« Dieser erwiderte, dass es »weh tut«. Kultur – nunmehr ein Ressort und keine Unterabteilung der Staatskanzlei mehr.

Ich hatte den Eindruck, Kulturpolitik werde mit Stadtmarketing verwechselt. Der Umgang mit Frank Castorf an der Volksbühne war da so eine Initialzündung.

Das Ende der Spielzeit 2016/17 war auch das Ende seiner 25 Jahre dauernden Ära am Rosa-Luxemburg-Platz. Zu der Zeit waren Sie ein halbes Jahr Senator. Die Intendanz-Nachfolge, den belgischen Kurator und Museumsmanager Chris Dercon, hatten nicht Sie zu verantworten, sondern Tim Renner. Die Kulturpolitik des Senats glich einem Trümmerhaufen, es ging im Falle Dercon um Sozialsicherheit und Gesprächsweisen, um Vermittlungskultur und Konzeptionen. Eine institutionelle Blamage Berlins. Dercon trat im Frühjahr 2018 wieder zurück.

Intendantenwechsel sind etwas Landläufiges, und die Frage, ob fünfundzwanzig Jahre nicht genug seien, ist berechtigt. Man kann diese Frage mit Ja oder Nein beantworten, muss sie aber auf jeden Fall stellen dürfen. Am Anfang der Castorf-Ära stand die zum legendären Bonmot gewordene Alternative: »Tot oder berühmt!« Das Theater wurde dann zum Beispiel ein Ort von fortwährender Neuerfindung, von Höhenflug und Erschöpfung und Auferstehung. Ein sagenhaft lebendiges Kollaborationsnetzwerk, immer in Bewegung – und das alles verbunden mit Vielen,

Mit dem Künstler und Theatermann Achim Freyer und Esther Lee-Freyer

die miteinander zu tun haben wollten, mal mehr und mal weniger. Neumann, Matthias Lilienthal, Christoph Marthaler, Christoph Schlingensief, Johann Kresnik, René Pollesch, Herbert Fritsch, aber auch Menschen wie Carl Hegemann, Sabine Zielke und Thomas Martin. Man ließ einander Raum, und alle machten, und das Ganze wurde weltberühmt. Die spielten sich dort die Seele aus dem Leib – die Liste ist eigentlich immer unvollständig: Rois, Tscheplanowa, Angerer, Stangenberg, Scheer, Wuttke, Hübchen, Peschel, Rieger, Schütz, Hosemann …

Aber auch Frank Castorf wurde älter.

Alter ist eine Bremse für Leistung, aber am Regisseur Castorf konnte man erleben: Alter macht enorm frei, und Freiheit hält wach und frech. Weisheit ist auch Wuterneuerung. Als Intendant spielte Frank mit der autoritären Pose, aber er machte sich eigentlich darüber lustig. Denn in der Arbeit zählten nur die guten Einfälle, die überzeugende Tat, das Können.

Wie hätten Sie entschieden?

Das ist müßig, ich hatte nicht zu entscheiden. Wir hatten auszubaden.

Was?

Diese Mischung der »regierenden« Kulturpolitik aus Größenwahn, Sensationshascherei und maximaler Unseriosität. Da wurde bei der Volksbühne nichts seriös auf seine Tragfähigkeit hin befragt. Und was da mit Dercon als modern und spartenübergreifend gehypt wurde, setzte sich in keiner Sekunde in Beziehung zum Bestehenden. Und das alles in einer Phase, da Castorf als Regisseur gerade zu neuem Höhenflug angesetzt hatte.

Castorf war räudige Abschottung, robuste Bandenbildung, Kreaturen-Energie, östliche Wilderei, sozialistische Fettleber, sturer Bacchantismus, räuberischer Egoismus. Der Global Player Dercon war elegante Koalitionsästhetik, westeuropäische Geschmeidigkeit, weltbürgerliche Verknüpfungsethik und eitler Marketing-Schwung.

Dercon war Duft der weiten Welt, Castorf Stallgeruch.

Steckte hinter dem Streit um Dercon eine grundsätzliche Debatte zur Zukunft des Stadttheatermodells?

Die Frage lautete: Was macht so eine Entscheidung mit dem sozialen Organismus, der ein Theater ja immer ist, und wie knüpft das an die Tradition und die Arbeitsweise eines sehr besonderen Stadttheaters an? Wenn im Haushaltsplan steht, die Volksbühne sei als ein Repertoire- und Ensembletheater zu führen, dann muss man erwarten, dass die Intendanz dies leistet. Bei Dercon war das nicht zu erwarten. Deshalb habe ich damals gesagt, ich halte die Entscheidung, ihn an die Volksbühne zu holen, für falsch.

Es entzündete sich geradezu ein Kulturkampf.

Bühne kontra Eventgebäude. Theater machen kontra kuratieren. Ich habe versucht, als ich dann Senator war, mit Dercon ins Gespräch zu kommen. Hinter allem Wolkigen stand aber nichts wirklich Konzeptionelles, nur name dropping. Nichts nahm je konkrete Formen an. Zunächst wollte ich mir selber Brücken bauen, um das alles zu verstehen, dann ging es nur noch darum, ihm Brücken zu bauen: Wie kommt man raus aus der ganzen Sache?

Das Theater war dann von verschiedenen Gruppen besetzt worden, die den Namen als Kampfziel wörtlich nahmen: Volks-Bühne.

Bei dieser Besetzung überlagerten sich – als habe eine unerträgliche Spannung im öffentlichen Raum ihren Ausdruck gesucht – verschiedene stadtpolitische Debatten. Die drohende Eventisierung Berlins, die Ignoranz gegenüber Wortmeldungen aus kulturellen Szenen, die Sorge um die Abwicklung eines genuin provozierenden Theaters. Und Gentrifizierung. Auch das Verhältnis von baulicher Dichte und öffentlicher Weite. Die Beziehungen von Fantasie und Regelwerk im öffentlichen Raum. Und dann eben diese Lähmung am Haus selbst. Das Theater wurde zur Projektionsfläche.

Diese Besetzung zu dulden, ging an eine Grenze?

Wir haben viel kommuniziert und uns um Lösungen bemüht, kamen aber nicht wirklich zueinander. Die Widersprüche innerhalb des Hauses nahmen mit jedem Tag zu, und die Belegschaft des Theaters war auch nicht mehr bereit, das zu akzeptieren. Der Überschuss an Aktivitäten musste irgendwann unweigerlich auf sehr profane Fragen heruntergebrochen werden: Wer säubert die Toiletten? Wer übernimmt die Verkehrssicherungspflichten? Wie erfolgt die Kontrolle, wenn etwa übers Netz zur Rockparty eingeladen wird und Hunderte herbeiströmen? Dercon nahm seine Verantwortung nicht wahr und beschuldigte den Senat, ihm die regulären Arbeitsbedingungen zu verweigern. Das ging eine Woche, aber eben nicht länger. Rückblickend ist ja nun offensichtlich: Dercon ist nicht am Senat gescheitert, er ist letztlich an sich selbst gescheitert. Klaus Dörr bin ich dankbar, dass er anschließend für den Übergang bereit war, zu übernehmen. Er hat als erfahrender Theaterschaffender aus einem weitgehend geschlossenen Haus und dann dem Notbetrieb wieder einen Betrieb gemacht.

Waren Sie bei der Räumung dabei?

Wir hatten Plenarsitzung des Abgeordnetenhauses und mussten als Senatsmitglieder dort präsent sein. Aber der Innensenator und ich informierten uns über alles.

Gemütszustand?

Traurig. Und hoffend, dass Eskalation ausbleibt.

Ein persönlicher Sieg?

Nein, überhaupt nicht. Eher eine Niederlage, denn es ist mir und uns ja nicht gelungen, die Sache anders aufzulösen. Aber öffentliche Kultureinrichtungen sind nun mal nicht der geeignete Ort, um sich Freiräume zu schaffen, indem man anderen die Freiräume nimmt.

War die Volksbühne Ihre einzige Erfahrung mit heftigem Konflikt, mit starkem Gegenwind?

Als Kultursenator? Nein. Meinen ersten Shitstorm erlebte ich, als ich mich dagegen aussprach, dass in einer öffentlich geförderten Kultureinrichtung eine obskure Veranstaltung angesagt war. Ich kann nicht sagen, dass die Angriffe spurlos an mir vorübergegangen seien. Aber du begreifst schnell, dass du auch mit sowas leben musst.

Konkret: Es ging um den sogenannten »Kölner Karlspreis« des Blogs »Neue Rheinische Zeitung Online«, der im Dezember 2017 an den ehemaligen RBB-Journalisten Ken Jebsen und Betreiber der Internet-Plattform »KenFM« vergeben werden sollte. Für »engagierte Literatur und Publizistik«, wie es heiß. Sie haben das scharf kritisiert, Jebsen und seine Anhänger seien verschwörungsideologisch und verbreiteten im Netz Antisemitismus unter dem Deckmantel des Antizionismus.

Ich war entsetzt, dass ein Kulturort in Berlin, das Kino »Babylon«, diesem Jahrmarkt der Verschwörungsgläubigen eine Bühne bieten sollte.

Daraufhin kündigte das Kino den Veranstaltern den Mietvertrag. Das Amtsgericht Mitte kippte diese Kündigung aber wieder. Ein »Bündnis gegen Querfront« rief zur Kundgebung auf – denn auch einige Linke würden sich mit »rechtsoffenen Verschwörungsideologen« zusammentun, und dagegen müsse »klare Kante« gezeigt werden.

Der Parteivorstand solidarisierte sich mit mir und beschloss mit 18 Ja-Stimmen einen Beschluss gegen Querfront-Strategien. Man muss sich das mal überlegen! Auf dem Rosa-Luxemburg-Platz wurde posaunt, die Zionisten heute täten mit den Palästinensern das Gleiche, was die Faschisten früher mit Juden gemacht hätten. Die »Wahrheit« in diesem Milieu umfasste einen ganzen Werkzeugkasten schlichter, nicht selten esoterischer Erklärungsmuster, die den Menschen angeboten werden, um sich im Wirrwarr gesellschaftlicher Komplexität leichter zurechtzufinden: Da wurde von fehlender völkerrechtlicher Souveränität der »BRD GmbH« gefaselt, zu »freien und unabhängigen Medien« wurden nur die ausgerufen, die etwa den Anschlag vom 11. September 2001 als Werk der US-Geheimdienste belegten.

Der Verweis auf die Macht »der Rothschilds« durfte nicht fehlen.

Jebsens Milieu ist für eine Gleichsetzung der Besatzungspolitik des Staates Israel mit dem Holocaust bekannt. Er selbst suggerierte unter anderem, dass die Welt von Menschen mit jüdischen Wurzeln gesteuert werde und ähnliches. Wir erleben solche hanebüchenen Thesen heute ja wieder, in dieser sich selbst als Querdenker ausrufenden Bewegung von Leugnern der Gefährlichkeit von COVID-19. Da finden sich ebenfalls reichlich Geschichtsrevisionismus, reaktionäre »Kapitalistenkritik« in der Tradition rechter »Zinskritik« und völkische Erhebungsfantasien. All das vermischt sich aber eben auch mit einfachen, altbekannten und simplen Parolen und Codes traditionell linker Milieus.

Derlei hat in der autoritären Linken eine unschöne Tradition. Widerspruch wurde in der Geschichte der kommunistischen Bewegung zu oft mit der Begründung erschlagen, man dürfe nicht »das Geschäft des Klassenfeindes« besorgen.

Mir wurde natürlich auch vorgeworfen, andere, sinistre Motive zu verfolgen. Es durfte dabei der Hinweis nicht fehlen, dass all das nur dem Zweck diene, die Linkspartei regierungskompatibel zu machen, ihre friedenspolitischen Positionen zugunsten einer Zusammenarbeit mit SPD und Grünen auf Bundesebene zu schleifen. Dieses Reaktionsmuster ist inzwischen schon fast Folklore, manch einer betreibt es auch explizit so.

Klaus Lederer, kommen wir zu Ihrer Biografie. Wie beschreiben Sie Ihre Kindheit?

Leichtigkeit, Unbeschwertheit. Mit dem Fahrrad entlang der Weizenfelder. Blühende Landschaften waren kein politischer Begriff, sondern wirklich: blühende Landschaften. Es gab keine einschneidenden Erlebnisse, und du fragst dich später: War das Langeweile oder Glück? Irgendwann weißt du, auch die Langeweile ist Glück. Du brauchst zur Lange-

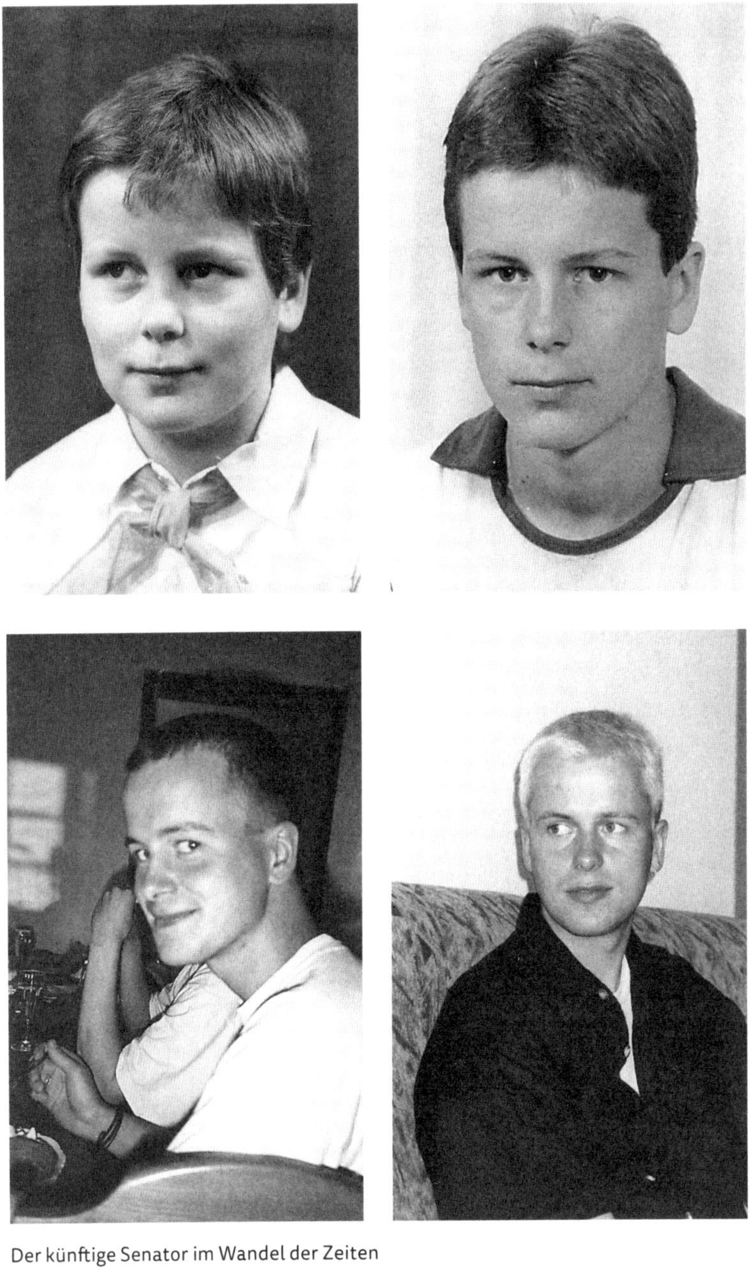

Der künftige Senator im Wandel der Zeiten

weile nur anderes zu sagen: kein Krieg, keine Katastrophe, keine Flucht, keine Abgründe sozialer oder anderer Art. Ich kann mich bei der Erinnerung an die Kindheit also sozusagen fallen lassen in eine gewisse Erinnerungslosigkeit – wenn man mal davon ausgeht, dass man sich meist leider nur das Ungute, das Unschöne, das Unangenehme merkt (*lacht*).

Haben Sie als Kind in der Sommerwiese gelegen, einfach so, und nach oben geschaut?

Na klar, aber erst mal nicht zu den Sternen, sondern ins Blaue. In Frankfurt an der Oder breiteten sich unweit unserer Wohnung große Wiesen aus, darauf dicke Rohre, Heißwasserleitungen. Darauf konnte man wunderbar bequem liegen und in die blaue Weite schauen. Grandios an Wolken ist ihre Verwandlungsfähigkeit, das spornt die Fantasie an.

Roger Willemsen hat den russischen Kosmonauten Alexander Wolkow porträtiert, schrieb von dessen »seelenvollen Augen«, wie sie in die Finsternis des Raumes gestarrt haben »und dann sahen«, wie hell die Erde leuchtet, wenn man sie »aus der tiefen Schwärze dieses Raums betrachtet«. Wolkow hat den aufgehenden Tag aus dem Fenster seiner Raumstation beschrieben, farbige Wolken: »Sie bekommen eine rosa Tönung, und ihre gleichfalls rosafarbenen Gipfel sehen irgendwie wie Zauberpferde aus«.

Nichts ist vergänglicher als Wolken, aber Wolken bedeuten auch ewige Auferstehung und Bewegung. Bildnerische Meisterwerke, die kein Museum zu fassen kriegt.

Es gibt drei Sachen, die enorm beruhigen – und zugleich beunruhigen. Sterne, Wolken, Friedhöfe.

Und auch wenn die Sternenhimmel über Berlin nicht viel hergeben, in Sachen Wolken und Friedhöfe ist auch diese Stadt ein wahrer Erholungsort (*lacht*).

Brechts Lied über Marie A.: Jene kleine weiße Wolke »sehr weit oben« bleibt stärker in Erinnerung als das Gesicht der Geliebten im Gras.

Ja, ja, das ist wie eine Warnung: Täusche sich kein Prophet, kein Politiker, kein Propagandist in dem, was von seinen Phrasen in den Gedächtnissen bleibt.

Das Frankfurt damals … eine grüne Stadt?

Wir wohnten im Neubaugebiet Neuberesinchen, alles war neu, vieles unfertig. Aber unweit eben auch viel Grün, ja. Ich mochte den Kleist-Park, die Fahrradtouren zum Helenesee. Opa besaß einen Trabi, er fuhr mit uns Enkeln ins Schlaubetal und zu den Adonis-Röschen. Das war toll. Ein Tag war ein Tag, und einmal im Jahr gab es Spargel. So. Punkt. Von den Dynamiken der heutigen Zeit war da im Persönlichen nichts zu ahnen.

Ihre Lieblingsbeschäftigungen?

Ich war neugierig und jemand, der sehr viel ausprobierte. Meine Eltern hätten es wohl lieber gesehen, wenn ich eine größere Konzentrationskraft aufgebracht hätte. Aber ich sprang und streunte durch die Interessengebiete – heute Zauberkasten, morgen Chemiebaukasten. Ab der 5. Klasse besuchte ich die Schulsternwarte am Rande von Neuberesinchen. Mich hatte das Planetarium fasziniert, ich war dann in einer Arbeitsgemeinschaft, durfte später auch selbst eine leiten. Klavier wollte ich auch mal lernen, aber da winkten meine Eltern ab. Sie glaubten sicherlich nicht, dass das bei meiner Art irgendeine Halbwertzeit hätte. Vielleicht hatten sie recht. Es war schwer, ihnen meine wechselnde Neugier auf die Dinge als Tugend zu verklickern (*lacht*). Trotzdem würde ich heute gern ein wenig Klavier spielen können.

Ihr Großvater war aus politischen Gründen vom Westen in den Osten gewechselt.

Ich bin in familiären Verhältnissen aufgewachsen, die in mir Neugier auf gesellschaftliche Entwicklung erzeugten, eine Neugier auf Geschichte. Mein Opa trug dazu bei. 1926 geboren, eine Jugend in der Welt und Ideologie der Nazis. Am Ende stand seine freiwillige Meldung an die Front, es endete mit schwerer Verwundung im Lazarett. Mit Niederlage und Kapitulation der Nazis dann der Neuanfang. Er war Kommunisten begegnet, die ihn beeindruckten, und das »Nie wieder« war eine bestimmende Erfahrung. Mein Opa wurde KPD-Mitglied, agierte und agitierte gegen die Remilitarisierung im Adenauer-Deutschland. Ein sicherer Weg in den Verdacht, ein Staatsfeind zu sein. Irgendwann, als die Pressionen gegen Kommunisten stärker wurden, stand die Frage: bleiben oder gehen? Das war in den fünfziger Jahren. Er verließ Schleswig-Holstein, ging mit seiner Frau und den vier Kindern, also auch meiner Mutter, in die DDR. Im beginnenden Kalten Krieg war das für ihn der bessere deutsche Staat. Nach einer solchen Entscheidung hat man naturgemäß ein ganz anderes Verhältnis zu dem Land, das einem die Türen öffnete.

Mit anderen Worten: Man geht als Mensch mit solchen Erfahrungen auch anders mit den Fehlern dieses Landes um, also der DDR.

Man ist, auch im guten treuen Sinne, befangen, ja. Auch wenn ich in einer Familie aufgewachsen bin, die grundsätzlich loyal gegenüber den Verhältnissen gewesen ist, so wurde bei uns trotzdem viel diskutiert. Das schloss Fragen, Kritik, Zweifel ein. Aber unterschiedliche Nuancen in den Debatten und Sichtweisen hatten immer auch in unterschiedlichen persönlichen Erfahrungen ihre Ursache. Und da setzten mein Großvater und meine Mutter, aufgrund ihres Weges, mitunter andere Akzente als mein Vater.

Wo kommen Ihre Eltern her?

Meine Mutter wurde in Neumünster in Schleswig-Holstein geboren, mein Vater kommt aus Thüringen. In Gotha geboren, dann eine Jugend in Gräfentonna bei Bad Langensalza.

Wurden Sie streng erzogen?

Nein. Bei meinen Eltern habe ich die Kraft wahrgenommen, so zu sein und so Einfluss zu nehmen, dass es bei mir als Kind Aufmerksamkeit auslöste, nicht Furcht.

Kraft?

Ja, ich spreche bewusst von ihrer Kraft, weil so ein Familienleben ja viele Dimensionen hat und auch Arbeit und Alltag einem immer wieder etwas abfordern. Da sorgen manche Erwachsenen schnell dafür, dass Kinder vor allem eines sind: folgsam. Nein, meine Eltern redeten sich sozusagen lieber den Mund fusselig, als unbeherrscht und laut zu werden. Meistens funktionierte das. Taschengeldentzug, Nachsitzen, Stubenarrest – nee.

Eine Erziehung, die überheblich meint, man müsse aus Kindern erst Menschen machen …

Die gab's bei uns nicht. Ich war Mensch, auch als ich klein war. Es war nicht alles eingeteilt und verrechnet. Es ging bei den Werten nicht um Überfluss, sondern um Vielfalt. Aber ausgerechnet mit der Astronomie hatte eine der absolut seltenen Strafen zu tun, die mir meine Eltern aufbrummten. Oft sind es bekanntlich die banalen Anlässe, die einem zum Verhängnis werden (*lacht*). Wenn ich mich richtig erinnere, hatte ich den Müll nicht, wie verabredet, hinuntergeschafft. Das fiel in die Zeit, als der Komet Halley in unseren Breiten auftauchte, was alle 76 Jahre der Fall ist. Das Erlebnis, ihn zu beobachten, fiel an dem Tag ins Wasser, die Kulturbund-AG Astronomie beobachtete abends ohne mich. Und sie sahen ihn. Tja.

2061 kommt er wieder, der Komet.

Da können wir ja gemeinsam gucken.

Ich fürchte, meine Augen sind zu schwach. Ich bin dann 113 Jahre alt.

Mit Fernrohr wird's gehen.

Bei all Ihrem Zappen durch die Interessensgebiete: an Geschichte blieben Sie dran.

Neugierig war ich besonders auf spätmittelalterlich-frühneuzeitliche Geschichte. Die Zeit und die Gestalten der Aufklärung. Gutenberg, Kopernikus, Kepler, Tycho Brahe … Es gab tolle Kinderbücher, die davon erzählten. Das hatte Berührung mit den Themen meines Vaters, er beschäftigte sich mit der Philosophie des Vormärz, auch mit Thomas Morus, Thomas Müntzer, Martin Luther, der Reformation und dem Bauernkrieg. An ein Astronomie-Sommerlager erinnere ich mich, an Himmelsfotografie mit leistungsstarken Teleskopen. Die Aufnahmen entwickelten wir in der Dunkelkammer selber, in der Sternwarte Crimmitschau, deren Kuppel man öffnen konnte.

Indessen qualifizierte sich der FC Vorwärts Frankfurt dreimal für den UEFA-Pokal und wurde Vize-Meister der DDR.

Ich weiß schon, was Sie damit sagen wollen … Ja, mein Opa ging mit mir auch zum Fußball, ins Stadion. Das war toll, Volksfeststimmung. Aber es blieb bei mir keine nachhaltige Leidenschaft.

Welches war Ihre erste Mutprobe?

Der Sprung vom Fünf-Meter-Turm in einem thüringischen Freibad. Den Weg zum Zehn-Meter-Turm fand ich nie.

Waren Sie später mal wieder in Frankfurt?

Ja.

Was fiel Ihnen auf?

Was fiel auf … Als Kinder sind wir im Neubaugebiet über Bretter gelaufen, um nicht im Schlamm zu versinken. Alles rundum Baustelle. Dünne eingehegte Pflanzungen, die noch in Gefahr standen, von Baulastern umgefahren zu werden. Und dann plötzlich stehst du vor einer grünen Landschaft, vor ausgewachsenen Bäumen, von denen Selbstbewusstsein ausgeht: Wir überleben euch. Aber es waren auch ganze Teile des Neubaugebiets verschwunden. Frankfurt verlor nach 1990, wie andere Oststädte, viele Einwohner. Und es war alles sehr viel kleiner geworden, die Erinnerung ist manchmal wirklich trügerisch und die Realität gnadenlos!

 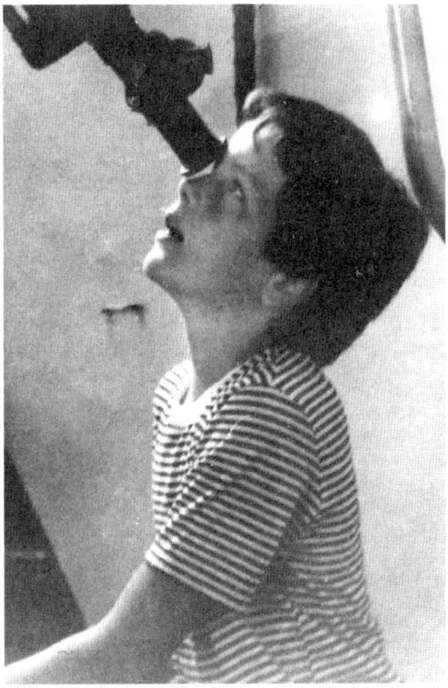

Himmelsnahe Kindheitsmuster: erst die Sonne, dann die Sterne

Haben Sie Ihrem astrophysikalischen Traum lange nachgetrauert – nachdem Sie eines Tages ins Schwammige hineingerieten, nämlich in die Politik?

Lange? Nee. Dafür war ich zu jung. Es ist vergossene Milch. Geblieben ist die Faszination des hellen Nachthimmels. Der Schauder, von etwas berührt zu werden, das wie ein Gegengewicht zu allem Alltäglichen wirkt. Noch immer.

Aus Reden, Artikeln, Interviews

Ehrgeiz und Unehre, Party und Hausordnung

Ich bin Berliner. Berlin ist das Größte. Keine Frage. Aber Veränderungen lösen auch Verunsicherung und Ängste aus. Diese Sorgen müssen ernst genommen werden.

Als Linker bin ich sehr skeptisch, was den verstärkten Einsatz von öffentlicher Videoüberwachung angeht. Weder verhindern Kameras solche Angriffe, noch ändern sie die dahinterstehende Geisteshaltung.

Es gibt kein Recht, unkritisierbar zu bleiben.

Wenn ich an das denke, was ich bei der Diskussion um die rechtliche Gleichstellung hier im Abgeordnetenhaus an Vorbehalten gehört habe, gerade von Menschen, die in der Politik sind, dann zeigt sich, dass Diskriminierung kein Randphänomen ist.

Die undogmatische Linke hat sich quasi zu Tode gesiegt. Die permanente Provokation und das spielerische Brechen der Konventionen und Nomen wurden selbst gesellschaftliche Konvention und Norm.

Wir müssen die großen Digitalkonzerne wie Google und Facebook hierzulande adäquat besteuern, wir reden seit Jahren über eine Finanztransaktionssteuer, auch eine höhere Vermögens- und Erbschaftssteuer könnte für mehr soziale Gerechtigkeit sorgen.

Markige Worte nützen nichts, wenn ich am Ende ein Scheinriese bleibe.

Leben ist Bewegung, und für Nachdenken muss man sich nie entschuldigen.

Was mich nervt, ist eine allgemeine moralische Empörungs- und Aufmerksamkeitsindustrie, die sich um die wahre Substanz gesellschaftlicher Herrschafts- und Unterdrückungsverhältnisse überhaupt nicht schert. Da ist dann auch nur wenig Impuls auf gesellschaftliche Veränderung enthalten.

Es gab schon so viele Vergangenheiten, da kann es auch nicht nur eine einzige Zukunft geben.

Der Kultur-Gegensatz zwischen glitzernd-kosmopolitisch und piefig-provinziell ist konstruiert und absurd. Es geht nicht um die Frage, was an einem Ort produziert wird, sondern in welchen historisch gewachsenen Institutionen wir welche Produktionsbedingungen für Künstler bereitstellen können. Und dann kann am lokalen Berliner Ort auch etwas von Weltbedeutung entstehen.

Der schwule Mann als wildes, drogenkonsumierendes Sex- und Partymonster? Dabei wissen wir längst, dass es die Mitte der Gesellschaft ist, in der zum Beispiel die Beliebtheit von Designerdrogen stark zunimmt – unter dem Druck, immer mehr und unter immer größerer Leistungskonkurrenz arbeiten zu müssen und trotzdem ein halbwegs erfülltes Leben haben zu wollen. Das ist ein gesellschaftliches Problem, dem mit Dämonisierung kaum beizukommen ist.

Ehrgeiz parkt gefährlich nah an der Unehre.

Party hat mit Nähe zu tun: sich gehen lassen, sich fallen lassen. Party ist nicht, sich zuallererst eine Zehn-Punkte-Hausordnung in den Kopf zu hämmern und sie zu befolgen.

Berlin grüßt Übersee: New York City Pride, 30. Juni 2013

II

»Ungehorsam? Ja. Aber
ich bin kein Schlachtenbummler
für brachiale Szenen.
Und Aufklärung ist Selbstprüfung,
nicht missionarische Belehrung anderer.«

Heute trinken Sie den Kaffee aus einer Tasse, auf der steht: »Kraftpaket«.

Wieder Zufall. Obwohl es in gewisser Weise doch mit mir zu tun hat.

Sie leiten doch kein Fitness-Studio.

Nee. Aber ich bin B-Lizenz-Trainer des Deutschen Bodybuilding- und Kraftsportverbandes (*lacht*).

Glaubt Ihnen keiner.

Inzwischen finde ich es eher amüsant, also: Ganz ernst ist es nicht. Ein Fitness-Studio könnte ich aber damit theoretisch betreiben, und auch anleiten könnte ich. Das kam, weil ich zunächst als Jugendsozialarbeiter damit in Berührung und dann während meines Studiums zu einen Nebenjob in so einem Studio kam. Bodybuilding interessierte mich nie, aber das Training und die Trainingslehre schon. Auch weil es ein Sport ist unabhängig von festen Arrangements – Beteiligung an Mannschaftssportarten ließ sich irgendwie nie mit meinem Lebenswandel und meinen Arbeitsrhythmen vereinbaren. Fitness-Techniken, ihre Kopplungen, die physiologischen Reaktionen des Körpers – das reizte und reizt mich. Wie trainiert man Kraft, wie Ausdauer? Das kann man eben alles auch, ohne viel Aufwand, zuhause betreiben.

Sind Sie im Urlaub ein Wanderer?

Ja. Wandern ist einerseits Höhenflug, andererseits die Wiedergewinnung der Bodenhaftung: Es lotst dich sanft aus der Prosa der realen Verhältnisse hinaus – und plötzlich siehst du herab. Auf dich. Nicht mal Wolken, die vom heftigsten Sturm gejagt werden, sehen je so gehetzt aus wie wir manchmal am superflachen Boden (*lacht*). Wandern mit guten Freunden ist schön: sich gehend wehren gegen Verfestigung, Verbarrikadierung, Persönlichkeitsaufrüstung.

Betritt der Wanderer die Straße, geht sein Blick schon fremd. Er kann nur ehrlich sein, indem er abweisend ist zu allem, was Festpunkt und Standpunkt sein will.

Wenn wir mit Freunden unterwegs sind, beschleunigen wir nicht bis an die Grenze des Leistungssports, aber ein bisschen Ehrgeiz bei der Auswahl der Wegstrecken und der Dauer der Wanderung darf schon sein. Alles in Maßen. Nichts übertreiben. Ich lasse mich allerdings auch gern im Spreewald auf einem Kahn durchs Gewässer ziehen. Wasser beruhigt.

Sicher schwimmen Sie auch gern.

Ja. Als Kind habe ich das zwei Jahre lang als Leistungssport betrieben.

Sie sind ein Freund kalten Wassers.

Definieren Sie kaltes Wasser.

Ich würde mich blamieren … Haben Sie irgendwo einen Garten?

Nein. Meine Eltern hatten einen, den übernahmen später die Großeltern, als wir nach Berlin zogen. Ich habe mitgeholfen, Beete zu bestellen und zu pflegen. Mit meiner Schwester gestalteten wir den Sandkasten zu einem Beet für Kinder um. Es war die Zeit, da es noch Schulgärten gab, man wurde also gut angeleitet.

Sie mögen Gärten?

Ja. Die wilden so wie die formstrengen.

»Wir müssen unseren Garten pflegen.« Sagt Voltaires Romanheld Candide. Das ist der Verweis darauf, dass der Mensch ein gesundes Maß bewahren sollte, wie viel Welt er umgräbt und wie viel Welt er lieber in Ruhe lässt.

Wer umgräbt, stößt auf Steine. Die Lehre des Gartens.

Stadt oder Land?

Ich bin ein Stadtmensch. Im Urbanen fühle ich mich wohl. In einer fremden quirligen Stadt kann ich gut Urlaub machen. Das pure Land, auf dem nicht mal mehr ein Dorfkrug geöffnet hat – das ist nicht mein Ding.

Ich gehöre nicht zu diesen Stadtflüchtern, die aus der Sehnsucht nach dem Grünen gern betont eine intellektuelle Performance machen.

So nach dem Prinzip: Zurück zur Natur! Aber bloß nicht zu Fuß.

Ja, ein bisschen ist das wie im Lied von Rainald Grebe: »Paul hat sich einen Lehmofen gebaut/ Paul backt ganz vorzügliches Brot/ I am what I am/And what I am is Dorfboheme/ Christhilde massiert mich mit Hotstones/ Christhilde sagt ›Ick entspanne dir‹/ Auf dem Land komm ich immer so runter/ Also zu mir«. Aber es ist ja meist die Regel: Wir wollen dort sein, wo wir gerade nicht sind.

Im Jahre 1988 sind Sie mit Ihren Eltern von Frankfurt an der Oder nach Berlin gekommen, vierzehnjährig. Die neue, weit größere Stadt als Abenteuer?

Nach Hohenschönhausen, ja. Wenn es nach mir gegangen wäre, hätte der Umzug allerdings nicht stattgefunden. In Frankfurt hatte ich meine Freunde, ich fühlte mich dort wohl. Ich dachte bei Berlin also nicht an Aufbruch, sondern an Abbruch. Des Geläufigen, des Gewohnten. Nicht sehr schön. Aber ziemlich schnell drehte sich dieses vermeintliche Unglück.

Unglück?

Na ja, dass ein Vierzehnjähriger gegen den Willen der Eltern nur eine begrenzte Durchsetzungskraft hat. Es drehte sich in Horizonterweiterung und Gewinn.

Wie das? Sie stießen in Berlin doch an die Mauer.

Nee, so kann man das nicht sagen. Ich fühlte mich nicht eingesperrt, ich kannte es ja nicht anders. Das Bewusstsein für diese furchtbare Tatsache einer Mauer, die den Menschen die Welt verbietet, das prägte und bedrückte mein Leben damals nicht. Noch nicht. Für einen Vierzehn-, Fünfzehnjährigen gab es in diesem Berlin eine Menge zu entdecken. Ich empfand keine peinigende Enge, die man unbedingt in Weite umwandeln möchte – was ja in der DDR nicht ging. Aber plötzlich war die Welt doch enorm größer als in Neuberesinchen.

Was würden Sie als erstes tun, wenn Sie nochmal sechzehn sein könnten?

In eine queere Jugendgruppe gehen. Als ich sechzehn war, hatte das für mich noch nicht jene Relevanz, die es für mich aber hätte haben können.

Politisch könnte man sagen, Sie waren auf dem Weg zur »allseits gebildeten sozialistischen Persönlichkeit«.

So sagte man's propagandistisch, und genauso würde auch ich das sagen. Pionier, FDJler, Gruppenrat, Freundschaftsrat; ich durchlief, was organisatorisch angesagt war, am Ende besaß ich einen Schwung obligater Mitgliedsausweise. Wir machten uns auch lustig über diese Rituale, aber ich stellte das damals nicht grundlegend infrage. Irgendwann bekam ich als Aufmunterungsgeschenk das Buch »Zur Jugendpolitik der SED« von Erich Honecker, es war wohl anlässlich der Übernahme einer Leitungsfunktion in der FDJ an der Schule, und es hieß feierlich: »Bestimmt kannst du etwas damit anfangen.« Das war nicht ironisch gemeint. Aber ich konnte tatsächlich etwas damit anfangen, ohne die Schwarte je geöffnet zu haben. Denn als nach dem Mauerfall überall Devotionalien der DDR verscherbelt wurden, boten wir, um unsere politische Arbeit zu finanzieren, auch das Honecker-Buch an. Ein paar Westpfennige brachte es.

Die Segnungen der Wendezeit.

Mit dreizehn, vierzehn, fünfzehn Jahren machst du dir ja so deine ersten eigenen Gedanken, und es ist ein Glück, dass diese Phase bei mir mit der besonderen Aufbruchszeit zusammenfiel. Erst hörst du ja im Leben nur zu, hörst dich um, nimmst auf von anderen, speicherst. Dann hörst du mehr und mehr auch auf Stimmen, die in dir selbst entstehen. Du entdeckst, dass es mehr Frage- als Ausrufezeichen gibt. Auch ich hatte für eine gewisse Dauer die offizielle Propaganda nachgeplappert. Es war ein Prozess, in dem mir klar wurde, dass die DDR sich zwar sozialistisch nannte, Menschheitsfragen aber unter Herrschaftsvorbehalt stellte – und ihr zum Schluss die Leute wegrannten. Die man wie Untertanen behandelte.

Die Zweifel waren durchschlagend?

Sie waren erst mal nur ein Keim. Ich dachte zunächst noch: Der Mensch ist nicht perfekt und der Weg zum Kommunismus halt lang. Aber mit dem Erleben von 1989/90 war es ja nicht mehr zu übersehen: Das System war durch und durch reaktionär, das alte starre Sozialismus-Bild gehörte wirklich auf den Müllhaufen. Aber was wir über den Kapitalismus gelernt hatten, war nicht alles nur Propaganda. Und: Die Wende brach ja nicht völlig aus dem Nichts über uns herein, die Anzeichen waren allmählich mehr geworden. Mitte der Achtziger trug man Anstecker von Depeche Mode oder The Cure, aber eben auch Gorbi an den Revers. Und in der Familie haben wir über gesellschaftliche Fragen richtig kräftig diskutiert. Es war eine sehr intensive Zeit, in der sehr viel sehr schnell passierte. Gesellschaftlich relevante Fragen wurden plötzlich ganz anders öffentlich verhandelt. Das war frische Luft. Der Film »Coming out« von Heiner Carow mit Dagmar Manzel und Matthias Freihof und Dirk Kummer kam im Herbst 1989 in die Kinos. Er spielte eine große Rolle für mich. Später erfuhr ich, dass die Bude von Lothar Bisky – auch ein wichtiger Mensch in meinem Leben – eine Kulisse für die Dreharbeiten gewesen war … Man hatte das Gefühl, die Zensoren waren ermüdet, erschöpft, sie gaben langsam auf. Bei uns an der Schule gab es ein Konzert der »Skeptiker«, Gerhard Schöne trat bei uns auf, mit meiner Mutter ging ich in die Kongresshalle am Alex, zum Festival des politischen Liedes, Gerhard Gundermann sang. Die LP hieß »Männer, Frauen und Maschinen« – als ich dessen Lieder, in denen Umweltzerstörung offen thematisiert wurde, zum ersten Mal auf DT 64 gehört hatte, dachte ich, er sei ein Sänger aus dem Westen. Und ich mochte die spottenden »Reisebilder« von Hans-Eckhardt Wenzel …

Depeche Mode haben Sie gehört?

Auch »Kraftwerk«. Das, was später in die elektronische Musik der Clubkultur mündete. Ich kann heute sehr viel mit Techno anfangen, das sehen viele Menschen ja anders. Die reduzieren diese Musik auf nervige, donnernde Beats. Ich höre da mehr.

Waren Sie je auf der Loveparade?

Einmal und nie wieder. Weniger der Musik wegen als des Massenbetriebes.

Sind Sie gleich nach dem Mauerfall mal »rüber« gegangen?

Es hat ein paar Tage gedauert. Ehrlich gesagt, mich hat das zunächst wenig interessiert.

Wann haben Sie sich Ihr Begrüßungsgeld geholt?

Wochen nach dem Mauerfall, am Hermannplatz. Natürlich habe ich erst einmal danach geschaut, wo denn der faulende Kapitalismus zu finden ist, den ich aus der Propaganda kannte.

Und wie erlebten Sie den 9. November 1989?

Der Tragweite dieser Nacht war ich mir nicht sofort bewusst. Ans Ende der DDR dachte ich jedenfalls nicht. Dass es keine Zukunft mehr mit geschlossenen Türen geben würde, das lag auf der Hand – aber so schnell Westen? Es ist bezeichnend, dass ich jetzt gar nicht mehr bestimmt sagen kann, ob ich von der Maueröffnung sofort in dieser Nacht des 9. November erfuhr oder erst am nächsten Morgen. Sicherlich schon in der Nacht, aber genau weiß ich es nicht. Auf jeden Fall war ich daheim in Hohenschönhausen.

In Berlin gibt es ja in der Alltagskultur ein ausgesprochenes Kiez-Bewusstsein. Der eingesessene Pankower fährt nach Adlershof, als führe er in eine andere Stadt.

So ein Typ war ich nicht. Ich bin in Friedrichshain zur Schule gegangen und war viel in der Stadt unterwegs, ging ins Zeiss-Planetarium, ins Naturkundemuseum, in den Treptower Park. Wie schon erwähnt: Ich habe, nachdem wir eingezogen waren, die Stadt schnell für mich entdeckt. Die halbe Stadt. Es war ja noch DDR.

Besaßen Sie ein DDR-Bewusstsein?

Kinder und Staatsbewusstsein? Aber in aller kindlichen Einfalt war mein Gefühl schon: Hier bei uns ist die Zukunft, hinter der Mauer, wo die Welt zu Ende ist, beginnt das Böse. Mit dem wirklich Elenden, Schlimmen, Verletzenden ins Eigene, ins Staatsinnere hinein, damit hatte ich keine wirkliche Berührung. Als der Staat zusammenbrach, war ich zu jung, um sofort grundstürzend erschüttert zu sein.

Haben Sie eine Erinnerung an ideologische Enge?

An unserer Hertz-Schule in Friedrichshain?

Wo lag sie?

In einem etwas zurückgesetzten Neubau an der Frankfurter Allee, nahe am Frankfurter Tor. Heute ist das eine Kiezbibliothek. Gregor Gysi und Tamara Danz von »Silly« gingen auf diese Schule, zu meiner Zeit auch der heutige Arzt und Schriftsteller Jakob Hein. Enge? Nein.

Das Frankfurter Tor haben Sie als prägenden Berliner Ort Ihrer Jugend bezeichnet – wieso das?

Immer wenn ich auf dem Weg zur Schule aus der U-Bahn stieg, Treppe hoch, da beeindruckte mich die majestätische Form dieses Tores, diese eingefasste Weite, und am Horizont der Fernsehturm.

Für DDR-Bürger war der Fernsehturm – seltsam, wir landen immer wieder im Himmel – eine Art Raumschiff. Da oben zu sein: ein Ausnahmezustand, denn die Blicke überquerten die Mauer. Das Telecafé drehte sich. Ein Aussichtsturm sozusagen als Konkurrenz zu den hölzernen Podesten auf der Westseite der Mauer.

Man konnte alles überblicken, aber man sollte – von so hoher Warte aus – wohl auch alles Bittere übersehen, was dieses gespaltene Berlin ausmachte. Der Fernsehturm war das Zeichen: Wir haben genug Muskeln, um den Himmel zu erreichen (*lacht*). Ja, das Restaurant oben in der Kuppel war unser symbolischer Auslauf, denn wir konnten zwar nicht in die Welt hinaus – aber: Wir durften uns kurz über der Welt aufhalten. Der Himmel über Berlin hat eben doch seinen Reiz. Das habe ich damals natürlich so nicht gedacht.

Sie haben von Ihrer Schule erzählt …

Es gab einen offenen Geist. Unser Direktor – er blieb bis zur Wende – hat Schüler, die das »Sputnik«-Verbot diskutierten, nicht relegiert, er versuchte es mit Argumenten. Unsere Lehrer bekundeten in den Wendewirren ihre Ratlosigkeit. Da gab es nach meiner Erinnerung keine Kämpfe um die Fassade, als das System in sich zusammenfiel.

Es war anders als etwa an der Carl-von-Ossietzky-Schule?

Ja, dort zeigte sich die ekelhafte Seite des Regimes unverschämt offen: Um zu demonstrieren, wie rigide man mit Kritikern umzugehen hat, stürzte man sich auf Jugendliche, die gegen Militärparaden und Rechtsextremismus in der DDR Position bezogen. Man strafte, man schmiss raus, man verstieg sich zur Methode des Schauprozesses.

Eine Art Wiederholungsfall. Der Filmregisseur Egon Günther erzählte von Schülerprotesten 1968 gegen die sowjetischen Panzer in Prag. Schüler wurden verhaftet, auch sein Sohn. Die DDR verurteilte den Siebzehnjährigen, weil er sich beteiligte, als Jugendliche einander Verse laut vorlasen, »Das Lied von der Moldau« etwa: »Das Große bleibt groß nicht und klein nicht das Kleine/ Die Nacht hat zwölf Stunden, dann kommt schon der Tag.« Gefängnis wegen Brecht. »Die haben sich die Hände an einem Kind abgewischt, die haben sich an Kindern vergriffen.« Er sagte später bitter ironisch, er habe als Vater für seine »Dummheit« büßen müssen, den Sohn zur Aufrichtigkeit erzogen zu haben.

Ich weiß noch, dass das bei uns zu Hause auch Thema war und durchaus tiefgreifend, aufgebracht diskutiert wurde. Aber ich habe es erst später wirklich begriffen.

Gab es dann den Versuch einer politischen Organisation jenseits der FDJ?

Die FDJ zerfiel im Grunde. Ich gründete gemeinsam mit anderen die MJV – Marxistische Jugendvereinigung, in der Ossietzky-Schule fand der Kongress statt. Wir hatten kein ZK, aber unser ZKK war eine Abkürzung, die darauf anspielte: Zentrales Koordinierungskomitee. Kein Vorsitzender, alle mit gleichen Rechten. Basisdemokratie war die Antwort auf den Zusammenbruch autoritärer Strukturen. Es war wunderbar chaotisch. Wunderbar – und nervend. Später fusionierte die MJV mit den Jungdemokraten, die sich in den frühen 1980er Jahren von der FDP getrennt hatten. Da kamen spannende Traditionen und Perspektiven zusammen.

Es gab einen Runden Tisch der Jugend.

Und plötzlich hieß es, zwei von diesem Runden Tisch der Jugend sollten mit am Runden Tisch von Berlin – also dem »der Erwachsenen« – sitzen. Gemeinsam mit Stephan Krüger vom Christlichen Jungmänner-Werk wurde ich zu den Sitzungen delegiert, die jeden Donnerstag im Roten Rathaus stattfanden. Stundenlange Debatten, es war ungemein spannend. Ich bekam die Berichte des Komitees für die Stasi-Auflösung mit und damit eine einprägsame Sicht auf einen Überwachungsstaat, dessen Basis das Misstrauen gegenüber der eigenen Bevölkerung war. In dieser Zeit – ich ging in die 10. Klasse – hatte ich keinen Geografie-Unterricht mehr, denn der fand zu genau jener letzten Schulstunde statt, in der ich für den Runden Tisch freigestellt war. Die Teilnahme am Geografie-Unterricht hatte ich somit gegen die Erfahrung einer wirklich neuen Welt getauscht. Du kriegtest mit, dass Dinge sich neu fügten. Anderes zerfiel. Seltsame Gefühlslage: Du gehst, du bleibst stehen, du gehst weiter, alles dreht sich irgendwie. Wo ist das Zentrum? Mein Lehrer in Kunsterziehung sagte später zu mir, Klaus, ich seh doch, dich hält es hier nicht, geh doch. Es war während des Unterrichts, draußen zog Polizei auf.

In der Mainzer Straße, nicht weit entfernt von der Schule, waren Häuser besetzt worden. Es drohte die Räumung, natürlich bewegte uns das, der Lehrer hatte Verständnis dafür. Vorhin haben Sie mich nach DDR-Bewusstsein gefragt. Nee, das hatte ich nicht wirklich. Was ich hatte, war ein gewisser Glaube. Der wurde nun brüchig, aber ohne dass ich mich gleich bereitwillig auf die Widersprüche gestürzt hätte und einverstanden damit war, dass ich durcheinandergeriet. So eine Bereitschaft wächst gewöhnlich langsam. Die Fähigkeit zu differenzieren, sie kam bei mir auch ganz wesentlich durch Bücher. Lesen, was vorher nicht zu bekommen war: Wolfgang Ruge, Wolfgang Leonhard, György Hódos.

Der Aderlass in der Geschichte des Sozialismus. Der Krebsschaden der Orthodoxie.

Übrigens: Heute denke ich an mein Erlebnis am Runden Tisch mit Kopfschütteln über mich: Welche Vorbehalte ich gegenüber Stephan, meinem Kollegen, zunächst hatte. Wer politisch nicht eindeutig für uns war, der galt als ein Mensch, zu dem man eine natürliche Distanz einnahm. Die doch aber das Unnatürlichste der Welt war! Wie selbstverständlich und automatisiert wir doch mitunter die Brillen tragen, die man uns aufsetzt. Mich erschreckt und wundert, wie Kriterien für den Umgang mit Menschen und Welt entstehen, wie sie sich ausbilden – so zufällig, so stereotyp, so ohne wirkliche Bewusstheit. Seit 1989 ist mir das bewusst geworden. Wir erlangen unsere Urteile durch Sozialisation, durch tägliche Gewohnheit, durch die Verhältnisse, in die wir einsortiert sind. Da wirkt ein Automatismus, der das Leben leichter macht. Ja, er macht das Leben leichter. Aber er lähmt die Offenheit, die Bereitschaft zum Neuen, zum Umdenken. Stephan und ich hatten eine gemeinsame Stimme am Runden Tisch, wir mussten also miteinander streiten. So lernt man sich kennen, und uns verband viel mehr, als uns getrennt hat.

Das ist hochinteressant. Ich denke an Reportage-Reisen in den Westen, zu DDR-Zeiten. Als eingeschworener Parteijournalist reiste ich nicht frei. Ich durchsuchte die Realität nach Belegen jener Bilder, die ich doch schon im

Kopf trug. Ich genoss das Privileg der Westreise, indem ich mich im Glanz etwa bundesdeutscher Großstädte als Aufklärer fühlte – ich sammelte Indizien, um die Eingesperrten daheim zu beruhigen: elende kapitalistische Welt, täuschende Welt, kalte Welt. Das Hirn verarbeitete Außenwelt, die es vorher im heiligen Zirkel antikapitalistischer Doktrinen selber erschaffen hatte. Gewappnet fuhr ich in den golden faulenden Westen, gepanzert gegen das, was der gewöhnliche Mensch Erlebnis nennt. Später, nach dem Ende der DDR las ich Heiner Müllers Satz: »In den Zeiten des Verrats werden die Landschaften schön.« Genau! Jetzt fuhr ich befreit vom Klassenstandpunkt in den Westen, und jetzt erst empfand ich Schönheit, in den Städten, am Rhein, in den Zentren des Kapitals. Kein innerer Kampf mehr zwischen lebendiger Wahrnehmung und starrem Wahrheitsgebot. Kein Auftrag mehr zur vorgestanzten Interpretation.

Wenn die Scheuklappen beizeiten fielen oder gar nicht vorhanden wären – welche Menschen würde man jenseits seiner eigenen Determiniertheiten kennenlernen und sich dadurch so ganz anders erweitern können. Ein Gedankenspiel …

Im November 1990 wurden dreizehn besetzte Häuser in der Mainzer Straße geräumt. Was zog Sie dahin?

Das Haus Mainzer Straße 4 war das Zuhause von gut dreißig schwulen Autonomen und Punks – das Tuntenhaus. Die DDR-Bürgerrechtlerin Bärbel Bohley hat damals ebenso zu vermitteln versucht wie Renate Künast von den Grünen. Den ausgestreckten Mittelfinger gegen die Vertreter von Gesetz und Ordnung fand ich reizvoll. Die Geste konnte ich nachvollziehen. Im Tuntenhaus in der Mainzer Straße sah ich eine verteidigenswerte Festung des Freiraums für gesellschaftlich Bedrängte. Dafür hatte ich Sympathie. Es war empörend, wie eine martialisch hochgerüstete Polizeitruppe da hineinging und für »Ruhe« sorgte.

Sie haben Sympathie für Hausbesetzer?

Natürlich fühle ich mich auch heute solidarisch mit Leuten, die andere Formen des Zusammenlebens ausprobieren und sich dagegen wehren, allen Raum der Stadt den sogenannten freien Kräften des Marktes zu überlassen. Ob damals Mainzer Straße oder heute »Liebig34«.

Waren Sie selbst mal Hausbesetzer?

Nein, war ich nie.

Empfinden Sie Solidarität mit linksradikalen Steinewerfern?

Links, radikal, Steine, Werfer – das ist ein Begriffsbündel, das Bilder evoziert, die in der Realität so kaum eine Entsprechung haben, und das gern in der Absicht gebraucht wird, alles Widerständige pauschal zu diskreditieren. Ziviler Ungehorsam ist etwas anderes als Plünderungen und Krawallfetisch. Ohne den Ungehorsam gäbe es wohl kaum progressive gesellschaftliche Veränderungen. Auch die Antiatom- und die Antikriegsbewegung haben vom Ungehorsam gelebt, die heutige Ökologiebewegung tut es auch. Das andere schadet ihr, meine ich. Es ist auch nicht zu rechtfertigen.

Warum nicht?

Für mich folgt aus der Geschichte, dass kein Zweck einfach so die Mittel heiligt. Die brutalen schon gar nicht.

Hausbesetzer, Liebig34, die linken Autonomen – das Extrem dieser Protestformen ist der sogenannte schwarze Block. Schwarz wirkt. Es wirkt stärker als Bunt. Aber Bunt, so heißt es allgemein, möge bitteschön die antikapitalistischen Demonstrationszüge beherrschen. Gelobt sei eine Szene, die den Schauder des Volksfestes nicht vermeiden kann: der friedliche Protest, das Bild einer angenehm verträglichen Menschengemeinschaft entlang eines Polizeikordons. Dem gegenüber jene Gewalt- und Hassfurie des besagten schwarzen Blocks. Denken wir an G 20 in Hamburg, vor einigen Jahren. Bunte Züge sind also das taugliche Widerstandsmittel, dessen Gefälligkeit aber niemandem weh tut – schwarze Blöcke dagegen sind das untaugliche Widerstandsmittel, dessen Radikalität aber wenigstens jene, die gemeint sind, ein wenig zittern lässt.

Wenn ich Sie richtig verstehe: Sie meinen, die »Schwarzen« sind für Linke so etwas wie die ungebetenen Abgesandten ihres wütenden Unterbewusstseins? Das dort offen hassen, zürnen, toben will, wo uns andere die Vernunft immer wieder nur zur Mäßigung zwingt?

Ja, verfluchen wir nicht manchmal das, was sich in uns Vernunft nennt, in Wahrheit aber immer auch Anpassung und Feigheit bedeutet? Ist jede Friedlichkeit von Protest nicht stets auch ein Teil der Niederlage? Denn wann hat man zuletzt einen Mächtigen bangend, bleich gesehen angesichts seiner unzufriedenen Bevölkerung?

Wissen Sie, was ich mit gewisser Sorge betrachte? Etwas ganz anderes. Mich beunruhigt, dass staatliche Institutionen entlang allgemeiner und zunehmender Verunsicherungen eine Wandlung durchmachen. Staatliche Instrumente, verantwortlich für die Wahrung der Grundrechte, verbinden inzwischen auffällig oft das Präventive mit dem Repressiven. Militärische Kompetenzen sickern ins Zivile. Der Polizeibrief der Alliierten 1945 hat die Verbindung polizeilicher mit geheimdienstlichen Maßnahmen verboten. Lang her. Das weicht auf, das verwischt – es kommt verstärkt zur Vorverlegung des Zeitpunktes, da staatliche Organe repressiv handeln. In Hamburg bei G 20 geschah eine grobe Verletzung von Grundrechten, etwa von Journalistinnen und Journalisten. Die allgemeine Empörung gilt heute schnell den Krawallen, aber wer Grundfragen des eingeschränkten Demonstrationsrechts aufwirft und dessen Verletzungen öffentlich macht, der wird ebenso schnell und oft unbedenklich zum Sympathisanten von Gewaltexzessen erklärt.

Wirft der schwarze Block nicht auch jenen Stein, der uns vom Herzen fällt, weil unser Hass zum Glück nicht so groß ist, dass wir unkontrolliert unvernünftig werden? Wie viele Hamlets der Theatergeschichte zogen in Schwarz ihre Bühnenkreise. Den Hamlet der Angela Winkler kleidete Peter Zadek vor Jahren mit anarchistisch anmutender Lederjacke und einem roten Stern an der Guevara-Mütze. Wie oft bildeten auch Schillers »Räuber« einen schwarzen Block.

Kunst darf das, Kunst muss das. Kunst darf radikal sein, Politik muss dem Radikalen Grenzen setzen. Kunst ist Ausdruck unserer heimlichen Sehnsucht, sich gegen die Langeweile einer Disziplin zu wehren, die allzu oft nichts bewirkt. Das ist leider wahr, und es macht traurig. Und da rüttelt die Fantasie schon mal am Käfig der Mäßigung, das stimmt.

Aber selber Steine werfen: nein?

Selber Steine werfen: nein! Am Ende bleibt immer die Frage nach der Rationalität des eigenen politischen Handelns. Das Nachdenken über Wirkungen und Folgen. Die Inszenierung von und die Lust an Zerstörung hierzulande lösen bei mir eher Kopfschütteln aus, ich sehe das nicht als Aufschrei der gepeinigten Kreatur. Kommt mir eher wie ein postpubertärer Rückfall vor. Aber dann lese ich in einer ostdeutschen Tageszeitung von »Krawallen in Sachsen«, wo »extremistische Gruppen mit Gewalt aneinander geraten« seien, und es stellt sich raus: Das war ein krasser Naziüberfall auf Menschen, die denen nicht ins Bild passten … Das Recht, sich selbst zu verteidigen, ist im Strafgesetzbuch verankert. Es kommt also immer sehr auf die konkreten Umstände an, und nicht so sehr auf hegemoniale Bilder der Gesellschaft.

Wie gehen Sie mit Ihrem Zorn um?
(Pause.)

Sie schweigen? Der Zorn geistert wie eine vergessene Sehnsucht durch die Zeit. Er ist sperriges Erinnerungsstück in den revolutionären Gesinnungen, die belehrt zur Ruhe kamen. Er verrät die Hoffnung fortlaufend an einen Gegner, der Kompromisse ausbrütet.

Zorn ist ein edles Gut.

Man könnte sagen: Er hat die Welt nie besser gemacht.

Aber er hat ihr wenigstens zu jeder Zeit die Lüge verweigert, als gut dazustehen.

Und was Sie selber betrifft …

Wahrscheinlich kann man von einer privilegierten Situation sprechen, wenn der Zorn und der Veränderungswille einen friedlichen Ausdruck finden dürfen. So war das bei mir, und so ist das nach wie vor bei mir. Ich hatte Gelegenheit, ein paar Dinge zu bewegen, ich besaß Spielräume, ich habe mich in Diskussionen eingemischt, ich habe Texte geschrieben, und ich bewahrte mir die angenehme Illusion, ein paar Leute würden sie lesen (*lacht*). In der Ackerstraße, der Schokoladen zum Beispiel, er war lange Zeit bedroht – ich habe mitgeholfen, dieses Haus-Projekt zu retten. Oder der Klub in der Dunckerstraße, wir haben uns erfolgreich gegen die Schließung gestemmt, kurzum: Ich konnte mich an Aktionen beteiligen, die ich für sinnvoll hielt. Meinen Weg sehe ich darin, mich mit meinen Möglichkeiten an gesellschaftlichem Nachdenken zu beteiligen, es zu befördern.

Sie sprachen vorhin mal vom Werkzeugkasten. Was ist in Ihrem drin?

Brandflaschen und Hammer nicht. Ich setze altmodisch auf Argumente. Es hat an jeder Stelle Wert, etwas zu tun. Auch der berühmte Tropfen auf den heißen Stein gehört zu den Akteuren der Politik. Aber einfach aus den Reproduktionsprozessen auszubrechen, indem man bestimmte Mechanismen durch Sabotage oder Brandstiftung auszuschalten versucht, das ist vergeblich und führt im wahren Sinne des Wortes zu: nichts. Die Zustände seien schlimm, und deshalb sei jedes Mittel der Gegenwehr erlaubt? Diese Ansicht teile ich nicht. Ich bin auch kein Schlachtenbummler für brachiale Szenen. Ich frage nach Analyse und Lernmöglichkeit, individuell oder kollektiv. Kollektiv ist immer besser.

Klingt trocken.

Ist es. Ist aber meins. Es wäre eine Lebenslüge, behauptete ich, das Steinewerfen aus politischer Aufwallung grundsätzlich nicht zu verstehen. In Verhältnissen brutalster Unterdrückung in die Gegenwehr zu gehen, wie es die Antiapartheidbewegung in Südafrika getan hat, das ist allerdings eine andere Lage als hierzulande. Brennende Autos in Berlin kann ich nicht als Vorzeichen der Morgenröte interpretieren.

Albert Camus pries den Menschen in der Revolte.

Camus sah Revolte zuallererst als Selbstversuch, nicht als Übergriff auf andere. So wie Aufklärung eine Selbstprüfung ist und keine missionarische Bearbeitung anderer Menschen.

Aber auch für Sie gibt es doch mal dunkle Momente.

Ja, in denen denke ich, dass alles sinnlos und der point of no return überschritten ist. Aber sie vergehen, diese Momente. Notwendig ist Transformation, notwendig sind Pfadwechsel: um solche Elemente, die in gesellschaftlichen Reproduktionsprozessen Menschen beschädigen und entwürdigen, durch bessere Instrumente zu ersetzen.

Warum schweigen Sie jetzt schon wieder?

Wenn ich mir so nachhöre: Klingt wie eine Phrase. Ist aber keine.

Den dunklen Momenten folgen helle?

Helle? Nein.

Nein?

Ich sage lieber weniger absolut: hellere! Momente, in denen ich denke: Da alles auf dieser Welt Übergang ist, steht nichts, aber auch wirklich nichts fest. Und was meinen Zorn anbelangt – ja, auch das Erleben von Kunst ist für mich eine wesentliche Art, die Welt und mein Inneres zu verarbeiten.

Das Innere ist?

Ein Hin- und Hergezerrtsein zwischen dem Willen, was zu tun, und der Ratlosigkeit. Mein Gott, wer kennt das nicht! Ich muss aber sagen, ich kann meinen Akku immer wieder aufladen. Immer noch. Bis jetzt jedenfalls.

Was trauen Sie der Menschheit nicht mehr zu?

Sich kollektiv ein für allemal, also unerschütterbar rational zu verhalten.

Glauben Sie, dass es Zivilisation ohne Vernunft gibt?

Nein. Ohne den Anspruch auf vernünftiges Handeln verraten wir uns. Gleichzeitig denkt jeder vernünftige Mensch, nur er selber sei vernünftig *(lacht)*. Ich glaube also nicht, dass man Vernunft überschätzen kann. Und natürlich ist Vernunft immer auch ein Spiel. Wer nicht spielerisch mit Vernunft umgeht, ist nicht eigentlich vernünftig, er handelt dann eher ideologisch, also letztlich verknöchert.

Was bedeutet das: Spiel?

Beim Denken auch der schlimmstmöglichen Wendung eine Chance zu lassen. Dann auch wieder der bestmöglichen. Sich selber warnen, sich selber übersteigen. Mal so, mal so. Sich beim Denken fallen lassen. Erst mal bereitwillig ohne Konsequenzen denken. Denn wer zu schnell Konsequenzen mitdenkt, denkt doch schon opportunistisch, also auf Beschränkung hin.

Da sind wir schnell beim Fluch einer Philosophie, die aus Utopien schnell Praxis machen möchte – also muss sie irgendwann klein und ergeben und eng werden. Früher nannte man das Parteilichkeit. Genau das ist doch aber die Praxis, die auch Sie in Ämter hebt und dort hält.

Klein, ergeben, eng? Hoffentlich nicht. Hoffentlich nicht nur. Und hoffentlich nicht immer. Und hoffentlich nicht alles gleichzeitig. Es ist nicht zu vermeiden, dass Entscheidungen im praktischen Leben einen höheren Anspruch herunterbrechen. Aber wenn man das Maximale nicht mal mehr denkt, dann ist es aus.

Ideen stören das, was es ohne sie gar nicht gäbe.

Ja. Ideen setzen etwas in die Welt, das dort auf Widerstand stößt und Probleme verursacht. So entsteht Bewegung. Die Idee einer gerechten

Welt hat zum Beispiel bei Mächtigen das Bewusstsein für eine große Gefahr produziert: dass es wirklich zu einer gerechten Welt kommen könnte. So schuf die Idee von der Gerechtigkeit Problemräume und Konfliktkulturen, die es ohne diese Idee nicht gegeben hätte.

Ist Europa auch so eine Idee?

Man kann mit Fug und Recht sagen, wie es der Schriftsteller Robert Menasse sagte: Die europäische Idee einer unbedingten Erneuerung entstand in den Vernichtungslagern der Nazis: Die Opfer kamen aus allen Ländern des Kontinents.

Europa hat es schwer in vielen Gemütern.

Ja, weil ein Widerspruch wirkt: »Nation« ist etwas, das längst abstrakt wurde, von dem aber irrigerweise viele meinen, es sei etwas sehr Konkretes, das mit seinem Leben zu tun habe. »EU« dagegen ist ein konkretes Projekt, das aber viele nur als völlig abstrakt und abgehoben empfinden.

Was ist dies Konkrete?

Alle Probleme und Phänomene unserer Zeit sind transnational: die Wertschöpfungsketten, die Rohstoffketten, die Kapital- und Finanzströme, die Migrationsbewegungen, die ökologischen Probleme, der Terror, das Internet und seine politischen Konsequenzen. So tendiert alles, wenn wir von lebbarer Zukunft reden, zu einem politischen Souveränitätstransfer ins Europäische.

Sie sind Kultursenator. Wozu auch noch Europa obendrauf?

Rot-Rot-Grün ist proeuropäisch. Die Bündelung beider Bereiche habe ich als Senator gewollt, aber doch nicht, weil ich öfters mal nach Brüssel wollte. Zwischen Kultur und Europa gibt es Zusammenhänge und gemeinsame Wurzeln. Meine Aufgabe als Europasenator ist es, über die Arbeit der EU-Institutionen zu informieren und dafür zu sorgen, dass die Europa-Kompetenz unserer Verwaltung hier ausgebaut wird. Und gegenüber den EU-Institutionen – aber auch durch das Engagement in europäischen Städtenetzwerken – die Belange Berlins in Brüssel geltend zu machen, etwa die sozialen und ökologischen Themen.

Die europäische Säule sozialer Rechte umfasst ein Paket von 20 Grundsätzen und Rechten.

Dazu zählen das Recht auf faire Löhne und Gehälter bis zum Recht auf Gesundheitsversorgung, das Recht auf lebenslanges Lernen, bessere Vereinbarkeit von Beruf und Privatleben über die Gleichstellung der Geschlechter bis hin zum Mindestlohn. Das ist unsere Agenda. Aber es ist bislang eine unverbindliche Proklamation. Wir nutzen unsere Möglichkeiten, damit daraus belastbare soziale Ansprüche werden.

Und was die Kultur betrifft?

Auftritte Berliner Künstlerinnen und Künstler im Berliner Büro in Brüssel waren durchaus ein Magnet. Bis die Pandemie kam …

Die Presse schrieb, von allen Senatoren hätten Sie die meisten Dienstreisen.

Kann sein, aber die wenigsten davon führten mich sehr weit weg. Da ist dann also auch eine Ausstellungseröffnung zum Palast der Republik in der Rostocker Kunsthalle oder so etwas dabei. Dienstreisen nach Brüssel gelten bei uns übrigens nicht als Auslandsreisen.

Die Reisen des Europa-Senators …

Die Relevanz dieses Arbeitsfeldes wird unterbewertet. Zu europapolitischen Hintergrundgesprächen hier im Haus – ich übertreibe bewusst – kommt kaum ein Journalist. Als Region ist unsere unmittelbare Einflussnahme auf Brüssel überschaubar, aber in Städtenetzwerken, im Ausschuss der Regionen und in manchen Gremien werden wir schon wahrgenommen. Welche Politik in Berlin gemacht wird, das beobachtet man in europäischen Metropolen schon sehr aufmerksam, zumal die Probleme überall ähnlich sind: Mietenwahnsinn, Mobilitätswende, der Umgang mit Konzernen wie AirBNB, der Erhalt gemischter, lebendiger Stadtquartiere.

Das treibt alle Großstädte um. Wenn Berlin einen Mietendeckel einführt, dann registriert das auch der Bürgermeister von London interessiert und sagt: Vielleicht können wir so etwas ja auch bei uns machen. Und umgekehrt können wir in Berlin enorm viel von den Erfahrungen anderer Städte in Europa lernen. Solche transnationalen Lernprozesse finde ich ungemein fruchtbar, das Potenzial ist da noch lange nicht ausgeschöpft.

Was ist das eigentlich: die Demokratie?

Zunächst nichts anderes als ein Verfahren zur Legitimation von politischen Entscheidungen. Das ist nicht immer und per se gleichbedeutend mit »Wille der Mehrheit«, auch Minderheitenschutz und Individualrechte gehören dazu. Die repräsentative Demokratie gehört für mich durchaus zu den Zivilisationsleistungen. Ob und wie es noch demokratischer zugehen könnte, halte ich für offen. Nur stehen manche Fragen in der modernen Gesellschaft ja überhaupt noch nicht zur demokratischen Entscheidung, etwa im Wirtschaftsregime.

Nun leben wir in Zeiten eines offenbar sehr ansteckenden, auch antieuropäischen Rechtsruckes.

Es ist vertrackt: Wenn es Menschen gut geht, gehen sie nicht nach links, und wenn es ihnen schlecht geht, gehen sie nach rechts. Und Rechtspopulisten, ich sage das mit gebotenem Knirschen, haben fatalerweise einen attraktiven Zug: Sie sagen, was sie denken – ohne Rücksicht. Das wirkt. Geht ihre Meinung mit dem Zeitgeist, dann gibt ihnen das Aufschwung, weht ihnen aber der Wind ins Gesicht, dann heißt es trotz Ablehnung, sie hätten immerhin Charakter und gesagt, was ist. Natürlich ist da ein gerüttelt Maß an Heuchelei im Spiel, wenn der bekannte Homohasser plötzlich auf einer schwulen Sexparty gesichtet wird.

Ist dieses Vertrackte ein Grund zum Verzweifeln?

Nein. Es gab Momente, in denen der Zeitgeist ausgesprochen links war – in der Bundesrepublik etwa in den Siebzigern, in den Jahren der neuen Ostpolitik, der Anti-Atomproteste, der Demonstrationen gegen den Vietnam-Krieg. Aber wir wissen aus der Geschichte auch, wie plötzlich so etwas umschlagen kann. Wenn heute in vielen Ländern eine autoritäre oder totalitäre Rechte stärker wird, ist das einerseits extrem beunruhigend, andererseits aber eben auch nicht unabänderlich.

Das heißt, Ihr Vertrauen in den Menschen ist ungebrochen?

Zunächst: Alles, was sich ungebrochen, unbeschädigt, unbehelligt gibt, macht mich misstrauisch. Aber: Das prinzipielle Vertrauen in den Menschen als Gattungswesen kann in mir tatsächlich nicht erschüttert werden, nur weil es immer wieder mit widerwärtigen Beispielen untergraben wird. Für jeden Verrat zum Beispiel gibt es ein reales Gegenbeispiel. Ich will keine Gesellschaft, die den Menschen über- oder unterfordert. Ich möchte sozusagen eine ausbalancierte Gesellschaft, die sich auf den Typus gründet, der ich selber bin (*lacht*).

Berlin hat sich unter Rot-Rot-Grün zur Solidarity City erklärt. Was ist das für ein Verbund?

Bei den Solidarity Cities geht es von Neapel über Barcelona bis Berlin um ein Netzwerk gegen die europäische Abschottungspolitik, die das Mittelmeer zum Massengrab gemacht hat. Diese europäischen Metropolen wollen im Gegensatz zu vielen Regierungen von EU-Mitgliedsstaaten einen menschlichen Umgang mit Geflüchteten.

Und wenn Schiffe mit Flüchtlingen keine Einlaufgenehmigungen in europäische Häfen erhalten?

Müssen wir deutlich machen, dass wir helfen wollen und können. Aber klar, solange die EU in erster Instanz durch die Regierungschefs der Mitgliedstaaten repräsentiert wird, wird jedes Mitgliedsland versuchen, seine Interessen gegen andere und gegen europäische Solidarität durchzusetzen. Das EU-Parlament zum Beispiel braucht endlich ein Initiativrecht. Dieses und andere Demokratiedefizite müssen wir ausbügeln. Auch die Dominanz der ökonomischen Grundfreiheiten bleibt ein strukturelles Problem der EU.

Wir waren beim Thema des zivilen Ungehorsams, bei Räumungen, der Begriff »Liebig34« fiel – das war, vor Monaten, wieder eine dieser bitteren Vertreibungen. Als Linker so etwas mit ansehen zu müssen und als Senator geradezu naturgemäß in den Ruf zu geraten, man sei Teil dieses rigiden Apparates – blutet Ihnen da nicht das Herz?

Natürlich blutet mir das Herz, und das ist nicht bloß so dahingesagt. Dass solche Haus- und Wohnprojekte der Verdrängung ausgesetzt sind, macht die Stadt ärmer, langweiliger, vor allem aber setzt es Menschen unwürdiger Sorge ums eigene Leben aus. Eine Rechtsordnung, die der Maximalverwertung von Eigentum mehr Gewicht und Wert beimisst als der Vielfalt der Raumnutzung – das muss geändert werden.

Aber wie?

Ganz einfach und ganz, ganz schwer: indem man die gesetzlichen Grundlagen ändert, auf die sich derart hässliche, bittere Entscheidungen berufen dürfen. Das ist natürlich leichter gesagt als getan. Das Recht ist immer ein Abbild momentaner gesellschaftlicher Kräfteverhältnisse.

Phrase, sagen Betroffene.

Weiß ich. Aber den gewünschten Königsweg kenne ich nicht. Es gibt in der Politik keine Unschuld. Das weiß jeder Hygieniker: Man macht sich Hände schmutzig, wenn man sie der Welt bei den nötigen Verhandlungen reicht. Ich kann bei dem, was ich will, nicht von den Bedingungen absehen, in denen mein Wille gefangen ist. So habe ich Adornos Satz verstanden, dass es kein richtiges Leben im falschen gebe. Du bist gebunden, du kommst mit keiner Tat ins Reine. Max Goldt hat gesagt, Prinzipienreitern stünde die Welt nicht offen. Kritik kann ich äußern, aber ihre Wirkung verblasst, wo ich mich selbst aus der Realität nehme. Wer den Fuß hineinsetzt in einen institutionellen Rahmen, der muss wissen, dass ihm die Hände fortan immer auch ein wenig gebunden sind. Manchmal kann man sich mit ihnen leider nur die Haare raufen, mehr nicht.

Viele Leute waren nach der Räumung enttäuscht von der mitregierenden Linken?

Klar waren viele Menschen enttäuscht. Gerichtliche Festlegungen und der Zugriff der Exekutive besitzen einen Eigenwert, der politische Spielräume unter Umständen stark einschränkt. Noch mal: Wer die Gewaltenteilung akzeptiert, muss zur Kenntnis nehmen: Gerichte können kippen, was die Politik anberaumt. Aber wir kennen schließlich genügend Gesellschaftsformen, in denen Gerichte dir keineswegs beispringen. Nur leider verstärkt sich der Eindruck, dass Behörden und Polizei – etwa auch im Falle »Liebig34« – nicht mehr völlig neutral sind, wenn es um bestimmte gesellschaftliche Minderheiten geht, über die man eh gern die Nase rümpft. Und geradezu beschämend ist es, wenn nach so einer Räumung die Presse durch das Haus geführt wird: die Besichtigung eines geräumten privaten Refugiums wie ein nachträglicher Pranger und als Beleg fürs angeblich Asoziale. So etwas ist gewiss von keinem Räumungstitel gedeckt.

Bedient wird damit Bürgers Abwehrreflex gegen eine alternative gesellschaftliche Lebensart. Die hinter Sauberkeit Normierung sieht, hinter Ordnung Selektion und hinter Fassadenweiß eine Leere, die sich zur Leit-Kultur erklärt. Heiner Müller über die schönen geraniengeschmückten Häuser am Chiemsee: »Jedes Haus ist so zu Ende geputzt, dass Umweltverschmutzung zur letzten Hoffnung wird.« Inmitten heutiger Maßlosigkeit des farblosen Bunten und der einander neutralisierenden Signale gewinnt jede Hauswand an Identität, indem sie besprüht wird. Im Enthusiasmus, etwas zu verschönern, indem man es beschmutzt, äußert sich eine größere Lebendigkeit als in jener Hauptaktion der Gesellschaft, auf porentiefe Sauberkeit und auf unbedingtes Persilweiß zu zielen. Und dabei alles Grau auszusortieren und jedes Unkraut auszureißen.

Es geht nicht darum, sich gegen Erhalt und Schutz von Wert schlechthin zu stellen. Das wäre töricht. Sachbeschädigung bleibt Sachbeschädigung. Worum es geht, ist der andere Blick auf eine Sache, die nur deshalb so klar scheint, weil eine Mehrheit ihre eindeutige Meinung darüber hat.

Es geht darum, einem Schmerz nachzugehen, der der Gesellschaft frech und unverschämt von unten, von draußen zugefügt wird.

Der Schmutz im Stadtbild, der uns zugemutet wird – ich sehe ihn im Zusammenhang mit einer weit schlimmeren Verwahrlosung. Sind unübersehbare Werbeflächen, die Häuser, Alleen, Straßen verdrecken und das Aussehen ganzer Landschaften verderben, nicht weit schandbarer? Sind jene Zäune und Überwachungskameras, mit denen sich bürgerlicher Besitz mehr und mehr umgibt, nicht weit unästhetischer? Sind die uniformierten Beton- und Glasgebilde, die just in Berlins Mitte jedes Stückchen Grün unter sich ersticken, nicht weit hässlicher?

Großstadt: ein vom Menschen leider »emanzipiertes« Wesen.

Aber hört man angesichts dessen ein ähnliches Auflehnen, einen ähnlichen Protestwillen? Erst die gesäuberte Stadt sei eine soziale Stadt? Die andere Logik wäre interessanter: eine Stadt erst dann sauber zu nennen, wenn sie eine soziale Stadt ist.

US-Amerika ist nicht mehr weit: In den Zentren ist man im Raster gefangen, im Appartement eingesperrt, und der Blick berührt bestenfalls noch ein paar flache Dächer mit Wasserbehältern, und er fällt ermüdet in die Tiefe, ins Canyon der Straße, wo nichts weiter vor sich geht als das Geschiebe der Autos. Da wächst Sehnsucht nach Blicken aufwärts.

Ja, fragen Sie wieder nach den Sternen!

Er wurde schon erwähnt: der Himmel über Berlin. Was sagen Sie zu ihm?

Ein guter Film (*lacht*).

Mehr ist da astronomisch nicht?

Ehrlich, da ist nicht viel zu entdecken. Gern schaue ich aus meinem Fenster daheim, aber den Himmel überhaupt zu sehen, ist bei dem Haus, in dem wir wohnen, schon ein Problem. Ein Altbau aus der Gründerzeit, mit Hinterhof. Da muss man schon ganz oben wohnen, um einen freien Blick zu haben. Am Berliner Himmel liebe ich die Farben des Sonnenuntergangs. Da will der Himmel der Stadt so schön sein wie der Himmel am Meer. Gelingt ihm auch. Wie es dem Autoverkehr mitunter gelingt, sich als Rauschen des Meeres zu tarnen – wenn man denn die Augen schließt und sich dann der Fantasie überlässt.

Was den Berliner Himmel betrifft: Brecht probte 1956 am Berliner Ensemble den »Galilei«, es gibt einen Tonmitschnitt, er rief das Ensemble auf: »Noch berlinischer! Noch!« Ein Darsteller erwiderte: »Wenn man ihnen dit erlaubt, zerstören die noch den janzen Sternenhimmel!«

Wenn Sie mich schwärmend erleben wollen, sind die Sterne über Berlin Fehlanzeige. Wollen wir den Himmel, so müssen wir ihn in Berlin auf Erden suchen (*lacht*).

Wir sprechen gern vom Himmel auf Erden.

Und tun so, als seien wir dessen Schöpfer. Wir ziehen Dinge gern auf unser Niveau herab (*lacht*).

Wieder zurück zum Herbst 1989 – die Stadt war für Sie als jungen Menschen also die große, unerwartete Möglichkeit zum Aufbruch. Und in den Seelen geschah ein Umsturz der Weltbilder.

So genau weiß ich das gar nicht ... Umsturz ... Das klingt nach Wänden, die einstürzen. Mir sind keine Wände eingestürzt. Meine Generation hatte noch keine festen Weltbilder. Sie ist weitgehend unideologisch, das ist schon mal gut. Sie hat eine spezielle, ganz eigene Erfahrung, gesellschaftliche Bruchstellen zu verarbeiten.

Was Sie sagen, erinnert an den frühen Brecht, an den Schluss aus seinem Stück »Im Dickicht der Städte«: »Das Chaos ist aufgebraucht. Es war die beste Zeit.«

Das stand noch lange am Fresswürfel hinter dem Domizil des Stasiunterlagenbeauftragten. Irgendwann wurde auch der saniert. Aber ja: Was früher Jugendzentrum oder Fabrikareal war, wurde damals auch zum illegalen Techno-Club.

Der Filmregisseur Andreas Dresen drehte über Jungs Ihrer Generation den Film »Als wir träumten«, und er sagt über deren Erfahrungen 89/90: »Diese Generation weiß, dass sie ins Ungewisse hineinlebt. Es wird interessant sein, wenn diese Generation in Positionen kommt, in denen sie die Gesellschaft mitgestaltet.« Ich ergänze: Und sie also auch Kultursenatoren werden.

Fakt ist: Zwischen meinem 15. und 22. Lebensjahr hatte die gesellschaftliche Entwicklung eine unglaubliche Dynamik. Für mich selbst war es eine Zeit der permanenten Selbstveränderung. Für junge Menschen ist es natürlich leichter, mit sowas klarzukommen. Mir wurde bewusst, dass die deutsch-deutsche Vereinigung mit all dem Taumel mich vor Entscheidungen stellte: Wenn ich mich nicht bewege und diese neuen Möglichkeiten nicht nutze, dann darf ich mich später nicht darüber beschweren, dass ich vielleicht bloßes Objekt der gesellschaftlichen Veränderungen bleibe.

Hoffnung oder Illusion?

Ach, noch viel größer: Idealismus (*lacht*). Und Sie wissen ja auch, was das ist, ein Idealist? Ein Mensch, der ahnt: An der Sache, für die er eintrat, wird irgendwann weit weniger dran gewesen sein, als er mal dachte (*lacht*).

Idealismus und Rationalismus als Paarung.

Eine Fallhöhe zu erleben, sorgt auch für Kitzel im Bauch. Mich hat die Frage beschäftigt, was eigentlich »links« ist, und ich begann, in linksdemokratischen, linksautonomen Kreisen Freunde zu suchen.

Die FAZ sprach kürzlich vom »Reiz und Weltruhm« Ostberlins nach dem Mauerfall.

Ja. Leerstand. Verlassenes. Ungenutztes. Aufgegebenes. Das alles war ein Magnet für eigensinnige Leute. Die ihre Nachtclubs gründeten, Galerien, Rückzugs- und Experimentierräume. Alles hatte etwas lockend Undurchsichtiges. Zwischennutzung war ein wichtiges Wort, um neuen einschränkenden Festlegungen und Festschreibungen zu entgehen. Es gibt ja hundert Möglichkeiten, aus einem Raum etwas Besseres zu machen.

In dem erwähnten FAZ-Artikel stand allerdings auch das Entscheidende: »Es müssen nur die Mietpreise tief genug fallen.«

Ja. Das große Kampffeld. Kaum ein Indikator bemisst in der Gesellschaft, in der wir heute leben, den Möglichkeitsraum, die Freiheitsgrade in einer Stadt so exakt wie der Mietpreis.

Die Wende also: kein wirkliches Chaos für Sie persönlich.

Eigentlich nicht. Man verwendet das Wort ja schnell. Mein familiäres Feld bescherte mir die Chance, mich ohne Eile umschauen und mir im Brodeln der Dinge Zeit nehmen zu können. Bei Weichenstellungen fühlte ich mich nicht gedrängt.

Alles ordentlich, sogar noch die Anarchie.

Anarchist war ich nie. Sie tun ja gerade so, als sei meine jetzige politische Position der befragenswerte, gar fragwürdige Aufstieg aus krasser Randexistenz. Erst so, dann so. Nein, ich komme nicht aus den bunderepublikanischen Biografiemodellen eines Joschka Fischer (*lacht*).

Extrem-Jogger waren Sie auch nicht.

Mein Sport ist ein anderer.

Die Tasse … Kraftsport.

Nein. Wenn ich dazu komme, eine halbe Stunde auf dem Rad …

Nach 1989 haben junge Leute aus dem Osten die Freiheit wörtlich genommen. Raus! So weit weg wie möglich! Jetzt nicht gleich an Ausbildung, an Beruf, an Weiterkommenspflichten denken, sondern nur ans Nachholen von Ungezwungenheit, ans Ausleben von Ungebundenheit. Sie selbst sind in die Jugendsozialarbeit eingestiegen, begannen ein Jurastudium. Festlegung statt Freiheit. Später kann man die nicht einfach mal so nachholen. Haben Sie je bereut, so ordentlich geblieben zu sein?

Ordentlich? Würd' ich so nicht sagen.

Nicht Anarchist, nicht ordentlich.

Und bereut habe ich auch nichts. Aber das Problem, das Sie ansprechen, wurde mir schon früh bewusst. Mit einem Freund und Unternehmer war ich vor einiger Zeit dienstlich in Paris, es war einer der ersten Frühlingsabende, an denen man schon draußen sitzen konnte. Wir tranken Rotwein, genossen die beginnenden Farbspiele des Jahres und sprachen über 1989. Er aus dem Westen, ich aus dem Osten. Er hatte in Paris studiert, als ich im Osten mein Abitur machte und alles in Bewegung kam. Ich hörte zu und spürte: Mir fehlt eine Freiheitserfahrung, die ich so auch nie würde nachholen können. Aber er war eben auch nicht in Berlin in dieser Umbruchzeit, das wiederum war mein Vorteil …

Es gibt ja einen Zusammenhang von gesellschaftlicher und biografischer, ja biologischer Zeitrechnung …

In der bist du gefangen, da ist etwas Bleibendes, im Guten wie im weniger Guten, du kommst da nicht raus, und du musst dich bemühen, in der Erkenntnis des Defizits nicht zu verkrampfen, nicht in so eine Nachhol-Hatz zu verfallen. Ich denke, das gelang mir halbwegs. Auf so ein wildes »Jetzt her mit der Welt!« war ich nicht gepolt. Ich schlug mit Fernweh und Entdeckungslust auf anderen Kontinenten nicht um mich (*lacht*), ich empfand es als Glück, in so einer Zeit des Ungestümen, des Verführerischen, der Lockungen und auch der Fallen hier einen Weg gehen zu können und zu finden, der mich forderte, aber nicht überforderte. Ich kam nicht in Atemnot. Klar kommen da Momente, in denen du sagst: schade, nie total ausgeflippt, nie total ausgebrochen, nie einfach nur mal drei Jahre mit nichts als einem Rucksack auf dem Buckel über die Kontinente gezogen … Ja, schade … Aber im Gegenzug gelangen mir Dinge, die auch nicht selbstverständlich waren. Denn Arbeit, die erfüllt, ist doch ebenfalls Glück. Mit jeder Entscheidung schneidest du eine andere Option ab. Bevor ich mich entschieden habe, für den Landesvorsitz der PDS zu kandidieren, hatte ich mir drei Monate Zeit zur Überlegung genommen. Die Aufgabe übernahm ich nur, weil Stefan Liebich noch eine Amtszeit dranhängte, so dass ich meine Ausbildung gut zu Ende bringen konnte.

Drei Monate Überlegung – auch aus inhaltlichen Gründen?

Die Frage, was ich in einer Partei aushalten kann und will, steht für mich immer. Auch in einer linken Partei. Manchmal hält man mehr aus, als man will. Manchmal will man mehr aushalten, als man kann.

Zum Beispiel?

Da wird der Pluralismus als Ersatz abgetan oder als Vermeidung von inhaltlichem Streit und Entscheidungen, oder man predigt zwar die demokratischen Prinzipien, aber es werden, ich hab' das Wort schon mal verwendet in unseren Gesprächen, doch listig und zäh die claims abgesteckt. Und es gibt ausgeklügelte Techniken, dies zu vertuschen.

Was ist eine Partei?

Eine Partei ist ein Hilfsmittel, ein Instrument, kein Selbstzweck. Einer der furchtbarsten Begriffe ist: Parteisoldat. Da bist du doch gleich erschossen.

Welche Parteien meinen Sie?

Alle.

Auch …

Alle.

An Ihre Partei haben Sie doch aber eine starke Bindung.

Klar. Aber diese Bindung geht nicht bis zu dem Satz: Was immer geschehen mag, aus so einem Verband tritt man nicht aus. Ich habe Parteimitglieder erlebt, die das gänzlich anders sahen.

Sie sind also, was die Zeit nach dem Ende der DDR betrifft, kein ausgesprochen Vielgereister?

Eigentlich nicht, nein. 1992 bin ich mit dem Landesjugendring nach Madrid gefahren, ich war mit einer Jugendgruppe in Istanbul, durfte an zwei Weltsozialforen teilnehmen, in Porto Alegre und in Nairobi, war dreieinhalb Wochen in den USA, auch in Island schon, aber in Indien oder China zum Beispiel noch nicht. Kann noch kommen oder auch nicht.

Welches wäre das Ziel Ihrer Traumreise?

Vielleicht eine Wanderung durch Neuseeland oder der Israel-Wanderweg von Norden nach Süden, nur mit Rucksack.

Welches Buch würden Sie auf eine einsame Insel mitnehmen?

»Das Kapital«. Ich weiß ja nicht, wie lange ich dort bleibe. Bei Belletristik wähle ich Heine. Aber das hätte ich nach kurzer Zeit ausgelesen. Marx ist Dauernahrung.

Herr Lederer, wie erlebten Ihre Eltern den Umbruch?

Mein Vater war an der Akademie der Wissenschaften, im Zentralinstitut für Philosophie, meine Mutter bei der IDFF, der Internationalen Demokratischen Frauenföderation. Nach dem Ende der DDR kam für beide die Abwicklung. Es kamen ABM-Projekte, Ehrenamt und soziokulturelle Arbeit, meine Mutter machte noch mal eine Ausbildung für die Mitarbeit in der Kanzlei meiner Schwester. Dieses 1989 und seine Folgen – was für mich im Grunde den Glücksfall bedeutete, war für meine Eltern viel schwieriger. Erst später habe ich mir Gedanken darüber gemacht, wie schwer es für sie gewesen sein muss, unter den nunmehr bundesdeutschen Verhältnissen völlig neu anzufangen. Sie waren in der produktiven Mitte ihres Lebens. Nie habe ich sie klagen gehört. Sie haben sich durch diesen Widerspruch hindurchgelebt: Ungerechtigkeit zu empfinden, aber den Zusammenbruch des Systems doch für einen logischen Vorgang zu halten.

Beim Verhältnis zwischen Eltern und Kindern gibt es ja irgendwann den Punkt, da geht man sich aus dem Weg …

Oder man bleibt beieinander. Wir blieben beieinander. Der Kontakt zu meinen Eltern war immer da und blieb immer eng, auch in Zeiten, da ich längst, wie man so sagt, aus dem Haus war. Ohne dass wir nun aufgebracht nächtelang diskutierten – die Gespräche wurden 1989/90 naturgemäß ernster, zugleich hatten sie eine ganz eigene Heiterkeit, die dort eintritt, wo Vertrauen, Geborgenheit über allem liegen – und in allem. Und einem das plötzlich bewusst wird, als etwas, das doch schon lange da war. Solange es Begegnung gibt, solange geht es weiter. Natürlich wollte ich von meinen Eltern erfahren und verstehen, wie Beifall und Opposition in der DDR funktionierten, wie Zustimmung und Ablehnung aufeinanderprallten oder sich aus dem Weg gingen. Es wuchs ja rundum überraschend die Zahl der plötzlich bekennenden Opponenten, so dass man sich schon fragen durfte, wieso der Staat sich vierzig Jahre ohne großes Durchgerütteltwerden gehalten hatte. Ich habe großen Respekt vor meinen Eltern, auch vor meiner Schwester.

Zitat Klaus Lederer: »Dass ich sagen kann, ich sei Sozialist – es hat seine Ursachen natürlich auch in meinem Elternhaus.«

Ja. Meine Mutter und mein Vater glaubten an den Wert des Staates, aber im Glauben waren sie nicht hart und heftig. Sie haben geglaubt, aber doch ohne diesen Beigeschmack von Leuten, die darauf angewiesen sind, in einem System den hauptsächlichen Halt zu finden. Sie haben mich und meine Schwester, die zwei Jahre älter ist als ich, auch geschützt.

Geschützt?

Ich denke, sie haben uns nicht zu derb mit Fragen konfrontiert, die sie selber nicht beantworten konnten. Dosierte Vorbereitung auf die Realität. Mein Vater schrieb seine Dissertation über Thomas Morus, ich kann mich gut erinnern, dass ich ihn eines Tages fragte, wieso er sich kein Thema näher an der Gegenwart gesucht habe. Er schaute mich an, heute sage ich, in seinem Blick lag eine Mischung aus List und Sarkasmus. Er sagte, na ja, seit 1848 sei alles erforscht, die Wahrheit stehe seit dieser Zeit fest und bedürfe keiner Nachforschung. Das hieß im Klartext: Wenn du halbwegs frei denken und Ambivalenzen in historischen Prozessen erkunden und entdecken willst, dann musst du dich in weit frühere Zeiten zurückziehen, ja dorthin flüchten, um von Wächtern der Linientreue unbehelligt und unbelästigt zu bleiben. Mein Vater nahm mich, besonders in den Ferien, mit nach Berlin, ging mit mir ins Museum für deutsche Geschichte, auf die Museumsinsel, ich sah Aufführungen im Theater der Freundschaft und, wenn's kindertauglich war, in der Staatsoper. Wir gingen zur Neuen Wache, dem antifaschistischen Mahnmal, davor standen die NVA-Soldaten, präsentierten ihre Gewehre und ihr Ritual, und mein Vater sagte, die Uniformen und der Habitus seien preußisch, stammten also wahrlich nicht aus einer emanzipatorischen Tradition. Das hat er eher beiläufig angemerkt, aber es ist mir hängengeblieben.

Sie wohnen im Prenzlauer Berg. Wo?

In einer Genossenschaftswohnung, auf achtzig Quadratmetern.

Im Stadtbezirk Prenzlauer Berg sind Sie auch in die PDS eingetreten.

Ja, wäre ich nicht im Prenzlauer Berg gelandet, wäre ich vielleicht auch nicht Mitglied der Partei geworden.

Wie das?

1992 war das, ich war achtzehn. In diesem Bezirksverband war die Auseinandersetzung um den ehrlichen Umgang mit der eigenen Vergangenheit stark spürbar. Außerdem stellten sich die Verordneten der PDS als diejenigen heraus, die für uns im Jugendzentrum tatsächlich ansprechbar waren. Später gründete ich mit anderen die Basisorganisation »Torpedokäfer«. »Torpedokäfer« ist ein Buch des Expressionisten und DaDa-Künstlers Franz Jung, seine Autobiografie trug den Titel »Der Weg nach unten«. Ein Torpedokäfer ist ein Insekt, das gegen eine Wand anfliegt, immer wieder, das Tier hofft sozusagen, eine Öffnung nach drüben zu finden, es prallt ab, stürzt ab, rafft sich auf, fliegt wieder gegen die Wand. »Es fällt und kriecht und fliegt und fällt«, heißt es im Buch. Die Kneipe »Torpedokäfer« war ein Sammelpunkt eigensinniger linker Köpfe mit unterschiedlichsten Biografien. Ich denke an Robert Misik, der damals Berlin-Korrespondent des Wiener »Falters« war, Wolfgang Engler, Bert Papenfuß, Klaus Wolfram, Hugo Velarde und Stefan Ret, Anna Vandenhertz, Lothar Feix und Uwe Radloff, aber auch Wolfram Kempe und Annett Gröschner. Es waren Leute aus unterschiedlichen Milieus, undogmatische Menschen, im besten Sinne Linke, weil sie sich reguliertem Denken entzogen haben. Sich dem auch schon in der DDR entzogen hatten. Und jetzt in der Bundesrepublik kehrten sie ihren kritischen Geist nicht hervor, um mit dem Anstrich des Opfers eilige Strategien des Fortkommens zu entwickeln. Für mich war es wie ein Wohnzimmer, ich hörte, sah, staunte, fühlte mich aufgehoben, man traf sich, ohne sich verabreden zu müssen. Der »Torpedokäfer« war auch die Redaktionsdestille des Basisdruck-Verlages und der Zeitschriften »Sklavenaufstand« und »Gegner«, die Basisdruck-Bücher hatte ich schon Anfang der Neunziger ganz heftig gelesen, es war eine ungemein wichtige Adresse, um die Anatomie des Stalinismus zu studieren. Es war eine spannende Zeit. Wir wehrten uns als Jugendliche – vergebens – gegen die Umbenennung der Dimitroff- in Danziger Straße. Wir diskutierten politisch, es gab Lesungen, ich lernte in dieser Zeit Menschen wie Michail Nelken kennen, einer jener PDS-Mitglieder, die mir die strukturelle Dimension des marxistisch-leninistischen Versagens klarmachten.

In einem Fernsehinterview haben Sie gesagt: »Dass ich in die PDS eingetreten bin, hatte weniger mit Programm als mit Lebensgefühl zu tun«, und Lebensgefühl, das war auch Musik, war zum Beispiel auch Rio Reiser.

Ich denke an »Ton Steine Scherben«, klar. Ich denke an »Junimond«, an dieses »Es ist vorbei«, das von einer Trauer erzählt, die zum Leben gehört, aber auch überwunden wird. Dann »König von Deutschland«, ganz klar: »Ich würd' die Krone täglich wechseln, würde zweimal baden / Würd' die Lottozahlen eine Woche vorher sagen / Bei der Bundeswehr gäb' es nur noch Hitparaden / Ich würd' jeden Tag im Jahr Geburtstag haben« – über DT 64 kriegten wir Mitte der Achtziger mit, was jenseits der Mauer an rebellischer und romantischer Musik angesagt war. Rio Reiser, das war so eine Musik. Das waren Lieder, die einem Freude zutrugen – und Freunde. Du wolltest plötzlich Bünde schließen. Politik ging wesentlich über Töne. Zur Wende dann haben wir im Kulturhaus von Elektrokohle Lichtenberg Konzerte organisiert, Eintritt, Garderobe – alles selber auf die Beine gestellt. Junge Gruppen entstanden, aus purer Lust an der Stunde; egal, was morgen sein würde, jetzt war jetzt, und jetzt galt es! Linkes Denken erlebte eine Renaissance oder entstand erst mal, denn wir waren ja noch unverbraucht, uns hatte noch nicht so viel verdorben und gestaucht, wir trugen keine Last aus Vergangenheit, wir gingen auf die Straße und versuchten, Leute zu überzeugen.

Oft haben Sie von der »Sternchenplatte« geschwärmt.

Ja. Die LP mit den drei Sternchen.

Die Liebe zum Universum.

»Ich singe dir, du Stern der blauen Berge, der Sieben Meere und der hohen See./ Sing deinen Wüsten, sing deinen Wäldern, sing deinem Eis und deinem ewigen Schnee./ Ein Lied für dich, Planet der Wolkengötter …«

Stimmt es, dass zu Ihrer Hochzeit auch »Ton Steine Scherben« gespielt wurde?

Ja. Zum Beispiel »Wenn die Nacht am tiefsten ist«.

Hat Reiser Ihr Berlin-Empfinden getroffen, bekräftigt?

Absolut. Dieses Quirlige und Durchgeknallte. Erzählungen davon, was man liebt und was einen nervt, und manchmal ist beides nicht voneinander zu unterscheiden. Dieses Bodenständige, dieses Nebenstraßen- und Nachtgestaltengefühl, dieses Herz für Leute, die nicht so gut über die Woche kommen. Musik für eine Lebensweise, die sich kapitalistischer Verwertung, so gut es geht, entzieht.

Was wird von ihm bleiben?

Mit solchen Festschreibungen bin ich vorsichtig. Ich bin weit über vierzig, was weiß denn ich, was Zwanzigjährige denken. Jede Generation ist auf ihre eigene Weise am Erbe beteiligt, sie nimmt wahr, sie nimmt hin, sie gibt Neues dazu. Irgendjemand hat gesagt, Rio Reiser habe Kirchenlieder gesungen, er meinte damit wohl das hohe Maß an Hoffnung und Trost. Beides ohne Erlösungsgeist, aber auch das, was noch keine gesellschaftliche Grundlage hat, kann ja Kraft geben. Indem man es träumt und tanzt und feiert und damit die Wirklichkeit, die dich klein machen will, blamiert. Auf jeden Fall war Rio Reiser ein Künstler, der Position bezog, dies aber ohne ein Übermaß an Bekenntnisquatsch.

Er und die Linkspartei von heute …

Wer weiß. Ich habe keine Glaskugel, dieses »Was wäre, wenn …« ist nicht mein Ding.

Die FAZ lobte Reisers »Nähefähigkeit«.

Er war komplett allürenfrei. Er war kein Mensch, der irgendwo laut reingeritten wäre. Und seine Tierliebe endete sozusagen vorm hohen Ross. Das bestieg er nie.

Er war ja für zwei Konzerte Ende 1988 in Ostberlin, DT 64 zeichnete auf, aber ein Song fehlte in der Aufzeichnung: »Der Traum ist aus«. Darin die Zeile »Gibt es ein Land auf der Erde, wo der Traum Wirklichkeit ist?/ Ich weiß es wirklich nicht – Ich weiß nur eins, und da bin ich sicher: Dieses Land ist es nicht!« Das war zwar auf die Bundesrepublik gemünzt, die Konzertbesucher haben das mitgesungen, und da war klar, wie das von ihnen verstanden wurde. Als Vorgruppe spielte Lutz Kerschowski mit seiner Band.

Er war später Gitarrist in Rios Band. Es finden sich immer Leute zusammen, die etwas eint.

In diesem Falle?

Im Falle Rio Reiser? Er ist nicht käuflich gewesen. Er ging keinem Empfinden von sich selber aus dem Weg, das hat ja auch mit Mut zu tun. Er hatte Lust auf Leben, aber das alles war für ihn kein bloßer Spaß.

Sie meinten eben, Reiser sei nie irgendwo »reingeritten«. Sie auch nicht – etwa in die Politik. Sie sind eher »reingerutscht«. Studienabschluss, Zivildienst, Dissertation – Sie waren auch Referendar.

Ja, am Kammergericht Berlin, parallel zu meinem Mandat im Abgeordnetenhaus. Zunächst hatte ich vor, als Rechtsanwalt zu arbeiten oder auch als Hochschullehrer. Ich gab ja bereits Unterricht an der Hochschule für Wirtschaft und Recht. Diese Tätigkeiten haben mir den Einstieg in die Politik erleichtert, haben mir das Gefühl von Abwechslung und Absicherung und Unabhängigkeit gegeben, das brauchte ich. Und diese anderen Tätigkeiten, das war ja nicht ein abgerücktes Rosenschneiden in einem fernen Garten weit hinter der Stadt, das war also kein Realitätsverlust, keine Flucht aus der Wirklichkeit. Ein Ausgleich fürs Gemüt aber, eine andere Tätigkeit, das war es, und das war mir wichtig.

Sie hatten vor, als Anwalt zu arbeiten. Warum sind Sie es nicht geworden?

Ich wollte keinen Anzug tragen. (*lacht*). Nein, mich reizte die politische Herausforderung in der PDS. Wir waren plötzlich an der Regierung beteiligt, aber es ging doch auch darum, die Eigenständigkeit der Partei zu bewahren.

Sie wurden in der Fraktion rechtspolitischer Sprecher.

Wir haben zum Beispiel erreicht, dass es kein pauschales Kopftuchverbot für Musliminnen im öffentlichen Dienst gab. Die SPD wollte das Verbot. Innensenator Ehrhart Körting ließ sich aber auf Argumente ein, es entstand am Ende ein Kompromiss. Inzwischen wissen wir, dass Verfassungsgerichte die Religionsfreiheit höher bewerten. Auch Körting war, nach seiner Zeit als Innensenator, nicht ohne Zweifel, ob das wirklich der richtige Weg sei. Er sagte, er frage sich inzwischen, ob das Gesetz nicht das Gegenteil von dem bewirke, was man sich erhofft hatte. Dass es nämlich nicht die Emanzipation von muslimischen Mädchen und Frauen fördert, sondern eher behindert.

2003 also das Berliner Abgeordnetenhaus.

Und alles freiwillig (*lacht*). Es war eher Zufall, ich bin nachgerückt, als Harald Wolf Gregor Gysi als Wirtschaftssenator nachfolgte. Was mir dann freilich nicht mehr gelang, war ein systematisches wissenschaftliches oder juristisches Arbeiten. Immer fehlt eben was. Jetzt zum Beispiel fehlt mir noch mehr Zeit zum Lesen, zum Schreiben. Der Widerspruch zwischen Aktion und Besinnung quält mich aber nicht so, dass ich demissionieren müsste (*lacht*). Das Defizit an Muße spüre ich allerdings. Ausgeglichen wird das dadurch, dass man im Kultur- und Kunstbereich so viele Menschen trifft – die geben, was einem fehlt.

Wir haben über Sterne gesprochen, über Astronomie, über Ihre frühen Träume also. Immanuel Kant beginnt sein Nachwort zur Kritik der praktischen Vernunft mit den Worten: »Zwei Dinge erfüllen das Gemüt mit immer neuer und zunehmender Bewunderung und Ehrfurcht, je öfter und anhaltender sich das Nachdenken damit beschäftigt: der bestirnte Himmel über mir und das moralische Gesetz in mir. Ich sehe sie beide vor mir und verknüpfe sie unmittelbar mit dem Bewusstsein meiner Existenz.« So oder ähnlich stelle ich mir Ihr damaliges Sehnen an der Schwelle zum Berufsleben vor. Und dann, eines Tages, schreiben Sie eine Doktorarbeit über – Wasserwirtschaft. Ihre Dissertation an der Juristischen Fakultät untersuchte aus verwaltungswissenschaftlicher Perspektive den Strukturwandel bei der Erbringung kommunaler Wasserdienstleistungen. Klingt dröge, nicht sehr prickelnd. Das war 2004. Wie kommt ein junger Sternegucker zu so was? Wie kommt ein junger Mensch zur Wasserwirtschaft?

Man kann noch ganz anders fragen: Wie kommt ein junger Mensch mit Sternenträumen überhaupt dazu, Jura zu studieren? Als ich 1992 mein Abitur gemacht hatte, stürzte ich mich in die Jugendklub-Arbeit, ins Jugendpolitische, in die Jugendhilfe. Bis die bundesdeutschen Strukturen griffen – und ich mir dachte, ein Fundament muss her. Ich überlegte: Geschichte oder Philosophie. Mein Vater, Philosophie-Historiker, fragte mit entwaffnender Offenheit, ob es da nicht besser und zeitsparender sei, sofort, also ohne den Umweg des Studiums, einen Taxifahrerschein zu erwerben. Das überzeugte mich. Also, weiter überlegen. So paradox es auf den ersten Blick klingen mag: Strukturen des Rechts gehorchen einer formalen Logik wie die Mathematik. Ich dachte auch an Rechtsgeschichte, Rechtsphilosophie – Neugier wuchs und Lust. Ach, Mensch, dachte ich mir, große Vorbilder hat der Beruf ja auch: Karl Marx, Karl Liebknecht – und Fritz Bauer, der Generalstaatsanwalt von Hessen, der als konsequenter Kämpfer gegen alte und neue Nazis in der Bundesrepublik den bezeichnenden Satz sagte: »Immer wenn ich mein Dienstzimmer verlasse, betrete ich feindliches Ausland.« So kam ich zur Jura. Und musste feststellen, wie sehr verschult das Studium doch war. Salopp gesagt: Das Gedächtnis war mehr gefragt als der Geist. Als sei die wichtigste Devise: Du musst wissen, wo was steht, nicht: du erfährst, wie etwas entsteht und wie es mit dem Recht akut so steht. Gesetze sind ja in Recht gegossene Herrschaft, darüber wollte ich mehr wissen …

Umso seltsamer, dass man bei der Wasserwirtschaft landet.

Als ich nach dem Studium die Möglichkeit einer Promotion bekam, wusste ich sofort, das wird keine rechtsdogmatische, sondern eher eine interdisziplinär angelegte Arbeit. Ich arbeitete an Projekten für die PDS-Fraktion des Abgeordnetenhauses, sie hatten dort gesagt, sie bräuchten Leute mit juristischen Kenntnissen. Damals lernte ich Harald Wolf kennen und schätzen, der Fraktionsvorsitzender war. Öffentliche Daseinsvorsorge, wichtige Infrastrukturen unter öffentlicher Kontrolle, natürliche Monopole – das alles stand unter Privatisierungsdruck, und das war natürlich ein Thema für Harald und die Fraktion. So kam ich auch mit dem Thema Wasser in Berührung. CDU und SPD hatten 1999 die Wasserbetriebe zu 51 Prozent an drei Großkonzerne verkauft. Das Thema interessierte mich. Einsicht in die Verträge und Akten bekam ich nicht; und Einiges, was ich dann schließlich doch einsehen konnte, durfte ich dennoch nicht verwenden. Ich dachte, wenn ich das jetzt einklage, dann dauert das fünf Jahre, solange wollte ich nicht warten, also schrieb ich über Wasser-Privatisierung in breiterem Kontext und ging in meiner Arbeit dort auf Berlin ein, wo mir das aufgrund meiner Unterlagen und Kenntnisse und Recherchen möglich war. Aus einer Notlage heraus legte ich die Arbeit also umfassender, ja auch allgemeiner an: Was bedeutet Herrschaft über Ressourcen, welche Folgen hat Besitz in einer privaten Hand für die Ökologie, für Investitionsstrategien, für die Wertschöpfungskette?

Mann, in Ihrer Doktorarbeit stehen ja gigantische Sätze drin wie: »Die Anstaltskonzernierung der BWB wurde in verfassungskonformer Auslegung als zulässig erachtet, weil die Erteilung von Weisungen der Holding gegenüber der Anstalt aufgrund der gesetzlichen Anordnung in § 1 Teilprivatisierungsgesetz ihrer ordnungsgemäßen Aufgabenerfüllung, Anstaltslast, Gewährträgerhaftung und Anstaltsträgerschaft nicht zuwiderlaufen dürfen.«

So das Verfassungsgericht. Sind Sie etwa anderer Meinung? (*Lacht.*)

Nein, nein, und immerhin kommen auch solche Sätze vor: »Die BWB sind mit einem Tanker ohne Kommandobrücke vergleichbar, das kann gutgehen, solange kein Eisberg die Fahrtroute kreuzt.«

Titanic. Das berühmteste Schiff neben der Arche Noah. Die wurde von Laien gebaut, die »Titanic« von Spezialisten. Welches Schiff ging unter?

Ihre Dissertation erhielt den Carl-Goerdeler-Preis des Deutschen Instituts für Urbanistik. Es ist das größte Stadtforschungsinstitut im deutschsprachigen Raum.

Ich hatte das gebundene Exemplar meiner Arbeit in der Hand, fühlte mich erfüllt, zugleich irgendwie leer, ein Buch, toll!, aber natürlich drehte sich die Welt weiter, ob es diese beschriebenen Seiten nun gab oder nicht … man weiß um den Sinn, so etwas geschrieben zu haben, in gleichem Maße aber stellt man ihn in Frage und sucht sich schon mal die Stelle im Regal, wo das Ding in Ruhe verstauben kann. Na ja, und da machte mich jemand auf ein Preisausschreiben des Instituts aufmerksam. Ich hatte Zeit, ging dorthin, ein schöner Spaziergang durch den Tiergarten, ich fragte im Institut, ob ich meine Arbeit hier abgeben könne. Ein paar

Monate später der überraschende Bescheid. Das Thema bewegte wohl gerade die Öffentlichkeit, der Aufmerksamkeitsgrad war also hoch, das half mir wahrscheinlich.

Trinken Sie Wasser mit besonderer Ehrfurcht?

Klares frisches kaltes Wasser ist eine Kostbarkeit! Mein Kontakt zu den Wasserwerken stärkte eines: meine absolute Überzeugtheit von der Qualität des Berliner Leitungswassers. Und philosophisch füllt das Wasser ja ganze Bibliotheken. »Das Wasser ist das Element des selbstlosen Gegensatzes, das passive Sein-für-Anderes … Seine Determination ist das noch nicht Besondere zu sein; und damit ist es zu früh, ›die Mutter alles Besonderen‹ genannt zu werden.« Hegel.

Genau das wollte auch Heinz Erhardt sagen: »Es ist gewiss was Schönes dran,/ Am Element, dem nassen,/ Weil man das Wasser trinken kann!/ Man kann's aber auch lassen!«

Jedenfalls schleppe ich keine vollen Mineralwasserflaschen mit mir herum, ich gehe zum Wasserhahn.

Als Sie Senator waren – haben Sie Berlin ganz anders entdecken dürfen?

Da denke ich an Orte, die ich zwar kannte, aber nun aus einer ganz anderen Perspektive kennenlernte. Kleinigkeiten, Momente. Bevor ich Polina Semionova den Titel einer Berliner Kammertänzerin verliehen habe, stand ich zum ersten Mal hinter der Bühne des Schillertheaters. Toll.

Als Sie ins Amt kamen, hieß es, Sie hätten von Kultur keine Ahnung.

Der witzigste Einwand war, man hätte mich noch nie im Theater gesehen. Als Landeschef der Linkspartei konnte ich einerseits wirklich nicht zwei oder dreimal die Woche ins Theater gehen, obwohl ich es gern getan hätte. Andererseits ist es doch logisch, dass es kein Mensch wahrgenommen hat, wenn ich dann im Theater war.

Sind Sie eine Kunstbehörde?

Nein. Meine Arbeit ist es, die Autonomie der Kunst gegenüber dem politischen Feld und auch gegenüber den ökonomischen Verwertungsprozessen zu sichern. Ich sehe meine Rolle darin, etwas zutiefst Konservatives zu machen, nämlich Kulturpolitik als Infrastrukturpolitik zu begreifen. Ich regiere nicht in Inhalte hinein, zu meinen Aufgaben gehört die Verteidigung der relativen Autonomie des künstlerischen Feldes.

Infrastrukturpolitik. Schon das Wort: pure Poesie.

Finde ich auch (*lacht*). Zum Beispiel: Mit der Vielfalt an Bühnen, die es in Berlin gibt, können wir diese natürlich für ein internationales Publikum öffnen. Vor allem aber brauchen wir die Diversität der Stadtgesellschaft auch in den Kulturinstitutionen. Auch das meine ich mit Infrastrukturpolitik.

Im »Tagesspiegel« hatten Sie 2016 geschrieben, noch geraume Zeit vor Amtsantritt: »Seit zehn Jahren wird Kulturpolitik in Berlin vom Regierenden Bürgermeister quasi mitgemacht. Chefsache nennt sich diese kulturelle Nebentätigkeit im Roten Rathaus. Sie hat unbestritten dem Kulturhaushalt gutgetan. Eine Kulturpolitik jedoch, die sich allein auf steigende Etats und die reibungsarme Verwaltung des Status quo konzentriert, wird der Bedeutung von Kultur für die Entwicklung Berlins bei Weitem nicht gerecht. Von fragwürdigen Personalentscheidungen wie an der Volksbühne und dem ebenso kultur- wie stillosen Umgang mit Frank Castorf ganz zu schweigen.« Ihr Text ging gleichsam in die jüngerer Geschichte politischer Bewerbungen ein.

Eine Bewerbung für meine jetzige Tätigkeit? Klar, das war es!

Sie haben den damaligen Zustand deutlich kritisiert: Der letzte Kultursenator mit praktiziertem Gestaltungsanspruch sei Thomas Flierl gewesen. Unter seiner Regie und gewaltigem Spardruck seien in der ersten rot-roten Legislatur mit der Opernstiftung, dem Gedenkkonzept Berliner Mauer und dem Hebbel am Ufer als »Ankerinstitution der freien Szene« Ent-

scheidungen getroffen worden, die Berlins Kulturlandschaft nach wie vor prägen.

Nötig wurde in der Tat ein kulturpolitischer Neustart. Vom Chef musste es wieder zur Sache gehen.

Nach dem Prinzip: Kultur ist mehr als Pflege des Bestehenden, mehr als die Berufung von Intendanten, mehr als die Förderung der freien Szene.

Es ging um eine integrierende Kulturpolitik, die auf soziale Herausforderungen reagiert, den Metropolencharakter Berlins ebenso im Blick hat wie die kulturelle Basis in den Bezirken.

Es ging um die Verknüpfung der Kultur mit Bildung, Integration, Stadtentwicklung, Kreativwirtschaft.

Und das war nicht mehr nur im Nebenjob zu erledigen! Man verringert diesen Legitimationsdruck, der auf Kulturpolitik und Kunstförderung lastet, doch nicht dadurch, dass die Chefin oder der Chef Kultur mitmacht – und das dann Chefsache nennt.

Sie schrieben sich auf die Fahne, für kulturelle Bildung in den Schulen zu intensivieren.

Durch die Stärkung außerschulischer Angebote. Gleichzeitig musste eine integrative Kulturpolitik den Bezirken die kulturelle Gestaltungsmöglichkeit zurückgeben, ja. Jeder Berliner Bezirk ist eine Großstadt für sich, die finanziellen Ansätze für bezirkliche Kulturarbeit waren lächerlich gering. Hier musste strukturell umgesteuert werden und eine kulturelle Mindestausstattung in den Bezirken garantiert werden, ohne die bezirkliche Autonomie auszuhebeln. Da ist übrigens immer noch genug zu tun. Wir haben gerade den ersten Bibliotheksentwicklungsplan seit 25 Jahren vorgelegt. Und jetzt die Pandemie und schon wird das Geld wieder knapper …

Das Kulturressort sollte damals endlich eigenständig werden.

Ja, auch um die Entwicklung in den Künsten selbst stärker abzubilden. Dass ein Musicboard mit seiner Förderung außerhalb des Kulturressorts agierte, hatte doch keine fachlichen Gründe. Gleiches ließe sich von der Filmförderung und dem Medienboard sagen. Das ist, weil die Rundfunk- und Medienstaatsverträge von den Ministerpräsidenten verhandelt werden, traditionell bei den Staatskanzleien angesiedelt. Aber Kultur ist ein breites Feld, deshalb gibt es immer Überlappungen und die Notwendigkeit, über Ressortgrenzen hinwegzudenken. Da ginge noch weit mehr. Aber den Berliner Verlagspreis beispielsweise, den haben wir mit der Wirtschaftsverwaltung gemeinsam aus der Taufe gehoben.

Über Ihre politischen Pläne hieß es: »Außer der dezentralen Kulturarbeit hob der Senator in spe die Bedeutung von Musikschulen und Stadtteilbibliotheken hervor. Er rief dazu auf, die von der Off-Szene eroberten Kunstorte gegen Gentrifizierung zu verteidigen.«

Der große Traum: dass alle Berliner unabhängig vom Geldbeutel Zugang zu den kulturellen Angeboten haben.

Der »Tagesspiegel« kommentierte, so hätte auch der Kulturdezernent von Bielefeld seine Kandidatur begründen können. »Von weltstädtischem Sendungsbewusstsein keine Spur, geschweige denn von einem Anspruch, international stilprägend zu wirken. Kein prestigeträchtiges Name dropping, medialer Erotikfaktor gleich null. Und als Klaus Lederer dann den Chefsessel der Kulturverwaltung übernommen hatte, hielt er sich strikt an diese kleinteilige, basiskulturelle To-do-Liste. Zum Glück für die Stadt.«

Mein Vorteil war: dass mich das wirklich interessierte, diese Lebens- und Arbeitsbedingungen einer Szene, die eher nicht die großstädtischen Feuilletons beherrscht. Das Netzwerk dorthin war mir wichtig, ein Netzwerk in diese unübersichtliche, diverse, eigenbrötlerische, mitunter auch miteinander heftig streitende Berliner Szene. Besser: Szenen.

Was ist in einer politischen Karriere das entscheidende Grenzgebiet?

Rot-rote Freundschaft: mit Klaus Wowereit

Entweder du läufst dir wie Diederich Heßling in Heinrich Manns »Untertan« den Wolf am Hinterrad der Kaiser-Kutsche, oder du bleibst bei allem Engagement doch ein Quantum distanziert, frei, vorsichtig, wach, sprungbereit, amtskritisch.

Ziemlich viele Gegenwehr-Partikel.

Es sind nicht mal alle, die mir einfallen. Aber ich tu auch nicht, als ob. Ich tue das, was ich jetzt tue, gern.

Erlebten Sie homophobe Angriffe?

Ich war in der Linkspartei nie in einer Situation, wie sie Klaus Wowereit in der SPD erlebte.

Was 2001 zu seinem Coming out vor der Partei führte.

Und was im Betrieb des politischen Establishments ein mutiger Schritt war.

Sie haben in Ihrer Partei keine größeren Abwehrmechanismen erfahren. Wäre ja nicht verwunderlich bei einer Klientel, die von festgefahrenen Weltbildern geprägt ist. Das Regenbogenbunte war dem Rot ganz links nicht unbedingt nahe.

Vielleicht vor meiner Zeit. Ich hatte keinen Kontakt zu Parteikreisen, die Sie ansprechen. Das habe ich selber nie erlebt, dazu war ich zu jung: Drangsalierung, Überwachung auf der einen Seite, auch wenn der Paragraph 175 in der DDR lange vor der Bundesrepublik aufgehoben war, aber eben auch eine äußerst lebendige und zunehmend selbstbewusste Subkultur.

Zitat Lederer: »Nach der Wende gab es eine selbstbewusste Emanzipation von Queers in der Partei, dann war das Thema durch.«

Stimmt. Das war ein Zeitungsinterview vor Jahren, da wurde ich auch nach meinem Coming out gefragt, und wo immer ich darüber sprach, stellte ich ein gewisses Staunen fest. Man wollte mir offenkundig die Problemlosigkeit dieses Moments nicht glauben. Aber es war am Ende doch so simpel: Ich hatte irgendwann gemerkt, dass ich einen Jungen ganz hübsch fand. Das hat mich einen Augenblick lang irritiert, ich liebäugelte sozusagen mit Verdrängung, aber dann habe ich akzeptiert, dass das nun mal so ist. Auch weil das im Familien- und Freundeskreis wirklich kein Thema war. Als ich mit meinen Eltern drüber sprach, machten sie den Eindruck, sie wüssten das schon alles. Das Leben in einer größeren Stadt hat mir sicher einiges erleichtert – was in einem Dorf möglicherweise ganz anders gelaufen wäre. Und trotzdem weiß ich, dass es auch heute noch längst nicht alle so leicht haben, und es ist mir wichtig, solche Emanzipationsfragen nicht als »Nebenwidersprüche« abzutun.

Immer mal wieder hört man die ganz Toleranten: Schwule und Lesben – das sei ja okay. Aber sie sollten das für sich behalten, denn das sei privat.

Nein, hoch die Gläser, laut und deutlich: Auf die queere Sichtbarkeit!

Mich interessiert Ihre Kunstleidenschaft. Sie eröffnen Ausstellungen, sprechen Gedenkworte, sind Laudator. Zu einigen Anlässen sind Sie schlichtweg durch Ihre Funktion verpflichtet …

Schöne Pflicht! Sehr schöne Pflicht!

Wenn man sich die Chronik Ihrer politischen Auftritte ansieht, fällt eine dominante Form der Senator-Ansprache auf: das Grußwort.

Sie meinen, ich sei ein Grüß-August.

Fragen wollte ich, nicht behaupten.

Warum grüßt man Menschen? Weil es zu Kultur und Respekt, zu Sitte und Anstand gehört. Aber ich grüße Menschen auch, weil ich mit ihnen, über diesen Gruß hinaus, im Gespräch sein möchte. Bei Grußworten – blödes Wort übrigens! – bemühe ich mich, im jeweiligen Anlass einen Punkt zu entdecken, der den Austausch lohnt.

Wie gesagt: Grußworte über Grußworte. Alle Angesprochenen mit gleichem Recht und Respekt versehen.

Selbstverständlich.

Ich habe mir einige Lederer-Texte dieses »Genres« angesehen, auch Abschiedsworte, und in der Tat war da – wegen der Häufigkeit nicht immer, aber doch oft – Geist zu spüren, der hineinzog in einen Stoff.

Das freut mich natürlich. Denken Sie an was Bestimmtes?

Besonders an Ihre Gedanken zu Harry Kupfer, dem Opernregisseur. Nach seinem Tod gab es Anfang 2020 ein Gedenkkonzert in der Komischen Oper.

Ich stehe ja in dem Konflikt, dass ich auch für das Erlebnis so mancher Meisterschaft schlichtweg zu jung bin. Vieles war logischerweise vor meiner Zeit. Aber was ich von Kupfer sah und hörte und übermittelt bekam, das schlug in mir an: Kritik an den herrschenden Verhältnissen als sinnliches Theatererlebnis erlebbar zu machen, das war sein Antrieb.

Lust am Leben: mit der Schauspielerin Katharina Thalbach

... mit Petra Pau und Big-Bandleader André Hermlin

Indem er zum Beispiel die Mimì in seiner kühl-illusionslosen »La Bohème« einfach tot vom Stuhl kippen ließ, unbeachtet von einer herzlosen Männerwelt.

Seine »Zauberflöte« aus dem Jahr 1986 spielte in der Ost-Berliner Gegenwart.

Ich habe darüber gelesen und Video-Szenen gesehen.

Sarastros Welt war eine kaum versteckte Kritik an Zentralkomitee und Politbüro.

Wenn in Heiner Carows Film »Coming Out« 1989 die sonst in der DDR tabuisierte Gewalt in der S-Bahn gezeigt wird, geschieht das übrigens auf dem Heimweg von einer »Zauberflöte«-Aufführung in der Komischen Oper.

Sie haben sich in Ihrer Rede über Harry Kupfer prinzipiell zur Oper geäußert.

Wir hören ja häufig die Rede vom »realistischen Musiktheater«. Als ob es das geben könnte – realistische Oper! Wenn Menschen auf der Bühne singen, ist das doch von vornherein von einer so hohen Künstlichkeit, dass Film- und Fotorealismus völlig fehl am Platz sind. Dass mit dieser Künstlichkeit aber etwas gesagt werden kann über das sehr reale Alltagsleben – das war Harry Kupfers Anspruch, den hat er nie aufgegeben. Und er fand auch die Sängerinnen und Sänger, die sich auf dieses Wagnis einließen, die nicht nur schön singen und dabei gut aussehen wollten, sondern die sich auf der Bühne körperlich absolut verausgabten.

In Ihrer Rede haben Sie gesagt: »Verantwortungsbewusstsein hielt Harry Kupfer an der Komischen Oper Berlin auch dann, als die Situation nach der deutschen Einheit zusehends schwieriger wurde.«

Ja. Im Zuge der Neuordnung der Berliner Theaterlandschaft wurden immer unsinnigere Fusions- und Schließungspläne diskutiert, und das Haus stand mehr als einmal auf dem Plan sparwütiger Finanzpolitiker, die bereit waren, große Traditionen im wahrsten Sinne sang- und klanglos zu opfern – damit die Finanzen kurzfristig hübscher aussehen. Harry Kupfer hat sich mit voller Kraft gegen diese Überlegungen gestemmt. Man vergisst in unserer Zeit des vergleichsweise reibungslosen Betriebs der Berliner Opernstiftung ja gerne, wie gefährlich die kulturpolitische Lage damals war.

Man erkannte Kupfer gar nicht so sehr am Stil.

Aber immer an einer Haltung. Er traute dem, was trägt. Die Berliner Kulturpolitik hat es ihm zuletzt nicht gedankt, dass er so lange durchgehalten und sich damit riesige Verdienste um den Fortbestand der Komischen Oper erworben hat. Sein Abgang hier war kein Ruhmesblatt für die Landesregierung, da sind Verletzungen geblieben, die ich sehr bedauere.

Zu den Momenten, in denen man Freude an herausforderndem Geist spürte, gehörte auch Ihre Rede im Kunstverein KVOST e.V., er zeigte 2020 eine Ausstellung von Jürgen Wittdorf (1932–2018): »Lieblinge«. Holz- und Linolschnitte, Zeichnungen mit Rötelkreide, Kohle und Tusche sowie Keramiken. »neues deutschland« schrieb zu Ihrer Eröffnungsrede: »Berlins Kultursenator zeigte sich sichtlich gerührt, berührt«. Zitat aus Ihrer Ansprache: »Jürgen Wittdorf zeichnete und malte schon als Kind. Mit großem Talent und ununterbrochen. Er studierte die Anatomie, begeisterte sich für Körper. Seine Darstellungen zeigen Tiere mit schelmischem Blick, kraftstrotzende Jugendliche in Lederjacken und Stillleben, die den Blick des Betrachters auf einfachste Dinge richten.«

Es gab in seinen Arbeiten zwar Schnittmengen mit künstlerischen Idealen der DDR, und Wittdorf unterrichtete an staatlichen Hochschulen, aber er eckte auch an. Sein besonderer Blick galt Jugendlichen, die er in lässigen Posen zeigte. Da war ein Gefühl von Freiheit und frohen Erwartungen. Dieser Blick auf Jugend erschien der SED-Führung zu verwestlicht. An wirkliche Grenzen stieß der ansonsten weit von Dissidenz entfernte Wittdorf vor allem aber als schwuler Mann. Wittdorf ist auch einer der Protagonisten in dem Dokumentarfilm »Unter Männern –

Schwul in der DDR«. Aus seinen Erzählungen wird der lange Erkenntnisweg deutlich, der zu seinem Coming Out nötig war, und der Druck, den er selbst dabei empfand. Lange war ihm dieses Eingeständnis unmöglich, es schien ihm, wie er selbst sagte, unaussprechlich schlimm. Stattdessen kanalisierte er sein Verlangen, das er in der DDR nicht entfalten konnte, durch seine Kunst. Seine Menschen- und Männerdarstellungen dokumentieren so immer auch den Umgang und die persönliche Auseinandersetzung mit einer gesellschaftlich verpönten Sexualität.

In der »Welt« hat Tilman Krause geschrieben, in Wittdorfs besten Arbeiten komme eine Lebensfreude zum Ausdruck, »eine menschliche Zugewandtheit auch, die man in der öden Abstraktionsmoderne der alten Bundesrepublik vergeblich suchen wird … Wittdorf wollte zeigen, dass auch in der DDR eine Generation heranwuchs, die weder mit dem Proletkult der Altvorderen noch mit dem parteikonformen Gehorsam der FDJ etwas am Hut hatte.«

Das war ja alles vor meiner Zeit. Und plötzlich stehst du vor so einem Werk, das dich trifft, und du darfst aufgrund einer politischen, verwalterischen, repräsentativen Senatoren-Funktion, die dir mehr oder weniger zugefallen ist, zu einer öffentlichen Aufwertung eines Künstlers und mehr Aufmerksamkeit für sein Werk beitragen. Das darf dich auch mal – mitten im Grußwort – sprachlos machen.

Noch ein Auszug aus Ihrer Laudatio: »Nach 1990 bekam er keine Aufträge mehr.
Denn der historische Einschnitt, der mit der Wende einherging, war auch so etwas wie eine Geschmackszäsur: die Werke von Künstlerinnen und Künstlern, die ihren Lebensunterhalt auch durch Auftragsarbeiten verdienten, muteten naiv, uninteressant und, schlimmer noch, ideologisch aufgeladen an, geschaffen, um ein Unrechtsregime zu verherrlichen.« Sie sprachen damit ein Kernproblem des Vereinigungsprozesses an.

Die Abwertung künstlerischen Schaffens betraf alle Kunstsparten: DDR-Architektur beispielsweise galt im Nach-Wende-Deutschland lange Zeit grundsätzlich als sozialistische Geschmacksverirrung, die angeblich nicht mit Blick auf den Menschen gebaut wurde, sondern nur, um das politische System zu repräsentieren. Viele Gebäude – darunter auch architektonisch durchaus spektakuläre Bauten wie das »Ahornblatt« auf der Fischerinsel – wurden nach 1990 abgerissen, um Platz für Neues – teilweise: Renditeträchtigeres – zu machen, aber auch, weil das Besiegte, das Unterlegene, das vermeintlich »ewig Gestrige« aus dem Stadtbild verschwinden sollte.

Damit es im möglichst makellosen Antlitz eines wiedervereinten Deutschland bitteschön nicht mehr störe.

Dadurch wurden jene Kontinuitäten zwischen der klassischen Moderne und sogenannter DDR-Kunst verleugnet, die sich auch in Wittdorfs Werken wiederfinden.

Dieses Austarieren von Spielräumen. Diese Uneindeutigkeiten und Doppeldeutigkeiten.

Interessant ist ja auch, dass Wittdorf viele seiner Werke so wichtig waren, dass er sie nie verkaufte, sondern sich in seiner Wohnung mit ihnen umgab.

Es gibt ein Wort, da nimmt man an, einem Linken schwillt insgeheim der Kamm, wenn er es hört: Hochkultur. Es weist gesellschaftliche Plätze zu – wenn den einen die Loge zugewiesen wird, gehört anderen nur die Gosse.

Das ist ein unglücklicher Begriff, man hört ihn in linker Gegend oft abfällig, so wie das Wort vom »Bürgerlichen«. Es beschreibt ein Abgrenzungs-Verhältnis. Bezeichnet werden soll damit eine Kultur, die sich exklusiv gibt; die Eliten trennt der Begriff von jenen niederen sozialen Rängen, die im Theater höchstens in den obersten heißen Rängen sitzen dürfen. Als sei Kultur nur etwas für jene, die im Leben auch sonst die besseren Karten haben.

Stimmt ja.

Ja, sicher. Diese Prozesse der Aus- und Abgrenzung, die so viele Menschen, die nicht den oberen Klassen angehören, davon überzeugen, Kunst sei nichts für Leute wie sie, beschrieb der französische Soziologe Pierre Bourdieu als die tagtägliche »Produktion feiner Unterschiede« in den kapitalistischen Gesellschaften.

Die Protagonisten der Hochkultur sind oft genug – Hochverdiener.

Medien präsentieren die Premierenfotos der Schönen und der Reichen, und das schafft angesichts des Kontrastes zur unsozialen Realität im Lande, wie erwähnt, hämische bis anklagende Töne. Als ich anfing in der Senatsverwaltung, wurde geraunt, ich würde als Linker jetzt wohl erst einmal die sogenannte Hochkultur bekämpfen.

»Die feinen Unterschiede« – sie sind da und spürbar.

Leider. Und deshalb muss man unbedingt über Zugangsbarrieren reden, materielle wie immaterielle, über soziale und finanzielle und arbeitsräumliche Bedingungen von Kunstproduktion reden, über Infrastrukturen also.

Ich ahne das große Aber.

Ob Kunst allerdings lebendig ist, das hängt nicht von der Institution per se ab. Innige Kunstausübung ist überall möglich, sei es auf einer Lesebühne, in einer bezirklichen Musikschule, an der Staatsoper, in den Sophiensälen oder im Laienchor. Polleschs und Hinrichs' »Glauben an die Möglichkeit der völligen Erneuerung der Welt« fand auf der Bühne des Friedrichstadtpalastes statt.

Hohe Kultur gehört zu Ihrem Arbeitsfeld.

Hohe, tiefe, schwere, leichte, laute, leise, große, kleine Kunst – herrlich! Ich bin einfach nur dankbar. Ich liebe Oper, konzertante Aufführungen, von der Kammermusik bis zum großen Besteck. Ich gehe ins Theater, höre Blues, lese politische Sachbücher und Romane wie ab und zu auch einen Krimischinken, ich sehe Netflix-Serien …

Jetzt antworten Sie wirklich wie ein Politiker: schön auf die Ausgewogenheit achten, nur nichts vergessen auf der großen Palette.

Vorschlag zur Güte: Sie nehmen mich, wie ich bin.

Gibt es eine rote Linie zur Einflussnahme auf den Kunstproduktionsprozess?

Ja.

Zwischen Politik und Kultur existiert – wir haben darüber gesprochen – ein natürliches Spannungsfeld. Wie definieren Sie ihre politischen Schwerpunkte?

Für mich ist es eine Horrorvorstellung, dass Berlin in ein paar Jahrzehnten eine Stadt sein könnte, in der Künstler keine Räume mehr finden. Wer jetzt abwinkt, könnte sich eines Tages sehr erschrecken. Man muss die Lehren ziehen, die in London oder Paris nicht rechtzeitig gezogen wurden.

Gewiss loben Sie das deutsche Stadttheatersystem.

Und ob! Es ist einmalig, es sichert soziale und Produktionsstrukturen, es ermöglicht Leistungen, wie man es in der Welt seinesgleichen sucht. Das verlässliche, abgesicherte Repertoire ist ein hoher Wert, so konnten Künstler über Jahrzehnte, gewissermaßen in Ruhe und Frieden trotz brodelnder Zeiten, Theatergeschichte schreiben.

Sind Staatstheater Tempel?

Klingt hermetisch und hochnäsig.

Staatstheater sind einstmals als feudale Staatssymbole entstanden, später dann, weil das Bürgertum sich vom Proletariat, dem Pöbel, unterscheiden wollte.

Heute muss ihre Rolle eine andere sein. Ich will dazu beitragen, dass die Theater sich auch jenen Teilen der Stadtgesellschaft öffnen, die bisher nicht den Weg durch diese besonderen Türen finden. Das geht auch über kulturelle Bildung an Schulen, sie baut Hürden ab.

Aber in gleichem Maße neigt das System zu Erstarrung und Selbstbezüglichkeit.

Ja, und die freie Szene ist gleichsam immer auch eine Reaktion auf die Unbeweglichkeit und die Abhängigkeiten im deutschen Stadttheater, wo es ja auch mächtig bräsig zugehen kann.

Das Gegenteil zur Festanstellung liegt in einer Freiheit – die aber auch ihren Preis hat.

Freie Szene bedeutet vielfach: sich durchs Leben hangeln, Prekarisierung hoch neun. Die freie Szene stößt unser gestütztes Theatersystem auf entscheidende Fragen: Wie divers sind wir? Was steht für wen auf unseren Spielplänen? Wer wird durchs Repertoire nicht wahrgenommen? Warum gehen Jugendliche eher selten in die Staatsoper? Wegen der Eintrittspreise? Oder auch wegen der Fremdheit des Verhandelten? Und müssen es die immer gleichen, geradezu ritualhaften Formen sein, in denen sich das abspielt? Natürlich hat Kunst, hat Oper auch universelle und zeitlose Aspekte, und dennoch: Es gibt eine Engführung durch Kanonisierung. Ein Freund, Berthold Seliger, hat ein Buch geschrieben, »Klassikkampf: Ernste Musik, Bildung und Kultur für alle«, darin befragt er das, was als Kanon gilt – wie entstand es, dieses Paket des Immergespielten, und wie kann das Reflexhafte aufgebrochen werden? Beethoven, wunderbar, aber was ist mit Luigi Nono?

Es heißt, da gehe keiner hin.

Wie wird Neugier geweckt, statt zum hundertsten Mal die Neunte zu bieten? In welchem Maße weckt Subvention den Mut, und in welchem Maße schläfert sie ein? Solche Debatten kann ich jedenfalls begleiten.

Ökonomischer Druck zwingt zum scharfen Blick auf die Auslastung.

Ja, aber finanzielle Hilfe muss auch frei machen und freihalten für Experimente. Der Existenzauftrag der subventionierten Kultur ist zweigeteilt. Als erstes Bundesland haben wir in Berlin eine systematische Teilhabeforschung etabliert: Wer geht in die Einrichtungen? Wer geht warum nicht? Das ist Rohmaterial für die Institutionen, sich selbst zu befragen.

Linke Kulturpolitik, was ist das, just im Zusammenhang mit Hochkultur?

Auch da gilt es, Infrastruktur zu sichern, beispielsweise durch Absicherung von Tarifsteigerungen, die nicht zulasten des künstlerischen Etats gehen. Linke Kulturpolitik setzt sich für kulturelle Flächen ein, also: nicht nur Konzentration in der Stadtmitte, sondern sozusagen stadtweltweit. Diese Flächigkeit darf uns nicht flöten gehen. Also: Bodenankaufs- und -sicherungspolitik – darf sie nur Schulen, Kitas, das Gesundheitswesen betreffen? Nein, auch die Kultur. Was ist mit Bibliotheken trotz, wegen des Digitalen? Das Wegbrechen von Agora-Orten erhöht die Aufmerksamkeit dafür, was öffentlicher Raum kann und soll. Bei Musikschulen gibt es lange Warteschlangen, was ist mit musischer Bildung an Schulen, in Kitas? Oder: die Werkvertragsbasis bei Musiklehrern und Kunstpädagogen – sie muss wenigstens durch einen Sockel an Festangestellten ergänzt werden, und adäquat bezahlt werden. In welchen neuen Zusammenhängen ist Sprach- und Geschichtsunterricht zu sehen? Ich erinnere mich an meine eigene Schulzeit: Geschichte als Abspulen langweiliger Zahlen und Fakten, aus den Lehrbüchern rieselte der mittelalterliche Staub und der Staub der Barrikaden. Es geht aber darum, Widersprüche zu – erzählen, statt Daten zu pauken. Geschichte hatte immer mit Kultur zu tun, wie also gelingt es uns, Historie mit Kunst zu verknüpfen?

Wir leben in einer Welt, in der genug nie genug sein darf, in der alles immer mehr werden muss, in der alles seine Verwertbarkeit fürs Wirtschaftswachstum beweisen muss.

Deshalb war die Kultur ein Erst-Opfer der Corona-Krise.

Hören, Lesen, Sehen sind produktive Tätigkeiten. Verstehen und Genuss benötigen Kenntnisse, Erfahrungen.

Ja. Ästhetische Bildung braucht – Bildung. In einem fundamentalen Sinn. Welche Schule will und kann das heute wirklich noch bieten? Junge

Menschen werden fit für die Arbeitswelt gemacht, das ist die Hauptsache. Ausbildung statt Bildung. Ich erwähnte das Buch Berthold Seligers schon. Mensch, plötzlich wirst du wieder darauf gestoßen, dass Beethoven Revolutionär war! Nicht nur musikalisch. Das heißt, zur ästhetischen Bildung gehört die gesellschaftliche Einordnung, der ganze geistige Kosmos. Das Ganzheitliche von Werken. Kunst und Kultur sind mehr als nur die Orchidee, mit der man Festtafeln schmückt.

Der Philosoph Konrad Paul Liessmann in einer Rede bei den Salzburger Festspielen: »Sollte es sich herausstellen, dass das Hören von Mozartopern das innovative Denken befördert und bei der Gründung von Start-ups Vorteile verschafft, nun, dann wird man Mozart die entsprechende Aufmerksamkeit widmen.«

Es gibt diesen Witz, bei dem ein Unternehmensberater zum Orchester kommt und feststellt, es sei unter Effizienzgesichtspunkten doch völlig unnötig, dass gleich acht Violinen dasselbe spielen …

Kann man aus Kunst was lernen?

Von Kunst hat man nichts – aber man hat sich selbst. Das ist keine schlechte Erkenntnis, gerade auch bei der Beschäftigung mit Geschichte. Kultur und Kunst sind Klebstoff und Stachel. Es geht darum, dass man sich selber als Fremder begegnet und der Wirklichkeit, wie sie ist (und einem eingeredet wird!), nicht mehr ganz vertraut.

Um Brecht zu variieren: Schlimme Zeiten, da ein Gespräch über höchste Kunst fast ein Verbrechen zu sein scheint. Weil es ein Schweigen über Millionen Menschen einschließt, die an den Rand der Existenz gestoßen wurden.

Das ist schrecklich. Ihre Äußerung erinnert mich aber an manchen Linken, der individuelle Selbstverwirklichung in einer bürgerlichen Gesellschaft nach wie vor misstrauisch beäugt. So nach dem Prinzip: Was nützt dem Aidskranken tief im Süden dieser Erde das allgemeine Wahlrecht und die Meinungsfreiheit und die Kunstfreiheit? Solche Fragen bringen mich an geistige Schmerzgrenzen.

Freilich geht es in Ihrem Job nicht in erster Linie um höchste Kunst, sondern ums Geld für selbige.

Das löst in der Politik auch Aggressivität aus: Der Stärkere setzt sich durch, speziell, wenn es um Geld geht. Schnell wendet sich da alles gegen die Kultur – das immer noch schwächste Glied in der Kette der Bedeutungshierarchien. Wir haben das ja auch im Kontext der Corona-Pandemie wieder erlebt. Kunst und Kultur, das sei im Zweifelsfall verzichtbar, jedenfalls ist es keine richtige Arbeit, wie in der Industrie oder auf den Schlachthöfen.

Sie haben sich in Rage geredet: Geld und Kultur! Da hat man Lust auf einen Break.

Wieder die Sterne? Gern.

Ja. Was lehrt der Blick hinaus, nach oben?

Irgendwie habe ich beim Blick in die Sterne angefangen, über Entfernung nachzudenken. Die wirklich großen Entfernungen lehren etwas Wichtiges: Unser Können ist kleiner als unser Wollen.

Nietzsche schrieb: »In irgend einem abgelegenen Winkel des in zahllosen Sonnensystemen flimmernd ausgegossenen Weltalls gab es einmal ein Gestirn, auf dem kluge Tiere das Erkennen erfanden. Es war die hochmütigste und verlogenste Minute der ›Weltgeschichte‹: aber doch nur eine Minute. Nach wenigen Atemzügen der Natur erstarrte das Gestirn, und die klugen Tiere starben.«

Dass alles Leben mal erlöschen wird, diese These bedarf keines Mutes, keiner besonderen Kraft zum Realismus. Dankbarkeit für die Existenz ist bei mir aber größer als alle Furcht vor dem Allgewaltigen, was immer es sei. Freiwillig rausche ich nicht hinein ins Trübsal. Klar, man ist vergänglich. Aber sterneguckend leite ich die Lust ab, meinem Dasein mit Ideen, mit Begeisterung, mit meinen Fähigkeiten einen Sinn zu geben – entgegen aller Einsicht in die Nichtigkeit. Wenn man denn das ganz große Maß anlegt.

Muss denn alles einen Sinn haben?

Gute Frage. Wenn wir wirklich etwas intensiv und ohne Prätention machen, dann wird die Frage nach dem Warum sowieso aufgehoben. Wir machen's einfach.

Es ist paradox: Solange wir Menschen nach dem Warum fragen, werden wir nie in die letzten Geheimnisse eingeweiht. Ehrgeiz blockiert, Wahrheit muss das Recht haben, über uns zu kommen, nicht herausgepresst zu werden.

Ehrlich und bei nochmaligem Nachdenken – ich frag' schon ganz gern: Warum?

Aber, wie gesagt: Die Sinnhaftigkeit und die Nützlichkeit sind zwei sehr unterschiedliche Werte.

Das stimmt. Ich kann mir etwas sinnvoll machen, ohne dass irgendwelcher Nutzen dahintersteht.

In einem Buch habe ich tolle astronomische Begriffe gefunden: Fleckenherde, Sonnenwinde, Eichfelder, Bremsstrahlung, Dunkelwolken, verbotene Linien, Weiße Zwerge, aufgewickelte Dimensionen, Paarvernichtung, klaustrophobische Partikel.

Ich sag ja: Der bloße Beweis genügt nicht. Wissenschaft ist auch Erzählung, ist Poesie, ist Bild und Gleichnis. Konzepte, Entdeckungen und Hypothesen finden Ausdruck in Metaphern.

Auch in der Mathematik: Cantor-Staub, Zopfgruppen, wilde Knoten, Irrfahrten, Brückenkanten, Böschungslinien, leere Mengen, endlich erzeugte freie Gruppen, Fluchtgeraden, Kreuzhauben, Nullideale … Ist ja unglaublich. Pure Poesie.

Mathematiker und auch Astronomen haben einen Schönheitssinn, der aus dem Spielerischen kommt, aus der Fantasie, und man darf sich fragen, warum gotische Kathedralen und Mozarts Opern im Allgemeinen als Wunder gelten, die Eleganz der Wissenschaft aber nicht so sehr.

Teufel und Mensch, Lorbeer und Feinde

Diese Verkrampfung kann mir keiner einleuchtend erklären: nur fünfzig unbegleitete Kinder aus einem griechischen Flüchtlingslager aufzunehmen, aber -zig Leute ins Land zu holen, um die Spargel-Ernte zu sichern. Wir müssen uns schämen.

Lesben, Schwule, Transmenschen sind nicht per se politisch festgelegt. Homosexuelle können natürlich auch Faschisten sein. Ich denke aber, dass kluge Queers schon aus wohlverstandenem eigenem Interesse etwas für gesellschaftliche Vielfalt und sozialen Zusammenhalt übrig haben sollten.

Ich erliege nicht der Illusion, zu glauben, dass alle Kinder und Jugendlichen es für das höchste der Gefühle halten, sich beispielsweise mit der Schulklasse ein Theaterstück anzusehen oder ins Museum zu fahren. Aber unbestreitbar ist: Wer schon in seiner Jugend regelmäßig dort war, wird als Erwachsener weniger Hemmungen haben, einen solchen Ort zu betreten.

Weltanschauung ist oft der kollektive Beschluss, vorbeizuschauen.

Die Frage nach der Geschlechtsidentität oder wer mit wem ins Bett steigt, geht den Staat nichts an.

An meiner Partei nervt mich am meisten, dass sie manchmal so schaumgebremst ist, anstatt radikal und pragmatisch, angriffslustig und offensiv zu sein.

2009 war Berlin das erste Bundesland mit einem Masterplan gegen Diskriminierung aufgrund von Geschlechtsidentität und sexueller Orientierung. Leider musste die SPD unter Rot-Schwarz dann zum Jagen getragen werden, wenn es beispielsweise um die finanzielle Absicherung von Projekten ging. Wenn ich mir die Jahre unter Rot-Schwarz angucke – sie waren queerpolitisch eine Katastrophe.

Es ist eben ein Irrtum zu meinen, man müsse dem Menschen nur den Teufel austreiben. Nein, meistens muss man dem Menschen den Menschen austreiben.

Manche Lorbeerkränze sind auch nur klappernde Kochgeschirre.

Müssen alle, die mehr als 500.000 Euro auf dem Konto haben, meine Feinde sein? Das ist Blödsinn.

Berlin und viele andere Städte stehen bereit, wenn eine humanitäre Katastrophe droht. Wir sind bereit, Geflüchteten auf Seenotrettungsschiffen eine Perspektive zu bieten und sie hier aufzunehmen.

Es ist verlogen, bei Entscheidungen immer auf Brüssel zu zeigen. Egal wie europäisch sich Deutschland in den letzten Jahren gezeigt hat: Deutsche Hegemonialpolitik wurde in Brüssel letztlich immer durchgesetzt. Leider und bezeichnend.

Vor der Golden Gate Bridge in San Francisco

III

»Alles Menschliche ist links?
Das könnte man so sagen.
Es ist so wahr, wie es blöd ist.
Beethoven gehört jedem Bösen,
Goethe auch jedem Ignoranten.«

Auf Ihrer heutigen Kaffeetasse steht: »Mach ich mit links.« Was machen Sie denn mit links?

Die Frage ruft ja auf, worin man ungelenk ist, was man aber trotzdem tut, weil keine besondere Geschicklichkeit benötigt wird. Mit links bedeutet aber auch: etwas mit einer gewissen Leichtigkeit zu tun. Das ruft natürlich auch nach Widerspruch. Es gibt ja zu diesem Thema das Wort vom Einfachen, das so schwer zu machen ist.

Was aber ist nun links, im speziellen Sinne?

Links ist: Hilfe und Solidarität, ist der Mensch als großer Zweck. Nie als Mittel. Ohne Wenn und Aber.

Hilfe, das sei Glück. Sagt Brecht.

Also ist die Tatsache, dass es das Linke gibt – Glück. Schöne Logik (*lacht*). Aber Glück, Hilfe, Links, das ist eben alles Arbeit, nicht einfach nur Glaube oder Attitüde.

Wer wie Sie aus der Jugend-Szene kommt und dazu noch Linker ist, der wird als Kultursenator doch immer damit leben müssen, dass sich die freie Szene benachteiligt fühlt. So, als würde man sie verraten. Oder?

Verrat würde ich nicht sagen, aber das gibt es real, dieses Ungleichgewicht in Bezug auf die Kunstförderung. Dass man sich daher an mich und auch gegen mich wendet, ist nur zu natürlich. Es ist eine Auseinandersetzung um Ressourcen, und der Etat steigt eben nicht, wie er müsste. Da liegt das eigentliche Problem, obgleich der Anteil am Kuchen insgesamt sehr klein ist. Natürlich ist das nicht von heute auf morgen grundsätzlich zu ändern. Dass sich Dinge auf mich entladen, das ist eine Rollengeschichte, die darf ich nicht übertrieben persönlich nehmen. Aber auch die institutionelle Kultur, um darauf noch mal zu kommen, hat hinter Repräsentanz, hinter äußerer Kostbarkeit einen starken normativen Kern, der all dem widersteht, was sie so umstritten macht: Dieser Kern, das ist eine werthafte Spannung zur Wirklichkeit, und in den besten Werken und auch besten Aufführungen der besten Künstler zielt sie sehr tief.

Erstes »Konzert für Berlin«: mit Jürgen Flimm (l.) und dessen Nachfolger als Staatsopern-Intendant, Matthias Schulz

Beste Künstler ... Hochkultur ist die Zusammenfügung aller Mittel und Möglichkeiten, um Wertvollstes an schöpferischen Kapazitäten zu konzentrieren. Das Besondere. Das Einmalige.

Ich sag mal so: Mozart hat bestes Salzburg verdient. Shakespeare, Beethoven und all die anderen, das sind Feiern normabweichender eigensinniger Lebensführung oder Beispiele radikaler Revolte – die aufs höchste Podium gehören.

Das Komplizierte ist allerdings, dass Aufführungen immer inmitten jener Zustände ihren Erfolg feiern, die von ihnen angegriffen werden.

Ja. Brechts Ruhm begann mit dem Jubel derer, gegen die er seine »Dreigroschenoper« geschrieben hatte. Die bürgerliche Gesellschaft wird immer in diesem Widerspruch agieren: Sie ruft Widerstand hervor, und zugleich bindet sie jede kritische Energie möglichst an ein perfektes Verarbeitungssystem. Kapitalanlagen im Kultur- und Kunstbereich setzen immer auf Rendite, über welche Umwege auch immer, ja. Dieses System verwandelt das kritische Werk in Kommerz, aber eben auch: in Erlebnisse, in jenes Bleibende, darin die Kritikpunkte weiterlodern.

An welchem historischen Ereignis hätten Sie gern teilgenommen?

An eben jener umtosten Brecht-Uraufführung, der »Dreigroschenoper«, im Theater am Schiffbauerdamm.

Sie haben es angesprochen: Das Lebensgesetz dieser Gesellschaft ist ein Kreislauf von Diskurs und Glättung. Der kann zum Verzweifeln treiben, denn er bringt jeden kulturellen Ausdruck in die Gefahr der Wirkungslosigkeit.

Das hält aber zugleich auch einen Traum wach: dass eben das Gegenteil von Wirkungslosigkeit möglich sei! Dass also nichts mehr aus Giergründen instrumentalisiert würde, und dass Geld nur einen einzigen Hauptzweck hätte, nämlich: eine intakte Zwischenmenschlichkeit zu befördern. Und größtmögliche Problemlösungskapazitäten freizusetzen, in einer tatsächlichen Dienstleistungsgesellschaft. Es geht also um die Frage, welches die kulturellen Ziele sind, dort, wo wirtschaftlich gehandelt wird.

Es ist die sehr kritische Frage an eine derzeitige Gesellschaft, die bedenklich zum Anhängsel der Logik von Kapital und Markt wurde.

Ja. Aber wer deswegen abfällig gegen die Kulturinstitutionen zu Felde zieht, gegen Staatstheater und Opernhaus, der reagiert selber höchst kulturlos. Daraus folgt aber kein Recht der Kulturinstitutionen, zu beharren und sich nicht zu verändern.

Im Gegenzug zur Hochkultur entstand, im Gefolge der medialen Revolutionen, die moderne Massenkultur: Zum Eintritt in diese Kultur bedarf es keiner Etikette.

Wenn man so will, stellt die Populärkultur aber eindeutig auch einen Sieg des unbekümmerten, ungeregelten und entspannten Lustprinzips dar. Schön so. Die Unterscheidung zwischen populärer und sogenannter Hochkultur scheint mir übrigens auch ein typisch deutsches Phänomen.

Die Produkte der Popkultur signalisieren letztlich – so die Kritiker – nichts anderes als: Identität mit der marktwirtschaftlichen Ordnung. Statt Widerstand: Abfeiern der ungeliebten Weltzustände – hoppla, wir leben noch!

Hoppla, wir leben! Ohne das »noch«.

Menschen mit starkem Widerstandswillen gegen alles Herrschende und Zeitgeistige setzen dagegen auf die Energie jener alternativen Kultur, die sich mühsam, aber unverstellt in Hinterhöfen am Leben erhält.

Das ist jetzt etwas arg zugespitzt, oder? Aber eines ist ja richtig: Es gibt diese Kultur, und auch sie ist unbedingt nötig – eine Kultur, die tatsächlich subversiv ist, unbequem, anpassungsresistent. Aber bis wann? Bis sich ein Talent so etabliert hat, dass Aufstieg unausweichlich ist. Man verlässt den Markt immer in Richtung eines Marktes. Man will raus, und man will rein.

Wobei es wahrlich merkwürdig ist, wir haben es eben angedeutet: wie sittenwächterisch in Deutschland zwischen ernster und unterhaltender Musik getrennt wird. Früher war das anders. Der Intendant des Schauspielhauses in Berlin, der Großkünstler Gustaf Gründgens, sang Schlager. Mephisto am Staatstheater, Glitzer-Galan im Cabaret – »Die Nacht ist nicht allein zum Schlafen da«.

Das erzählt was über dieses Land. In dem es ja auch das Wort vom Bierernst gibt.

Es ist noch nicht lange her, da galt Goethe – in der DDR – als Vorkämpfer einer sozialistischen Kultur. Und mancher meint heute, Bach sei linke Munition, und überhaupt dürfe man humanistisches Gut nicht den sogenannten (ominösen) Anderen überlassen.

Klar könnte man sagen, alles wirklich Menschliche sei a priori – links. Aber das ist so wahr wie blöd. Es ist lächerlich, Klassik zu behandeln, als sei sie alleiniger Besitz der sich fortschrittlich Wähnenden. Schiller ist so wenig links wie Büchner. Oder so viel. Beethoven gehört jedem Bösen, Goethe jedem Ignorant, van Gogh jedem Idioten.

Wir sind, letzten Endes und immer wieder – Nichtlegitimierte, Rettungsbedürftige. Kunst und Betrachter finden einander in der Suche nach etwas, das ihnen von der Wirklichkeit verweigert wird. Lesend sind wir andere Menschen als in jenem späteren Moment, da wir ein Buch wieder aus der Hand legen. Wenn wir lesen, ist in uns alles möglich. Der kleine Herzraum, der uns fortwährend zu eng ist, hat plötzlich Platz für wünschbare Weiten und Welten. Die Welt der Bindungskräfte. Die Welt der Bedachtsamkeit. Die Welt der Rückbesinnungen. Die Welt des metaphysischen Trostes. Gegen Weltverlust will der Mensch Welt schaffen.

Aus solchem Verlust wächst der Impuls, die Kunst zu fragen. Nur das, was uns fehlt, macht uns schöpferisch.

Als 2017 beim G20-Gipfel in Hamburg die Staats- und Regierungschefs in der Elbphilharmonie Beethovens 9. Sinfonie hörten, da sagte der Intendant des Thalia Theaters, dies sei ein »pornografischer Missbrauch von Kunst«. Denn die hehre Musik erklinge für Leute, die »politisch offensiv das Gegenteil der ›Europa-Hymne‹ vertreten«.

Na ja, so nachvollziehbar der Impuls auch ist: Zöge ein Intendant aus solcher Bemerkung die Konsequenz fürs eigene Haus, stünden an dessen Eingängen wohl schwere Gesinnungskontrollen bevor (*lacht*).

Mochten die kritikwürdigen Politiker den edlen Saal als fragwürdige Schuldgruppe betreten haben – mit jedem ersten Ton eines Konzerts beginnt doch aber Vereinzelung, Abirrung, Entrückung. Mit der Kunst ist jeder Mensch allein. Beginnt eine Musik oder öffnet sich ein Vorhang, bist du aus der Welt. Wirst eingeschlossen oder wegkatapultiert in ein spezielles Erleben. Schönste Einsamkeit – Kunst gehört auf diese Weise allen. Auch Trump gehörte sie in jenem Hamburger Moment.

Niemand weiß, was im Menschen geschieht, der Kunst genießt. Es geht bei der Kunst um das, was uns rettet – indem es das herrschende

Denk- und Verhaltenssystem ignoriert und indem es auf die Unverfügbarkeit des Ichs pocht.

Klar, im Theater zum Beispiel gehen nach der Vorstellung die Lichter wieder an, die Zuschauer gehen in die Kneipe, die Schauspieler in ihre Kantine, und wie gesagt: Jeder ist dann wieder der Blödmann, der er vorher war.

Aber das Werk, mit dem ein Künstler uns übersteigt, ist trotz aller Ohnmacht ein Sieg. Eine Möglichkeit.

Das Wort, der Ton, das Bild muss uns übersteigen dürfen.

Trotzdem – um wieder auf G 20 zu kommen – ist es legitim, Momente obszöner Gleichzeitigkeit zu benennen. Der Regierende Bürgermeister von Westberlin geleitet 1967 den Schah von Persien in die Deutsche Oper, während ein paar Meter weiter der Student Benno Ohnesorg verblutet. Es kann schon Qual verursachen, Leute wie Trump oder Erdogan bei einem Beethoven-Konzert zu sehen und zu hören: »Freude schöner Götterfunken …« Aus linker Perspektive darf auf so etwas sehr kritisch verwiesen werden, gerade weil den Linken vorgehalten wird, sie hätten in ihrer Geschichte die hohe, hehre Idee oft genug an der Seite und unter der Führung schlimmster Typen verfochten. Das war leider so. Aber es wäre geschichtsvergessen, nun immer eines mit dem anderen abzugleichen, um sich selber zu relativieren. Nichts Böses im Eigenen wird besser, indem man es bei anderen entdeckt und anklagt. Am schlimmsten ist ja das Ranking der Schandtaten: Wir haben soundso viele Tote, ihr aber habt soundso viele mehr!

Es bleibt dabei: Wenn einem diese Kostbarkeit Kunst ins Gemüt greift, hat die Welt draußen schon verloren. Vielleicht. Das ist der erste Schritt, um ihr beizukommen. Herrschende in die Konzerte! Uniformierte in die Theater! Parteifunktionäre in die Galerien!

Das stimmt immer.

Tragödie oder Komödie?

Eine rhetorische Frage, mehr nicht. Wobei ich, gerade in der Corona-Zeit, eine gewachsene Lust auf Komödien habe.

»Mehr Possen, Jenossen!« hat Frank Castorf mal gesagt. Auch in linke Richtung.

Man möchte nicht immer nur mit der eigenen Lage konfrontiert werden, und es ist auch mal legitim, unter seinem eigenen Niveau zu lachen. Was übrigens nicht zu verwechseln ist mit dem Lachen darüber, seine eigenen Ressentiments bestätigt zu bekommen. Eine spezifische Art des deutschen Humors.

Warum scheuen besonders die Revolutionäre in der Regel den Humor?

Alles Rigorose ist humorlos.

Klaus Lederer, Themenwechsel: Beschreiben Sie Israel.

Mit meinem Mann war ich 2008 zum ersten Mal dort, ein paar Tage nur. Aber seitdem bin ich immer wieder nach Israel gefahren. Wir haben Freunde dort. Auch Bücher – von Tom Segev zum Beispiel – haben mich tiefer und tiefer in die Zerrissenheit dieses Landes hineingezogen. Die Situation im Nahen Osten ist verfahrener denn je, aber das Verrückte an Geschichte ist ja, wir kennen das von 1989: Verrücktes ist möglich. Dinge können sich ändern, die bis gestern als unverrückbar galten.

Ist Geschichte denn logisch – oder eher Zufall, immer wieder?

Man muss sozusagen eine möglichst planvolle Politik betreiben, um den friedenschaffenden Zufall aus seinem Versteck zu locken.

Unser Gespräch soll auch an polemische Eckpunkte erinnern, die mit Ihrer Laufbahn in der Partei verbunden sind. Israel, Antisemitismus, das waren und sind zwei solcher Eckpunkte.

Da ist bei mir gar nichts vorsätzlich geschehen, aber man muss der politischen Linken wohl eine gewisse Obsession beim Nahostkon-

Mit Rabbiner Andreas Nachama und Volker Schröder (Bündnis 90/Grüne, r.) auf dem Jüdischen Friedhof Berlin Weißensee

flikt konstatieren. Und leider sind die Denkmuster dabei manchmal so schlicht schematisch, dass ich mich einfach einmischen musste. Es gibt ja beides: die aktuelle Politik der israelischen Regierung, die den Eindruck erweckt, gar kein ernsthaftes Interesse am Frieden zu haben und eher von der Konfrontation profitieren zu wollen – und es gibt nach wie vor nicht wenige Akteure in der arabischen Welt, deren militärische Provokationen und ostentativer Antisemitismus Israels Angst vergrößern, vernichtet zu werden. Wie können beide Wahrheiten in Frieden verwandelt werden? Das ist die Frage.

Am 11. Januar 2009 gab es in Berlin eine Kundgebung: »Solidarität mit Israel – Stoppt den Terror der Hamas«, aus Anlass des Krieges im Gaza-Streifen. Auch Sie haben dort gesprochen. Es war eine Rede, die in Ihrer Partei auf heftigen Widerspruch stieß. Ich glaube, man kann dieser Rede Wesentliches Ihrer Denkart entnehmen. Daher sollte ein Auszug im Buch stehen.

»Es fällt mir nicht leicht, hier zu sprechen. Das hat mit dem Aufruf zur heutigen Kundgebung zu tun, der eine Solidarität einfordert, die ich so nicht geben kann. Weil ich als Sozialist eine grundsätzliche Schwierigkeit habe, mich pauschal mit Institutionen und Staaten solidarisch zu erklären. Meine Solidarität gehört Menschen. Menschen in Bedrohung und Menschen in Not.

Warum ich hier dennoch spreche, ist kurz erklärt: Die Tatsache, dass in den vergangenen Wochen Demonstrationen stattgefunden haben, auf denen ›Tod, Tod Israel!‹ skandiert wurde, finde ich unerträglich. Und ich bin der Ansicht, dass der brutale und bittere Konflikt im Gazastreifen und im Süden Israels keinerlei Anlass sein darf, um darauf hier in unserem Land ein antisemitisches Süppchen zu kochen. Damit meine ich auch die hin und wieder ausgesprochene zynische Erwartung an Jüdinnen und Juden, sie hätten bessere Menschen zu sein als alle anderen.

Deshalb bin ich hier: Weil ich auch in einer solch schwierigen Situation jedem Antisemitismus entgegentreten und dies auch hier bekunden will. Nichts, aber auch gar nichts, rechtfertigt den Abschuss von Mörsergranaten und Raketen auf Wohngebiete der Zivilbevölkerung, auf Ashdod, Beer-Sheva und Ashkelon. Das ist für mich der Ausgangspunkt der Diskussion, die in unserem Land angesichts solcher Demonstrationen zu führen ist. Und deshalb sage ich auch: Diese Angriffe müssen aufhören. Das Existenzrecht Israels ist nicht in Frage zu stellen, nicht mit Parolen und nicht mit Raketen. Das kann nicht oft genug wiederholt, das muss immer wieder gesagt werden. Und mit dieser Sicht sind Sie hier, sind wir hier, zum Glück nicht allein.

Meine Gedanken sind dieser Tage oft bei meinen Freunden in Israel, die seit Jahren mit der Angst leben müssen, von Raketeneinschlägen getroffen zu werden, genauso bei den Zivilisten im Gazastreifen. Bei den Opfern kann und werde ich als Sozialist und Humanist nicht unterscheiden zwischen den einen und den anderen. Krieg verändert die Menschen auf allen Seiten. Das Opfern Unschuldiger kann nicht gerechtfertigt werden, weder politisch noch moralisch. Egal, ob sie durch die tödlichen Raketen der Hamas getroffen werden, oder ob sie durch Luftangriffe zu Leid kommen, wenn UN-Schulen im Gazastreifen ins Visier kommen. Egal, wie hochentwickelt die

Wurzeln der Welt: in Jerusalem

Waffensysteme sind, die zum Einsatz kommen, egal, wer den Krieg führt, das Desaster trifft zuallererst die Zivilbevölkerung. Nicht zuletzt deshalb, weil die Geiselnahme der zivilen Bevölkerung zum Wesen des modernen Krieges gehört, und zwar gerade in der asymmetrischen Konfliktstrategie, wie sie die Hamas strategisch verfolgt.

In dieser Auseinandersetzung kann Krieg niemandem die Oberhand verschaffen. Was ist, wenn die Raketen, die fundamentalistische Fanatiker in den Gazastreifen schaffen, einmal 50 oder 100 Kilometer Reichweite haben und waffentechnologisch zielgenauer sind als die Kassam-Raketen und Mörsergranaten von heute? Wie soll so eine Lösung aussehen?

Ein sicheres Israel in Frieden und ein sicheres Palästina in Frieden – dieses Ziel lässt sich letztlich nicht durch militärische Überlegenheit erreichen, sondern nur durch politische Übereinkunft. Deshalb ist jede militärische Eskalation eine schwere Hypothek für den Frieden im Nahen Osten. Je schneller die Waffen wieder schweigen, desto besser ist es. Und deshalb bin ich getroffen davon, dass die Vorstöße für einen Frieden im Nahen Osten derzeit keine Unterstützung der beiden beteiligten Seiten finden, dass die Resolution 1860 des UN-Sicherheitsrates, gerade erst in Kraft getreten, schon wertlos zu sein scheint.

Ich teile die Einschätzung des israelischen Sicherheitschefs Amos Gilad, dass es bis zum heutigen Tag, ›keine optimale militärische Lösung‹ für den Gazastreifen gäbe und Militäreinsätze nicht das Allheilmittel sind, um die Probleme des Nahen Ostens zu beseitigen. Auch Zbiegniew Brzezinski, die graue Eminenz von Jahrzehnten US-amerikanischer Außenpolitik, und – das glauben Sie mir sicher – nicht unbedingt mein Freund, rät, sich nicht auf militärischer Stärke auszuruhen, sondern ernsthaft eine Verhandlungslösung anzustreben.

Niemand hat das Recht, seine politische Kritik am Gazakonflikt in Antisemitismus umzumünzen. Keinem Menschen ist geholfen, wenn ungelöste Konflikte und militärische Auseinandersetzungen im Nahen Osten hierzulande als heilige und Gesinnungsauseinandersetzungen geführt werden. Das hieße Öl ins Feuer zu gießen. Antisemitismus gilt es entschlossen entgegenzutreten.«

Wenn es stimmt, dass Vergangenheit oft ungefragt, unsteuerbar und vor allem sehr lange in die Gegenwart hineinragt, so muss man, wenn man aus der DDR kommt, schlichtweg gestehen: Dort war Israel nie Freundesland. Mit diesem Erbe einer klaren Klassenposition gingen wir 1990 in den Westen. Alles Palästinensische dagegen besaß im Osten einen großen geistigen und emotionalen Kredit.

Links ist leider selten beabsichtigt gewesen, vom Herzen her den Wahnwitz, die Überforderung und die Langzeitwirkung jener Erfahrung mitzudenken, der die israelische Staatsentstehung und -sicherung zugrunde liegt. Ostdeutsche Wurzeln für Antifaschismus lagen hauptsächlich im verständlichen Zorn über proletarisches Leid unter Hitler und in der Feier kommunistischen Widerstandes – nicht aber im wahrlich verinnerlichten Gedenken an millionenfache jüdische Opfer. Angelika Timm hat in dem Band »Hammer, Zirkel, Davidstern« die Sicht der ostdeutschen Staatsführung auf Antisemitismus und Zionismus untersucht. Es lohnt die Lektüre!

Nach 1945 fielen Antifaschismus und Demokratie auseinander. Man meinte in der DDR, rasch zur Tagesordnung übergehen zu können.

In Westdeutschland: Demokratie, aber ohne konsequente Entnazifizierung und ausreichendes antifaschistisches Bewusstsein. In Ostdeutschland: Antifaschismus als Staatsdoktrin, aber ein wahrlich nur sehr eingeengter Diskurs über bestimmte Punkte der Vergangenheit. Die sozialen, politischen Wurzeln des Faschismus galten als ausgerottet. Über die gesellschaftlichen Voraussetzungen dafür, dass soeben noch, unter den Augen der Bevölkerung, ein Teil dieser Bevölkerung ausgerottet worden war, musste man demnach nicht mehr reden. Man tat so, als sei die Grenze zur BRD auch die Grenze zu jeglicher Mitschuld. Als habe das Dritte Reich aus einer ganz anderen Bevölkerung bestanden, mit der man im Osten nun nichts mehr zu tun hatte. Nach 1945 wurde in Ost und in West gewissermaßen in zweierlei Redeweisen – geschwiegen. Und nichtsdestotrotz gab es in beiden deutschen Staaten Menschen, die mit aller Kraft und misstrauisch beäugt von den Herrschenden versucht haben, diese notwendigen Auseinandersetzungen um die jüngere deutsche Geschichte immer wieder neu zu beleben.

In einem gemeinsamen Text mit dem Historiker Mario Kessler haben Sie geschrieben: »Sieben Jahre nach Auschwitz wurde ein Nichtjude und ›Prozionist‹, der Kommunist Paul Merker, zum Opferlamm. Er hatte sich engagiert für eine ›Wiedergutmachung‹ der deutschen Verbrechen an den Juden eingesetzt und Entschädigung für im Ausland lebende Juden gefordert. Mit dem Nazi-Terminus der ›Verschiebung deutschen Volksvermögens‹ wurde er nunmehr in Ostberlin gebrandmarkt.«

Nicht mal Stalins Tod 1953 rettete ihn vor einem Geheimprozess. 1956 wurde er nur halbherzig rehabilitiert. Das Schicksal Merkers war in der DDR lange Zeit tabu.

In der »Süddeutschen Zeitung« war zu lesen: »Es gab im Land der Antifaschisten, über starre Rituale hinaus, keine seriöse Erforschung des Holocaust … deshalb glichen die jüdischen Gemeinden der DDR Museumsstücken, winzig, überaltert, von der Stasi überwacht.« Die Juden seien aus Sicht der SED »gar zur antifaschistischen Konkurrenz« einer »weltlichen Heilsgeschichte« geworden, in der allein die Kommunisten »stärker als die Wölfe« gewesen seien. Thüringens Ministerpräsident Bodo Ramelow sprach von Genossen, die Israel »unter Vorspiegelung eines internationalistischen Fähnchens am liebsten verschwinden sehen möchten«.

Die Linken haben selten ein Gefühl gehabt für die latenten Bedrängungen Israels als einsamer Raum-Zeit-Kapsel zwischen Wüste und Meer! Haben nie wirklich einer Information glauben wollen, nach der Juden, in ihrer geopolitischen Lage, wieder Gejagte werden könnten! Was immer dieser Staat Israel auch war: Er galt im Osten vor allem und lediglich als Satellit der USA.

Ein Partner Bonns.

Ja.

Israel: Das sind offene Nervenenden angesichts eines entschlossenen Feindeslagers ringsum. Bei uns in der DDR aber nur: politische Schelte und böse Kommentare, etwa über die israelische Besetzung der syrischen Golan-Höhen, und dies zu einer Zeit, da durfte im Osten noch kein lautes Wort fallen über einstige sowjetische Landräubereien etwa in Polen; alles nach dem Prinzip: Völkerrechtsbruch von Freunden ist Friedenssicherung, so, wie in späteren Debatten Atomkraftwerke auf sozialistischem Boden quasi friedliche Radioaktivität freisetzten. Es hat lange gedauert bis zur Bereitschaft, solche klassenkampfstarren Positionen und Verdrängungen aufzugeben. Es machte sich die friedliche Revolution nötig, um auch dies offen auszusprechen: Die Geschichte der Arbeiterbewegung, allein die der Sowjetunion, war auch eine Geschichte antijüdischen Mulms, mal offen, mal verschwiegen.

Auch daran kann man ermessen, wie schwer erträglich es einigen Linken sein musste, wenn Gregor Gysi in einer Rede vom April 2008 sagte, die Linke müsse sich damit befassen, »was Staatsräson in unserer Demokratie im Einzelnen bedeutet«. Die Haltung zu Israel ist – Staatsräson. Gysi damals: »Dass eine politische Position den Rang einer Staatsräson innehat, macht sie für linke Diskurse immer ein wenig verdächtig … Die Linke neigt zur Unterschätzung dessen, was man ›Staatsräson‹ nennt. Schon allein der Umstand, dass dieser Begriff von vielen dem Spektrum konservativen Staatsdenkens zugeordnet wird, deutet darauf, dass hier etwas unterschätzt wird, das eben nicht einfach eine konservative Marotte ist.« Man darf besagte Räson gewiss ablehnen, man darf den dämonisch taktischen Macchiavelli als deren bösen Urvater ausmachen, man darf dieses Gebotsschild »Staatsräson« demnach als unannehmbares Gesinnungs- und Ethikdiktat geißeln – man kann doch aber trotzdem erfühlen, was Gysi wollte: diesen für Linke problematischen Begriff anzuerkennen als unmissverständliches Zeichen – gegen Antisemitismus, für Israel.

Es gibt einen linken Typus, der will zum Beispiel allem Deutschen weh tun, weil er meint, das habe das Deutsche verdient. Just Deutsche kommen aus dieser Falle nicht heraus. Wir sitzen fest. Klemmen. Sind verklemmt. Leider!

Gut so! Dies ist unser letztes bisschen Qual mit etwas, das auf uns Deutsche zurückgeht. Israelische Urängste mögen von sämtlichen Beobachtern relativiert werden, auf deutscher Seite dürfen sie es nicht.

Systeme der Vorurteilsbildung haben eine lange Geschichte. Das stets akut gebliebene Wort: Verschwörungstheorien.

Nach dem höllischen Prinzip: So, mit der Vernichtung der Juden werden endgültig die unappetitlichen Begleiterscheinungen der kapitalistischen In-Wert-Setzung aller Dinge beseitigt. Schaffendes Kapital wehrt sich gegen raffendes Kapital – die abstrakte Dimension von Herrschaft des Kapitals in der bürgerlichen Gesellschaft wurde auf die Juden projiziert, und das bildete die ideologische Grundlage für Auschwitz. Aufsetzen konnte dieser moderne Antisemitismus auf eine jahrhundertelange finstere Tradition des christlichen Antijudaismus. Die These von der angeblichen Schuld der Juden setzte eine eliminatorische Dynamik in Gang, die aus der Mitte deutscher Wohlerzogenheit über die Welt kam.

Was hat Sie an linkem Unverständnis gegenüber Israel besonders aufgeregt?

Mehr als beschämend und peinlich war, dass sich einige linke Bundestagsabgeordnete anlässlich des 65. Jahrestages der Befreiung von Auschwitz in der Feierstunde des Bundestages demonstrativ nicht von den Plätzen erhoben und sich somit weigerten, den Redner und israelischen Staatspräsidenten Shimon Peres zu begrüßen. Mit der unerträglichen Begründung, sie wollten gegen Israels Okkupationspolitik ein Zeichen setzen.

Im Juli 2018, auf dem Festival Pop-Kultur in Berlin, hatten Sie an einer Podiumsdiskussion mit der israelischen Schriftstellerin Lizzie Doron teilgenommen und mussten sich gegen Aktivisten von BDS (Boykott, Desinvestitionen, Sanktionen) zur Wehr setzen, ein weltweites anti-israelisches Netzwerk. Hasserfüllte Sprachfetzen: »Sie sind Rassisten, die das Apartheidregime unterstützen«; »Sie sind der wahre Antisemit«; »Sie sind ein Krimineller«; »Wegen Linken wie Ihnen unterstütze ich den BDS«.

Leute dürfen auf Israel eine Sicht haben, auch eine, die von meiner abweicht. Wenn diese Sicht jedoch antisemitischen Denkmustern den Boden bereitet, dann muss man dem widersprechen. Mein Opa hat in Neustadt-Glewe die Geschichte eines KZ-Außenlagers aufgearbeitet, auch darüber bin ich in persönlichen Kontakt gekommen zu Menschen in Israel. Die einfachen Parolen fallen natürlich umso leichter, je weniger man sich durch Fakten, durch historische Lektüre und durch die differenzierten Perspektiven der vor Ort lebenden Menschen irritieren lässt. Und so stößt man auf jenes Grundproblem, das auch heutzutage die Leugner und Verschwörer hervorbringt: Viele Leute, die sich durch die Schnelligkeit gesellschaftlicher Transformationsprozesse überfordert oder vielleicht auch in ihrer Identität angekratzt fühlen, greifen zu leichten, teils abenteuerlichen Erklärungsmustern.

Ich weiß, zu Ihren Lieblingsbüchern gehört »Eine Geschichte von Liebe und Finsternis« von Amos Oz.

Diesen Roman habe ich in einem einzigen Zug durchgelesen, sozusagen ohne Pause, nach der Devise: Jetzt müsste man sich eigentlich krankmelden und den Blick nicht aus dem Buch heben! Geht natürlich nicht … So konsequent, etwas Freudvolles durchzuziehen, ist man ja selten im Leben. Das Spannende dieses Romans ist eine Widerspruchsfülle, die an keinem Punkt verraten, aufgegeben, abgemildert wird.

Oz erzählt die Geschichte vom Selbstmord seiner Mutter, die in einer tragischen Ehe gelebt hat.

Die persönliche Historie wie die Israels wie in einem Brennglas. Ein Mikrokosmos aus Kibbuz- und Stadtgeschichten, jüdischen und palästinensischen Erzählungen. Niemand in diesem Roman lebt nur eine Tendenz, aber jeder die Ambivalenz.

Man erhob das Buch in Israel zur »nationalen Biographie«. Oz erzählt: Ein jüdischer Staat wird Gesellschaft, nachdem alle Geschichte des Volkes doch verhängnisvoll zum Requiem gedrängt hatte; und die israelische Gesellschaft kämpft sich zur Offenheit durch, wo doch alle historische Erfahrung zur Wagenburg riet.

Und das Ganze so innig lebendig erzählt, so wahrhaftig in all dem, was Menschen bindet oder bricht, sie zueinander finden oder aufeinanderprallen lässt.

Alles steht gegeneinander, alles ist untrennbar verknüpft. Geteilte Gesellschaften und doch: eine unteilbare Welt.

Das ist das, was zehrt und zerrt – aber auch Zuversicht verströmt: Wir haben das Zeug, einander zu verstehen, wir müssen es nur freigraben. Lesend findest du Stellen, da die Welt lächelt. Und sagt: Nichts wird besser, aber du bist nicht allein.

Schönstes Ziel.

Aller Kämpfe. Aller Literatur.

Jedenfalls für Momente.

Das ist doch schon sehr viel. Allzumal bei Israel, einem Hauptort jener zählebigen Wahrheit, dass nichts auf dieser Erde auf Abruf heil werden kann.

Sie haben Amos Oz persönlich kennengelernt.

Auf dem Evangelischen Kirchentag 2017 in Berlin durfte ich eine Laudatio bei der Verleihung des Abraham-Geiger-Preises an ihn halten. Ein fantastischer, unabhängiger Kopf. Und eine sagenhafte Sprachbegabung. Den Sätzen dieses Schriftstellers ist nach Bewegung zumute. Auf die Preisverleihung antwortete er in freier Rede, eine halbe Stunde, jeder Satz ein kluger Gedanke, alles druckreif …

Die Sätze dieses Erzählers müssen auf die Straße, sie müssen in die Hitze der Gassen, die immer auch eine Hitze der Küchen, der Kellerwohnungen und des Staubes ist.

Er hätte den Nobelpreis für Literatur wahrlich verdient.

Oz schrieb in Sachen Geschichtsbetrachtung: »Frag bitte nicht: Sind das wirklich Tatsachen? Frag dich selbst.«

Das ist der Rat für jeden Blick in jede Vergangenheit: Frag, was war – um zu finden, was ist. Und bleib in den Gesprächen mit deinem Gewissen ganz bei dir.

Im Roman »Judas« fragt Oz, ob des Jüngers Verrat nicht Liebesdienst aus tiefstem Glauben gewesen sei: Jesus werde vom Kreuz herabsteigen und seine Mission des Guten vollenden. Ein Irrtum. In gewisser Weise steckt in uns allen Judas, ein Mensch ohne Geduld. »Er konnte nicht warten. Ein Kompromiss kam für ihn nicht in Frage. Er wollte alles, aber sofort: die endgültige Lösung. Und damit hat er zu viel verlangt.«

Wieder diese alte Wahrheit: Alles Utopische, zum praktischen Programm erhoben, verlangt zu viel.

Klaus Lederer, ganz spontan und willkürlich: ein Blick in Ihren Terminkalender der nächsten Tage.

Vorbereitung eines Jahresgesprächs mit einer Leitung einer Kultureinrichtung. Ein Empfang mit Prämierung – für verdienstvolle Kulturarbeit. Eine Videokonferenz mit Experten des Tanzes – es steht ja eine Neubesetzung für die Intendanz des Staatsballetts an. Dann eine Videokonferenz der linken Senatoren mit den Fraktionsvorsitzenden und der Landesvorsitzenden. Branchentreff der darstellenden Künste. Vorbereitung des Tages der Club-Kultur, dazu auch eine Pressekonferenz. Feierstunde 100 Jahre Großberlin im Abgeordnetenhaus. Gratulation beim »Parlament der Bäume« zum 30. Jahrestag. Veranstaltung zur Verleihung des Berliner Verdienstordens. Teilnahme am Bundesseniorenkongress, da vertrete ich den »Regierenden«. Mehrere interne Sitzungen. Besprechung zum Pavillon-Projekt in der Karl-Marx-Allee. Sitzung zu Corona-Soforthilfen. Versammlung der Linkspartei in Pankow. Besuch der Staatsoper, ein kostenloses Konzert für Menschen, die sich ein solches Erlebnis gewöhnlich nicht leisten können. Das ist eine Idee, die ich gemeinsam mit Daniel Barenboim in die Reihe bekam, gespielt wird Beethovens 7. Sinfonie. Und am Wochenende ein Kurt-Weill-Abend in der Komischen Oper. Dazu noch …

Ehrlich gesagt: Es reicht. Und der Monat ist im Grunde auch egal, der eine Monat ist die Variation des anderen, der nächste die Kopie des vorherigen …

Sie wollen mich ärgern.

… da wünscht man sich doch, Politik sei etwas ganz anderes. Stellen Sie sich vor: Regierungserklärungen im Parlament oder Abgeordnetenhaus beginnen mit der Lesung eines Gedichts. Da legte sich doch sofort eine ganz andere Atmosphäre über den Raum und die Diskussion.

Wer wählt sich welches Gedicht aus? Und wie oft müsste einer proben zuhause?

Nicht proben! Ganz bei sich bleiben!

Hinter Ihrer Spielerei steckt ja die Frage nach dem Visionären, nach dem Träumerischen, ja, auch dem Entspannten demokratischer Debatten. Ob da Gedichte helfen, wage ich zu bezweifeln, es geht um Grundsätzliches: Was heutzutage an Rede und Widerrede den institutionellen Raum verlässt, will meistens Stärke sein, nicht Problembewusstsein. Brechts Radiotheorie »träumte« das kommunikative Verhältnis zwischen Sender und Empfänger, diese Theorie sprach vom Austausch. Heutige Netzwerke und Plattformen schaffen dafür auf den ersten Blick günstige, neuartige technische Grundlagen. Jeder Mensch hat ja im Prinzip sein eigenes Studio in der Tasche, Kamera, Mikrofon, Schnitt- und andere Bearbeitungstechnik. Wir wissen von den Chancen, Menschen digital für politische Bewegungen auf der Straße zu mobilisieren. Aber was passiert in der Politik? Öffentlichkeit dringt durch alle Ritzen aller Räume. Jede Sitzung hat quasi einen Live-Ticker. Jedes noch so interne Gremium ist ans Draußen angeschlossen.

Das beeinflusst, wie man redet, was man redet?

Man verhält sich zensiert, schon in kleineren Kreisen. Der geschützte Raum ist in großer Gefahr. Das muss man als enorme Verlotterung der Sitten bezeichnen. Zum Elend der Medien trägt bei, dass immer weniger und immer prekärer beschäftigte Journalisten ausströmen, gezwungen zu Schnellschuss-Berichten. Sie sind in der Aufmerksamkeitsökonomie zu immer mehr Oberflächlichkeit, zu einer immer höheren Schlagzahl gezwungen – alles husch, husch, alles auf Krawall gebürstet. Alles im Sprint und im Schnelldurchlauf. Ich weiß, dass ich jetzt übertreibe, aber das Gediegene, das Durchdachte, das Tieferlotende hat wohl bald nur noch in Fachorganen und TV-Zeiten weit jenseits der Primetime eine Chance. Politik ist doch oft das Bohren dicker Bretter bei entsprechendem Zeitaufwand. Dem stehen Medien mit ihrem Auftrag zur Treibjagd gegenüber. Das bringt Druck, Kontrollzwang – da überlegt sich jeder vernünftige Mensch dreimal, ob er sich das antut. Ehrlich, an Gedichte zum Entree denke ich da zuletzt. Man muss nicht alles entweihen, die Poesie am wenigsten.

Benutzen Sie Instagram?

Ja. Auch Twitter und Facebook.

Ist es weltfremd, von einem Parlament Impulse für die Selbsterneuerung der Gesellschaft zu erwarten?

Warum?

Weil sich in der Politik, im Parteienbetrieb vermutlich kein guter Gedanke gegen die stumpfe Bewahrung des realpolitischen Status quo wird durchsetzen können. Ich sehe Bilder aus den Parlamenten und frage mich: wie viele Abgeordnete haben noch einen eigenen Herzschlag, einen eigenen Puls? Wenige! So viele sehe ich, die den Eindruck machen, dass sie an nichts leiden – Leute, die ihr Leben fortwährend der faden Gesundheit des unangreifbaren Standpunktes opfern.

Ja – aber ebenso entschieden: nein! Es gibt im Abgeordnetenhaus viel Fleiß, Kenntnis, soziale Kompetenz.

Was müsste ganz anders sein?

Mein großer Wunsch ist: Es müsste in so einem Parlament eine andere Art des öffentlichen Redens geben. Jeder müsste erkannt und verinnerlicht haben: Keine Rede ist klüger als andere Reden. Was natürlich voraussetzt: Jeder, jede möchte auch tatsächlich eine kluge Rede halten (*lacht*).

Und kann es, das ist ja auch nicht automatisch gegeben … Trotzdem noch mal die absurde Idee: Jede Politikerin, jeder Politiker beginnt seine Rede im Parlament mit einem Gedicht. Schon läge eine andere Atmosphäre über dem Saal. Fällt Ihnen spontan ein Gedicht ein, das Sie rezitieren würden?

Brechts »Lied von der Moldau«. Wir sprachen schon mal von diesem Text. Vielleicht auch dessen »Fragen eines lesenden Arbeiters«.

Sie sind ein begeisterter Leser. Zitat: »Wie Jogger Kilometer fressen, fress ich Bücher.«

War ich immer schon. Spontan fallen mir die frühen Bücher von Robert Merle ein, Science Fiction von Gert Prokop. Da gibt es einerseits klare Favoriten, die gehören für immer zu meinem Leben, andererseits sorgt der fortwährende Nachschub eben auch für unablässige Bewegung im Kanon.

Was lesen Sie derzeit?

»Diese Wahrheiten« von Jill Lepore, eine Geschichte der Vereinigten Staaten, erzählt aber nicht aus der Perspektive der Mehrheitsgesellschaft. Ein grandioses Buch, geschrieben wie ein Thriller, wie ein Roman.

Es liegt auf dem Tisch da.

Ja, ich lese mal den Anfang vor: »Der Lauf der Geschichte ist nicht vorhersehbar, er ist so unregelmäßig wie das Wetter, so wechselhaft wie Empfindungen. Nationen erstarken und fallen durch Laune und Zufall, heimgesucht von Gewalt, korrumpiert von Gier, erobert von Tyrannen, überfallen von Schurken, verwirrt von Demagogen. Dies alles traf zu, bis die Leserschaft einer Zeitung namens ›New-York Packet‹ eines Tages, am Dienstag, dem 30. Oktober 1787, auf der Titelseite des Blattes eine Anzeige für einen Almanach vorfand, der Tabellen mit Angaben zum ›Aufgang und Untergang der Sonne‹, zur ›Beurteilung des Wetters‹, zur ›Länge von Tagen und Nächten‹ und als Zugabe etwas vollkommen Neues enthielt: die Verfassung der Vereinigten Staaten, 4.400 Wörter, die das Handeln der verschiedenen Abteilungen des Regierungssystems und die Teilung seiner Gewalten darzustellen versuchten, als ob es sich dabei um Fragen der Physik wie den Durchgang des Mondes vor der Sonne oder den Wechsel der Gezeiten handelte.« Finde ich großartig.

Französische Ferien: mit Oskar in Bedoin

Nennen Sie ganz spontan ein Buch Ihrer Kindheit.

»Teddy Brumm« von Nils Werner, mit Zeichnungen von Heinz Behling. Das ist die Geschichte eines Jungen, dessen Teddy enttäuscht wegläuft, weil er beim Spielen in die Ecke gefeuert wurde. Im Wald kümmert sich Familie Braunbär um ihn, aber Brumm hat Heimweh. In der Zeitung entdeckt Vater Braunbär eine Vermisstenanzeige, und so kommt Brumm wieder zurück zu Klaus.

Was macht eine gute Geschichte aus?

Ich mochte immer das Konkrete. Ein guter Schriftsteller erzählt eine Geschichte, ohne über sie zu siegen. Eine Geschichte, die in der Zeit lebt – und ihr zugleich ein wenig entkommt. Eine Geschichte, in der Menschen nicht schlechthin dargestellt werden, sondern einem aufgehen, wenn man liest. Und die dann in einer Erinnerung bleiben, die mit einem selbst zu tun hat. »Teddy Brumm« ist eine universelle Geschichte darüber, was passiert, wenn man einen anderen verletzt. Und darüber, dass man mit ein bisschen Mühe die Dinge wieder einrenken kann. Pädagogisch, aber bezaubernd.

Es gibt ein paar Bücher, die haben Sie in der renommierten Literaturbeilage der Tageszeitung »Die Welt« als eine Art Kanon bezeichnet.

Kanon? Nein, das war nur eine willkürliche Zusammenstellung von Büchern: Unvergessliches, Erinnernswertes, mich in gutem Sinne Belehrendes.

Zum Beispiel Ronald M. Schernikau: »Die Tage in L.«

Die Biografie Schernikaus ist schon absolut verrückt. Im Schlepptau seiner Mutter Ellen, die 1966 wegen der Liebe aus Magdeburg in den Westen ging, wurde das Kind Ronald ebenfalls ein Westdeutscher. Die Krankenschwester Ellen musste entdecken, dass ihr Schwarm eine Familie hatte, und nun saß sie da mit dem Jungen. 1980 machte der junge Schwule Schernikau mit der »Kleinstadtnovelle« Furore, ging wie viele seiner Generation nach West-Berlin, wurde Mitglied der Kommunistischen Partei und erkämpfte sich ein Studium am Literaturinstitut in Leipzig. Im Osten! »Die Tage in L.« stammt aus dieser Zeit. 1989 nahm Schernikau in den Wendewirren den DDR-Pass an. Wie ein Letzter der Mohikaner, aufgebrochen in die falsche Richtung (*lacht*), gegen den Massenstrom. Einer, der sich mit seinem wachen, wunden Lebensnerv an den deutsch-deutschen Verhältnissen abarbeitete. In den frühen Neunzigerjahren bekam ich das Buch in die Hände. Schernikau war ein kluger Kopf, ein herrlicher Schreiber, ein toller Märchenerzähler, dabei scharf und beißend. Dieses Buch über den Alltag, die Literatur und die Politik in Ostdeutschland ist quasi seine Studienabschlussarbeit gewesen, von der ich gar nicht weiß, ob sie in der DDR jemals erschienen ist. Er wollte diese Chance einer deutschen Alternative mit aller Kraft verteidigen, 1991 starb er an Aids. Seine Mutter Ellen habe ich später kennengelernt. Und in Hellersdorf erinnert eine Tafel an ihn, am Neubau, der sein letztes Zuhause war.

Ein Narr? Geht zur Wendezeit freiwillig in ein System, das aus guten Gründen gerade zum Abschied aus der Geschichte gezwungen wird.

Als er in die DDR ging, lag noch eine andere Hoffnung in der Luft. für ihn jedenfalls. Ein Narr, warum nicht.

Der Narr, was ist das für Sie?

Der Nebenstehende, Außenbleibende, Einfältige, der Unfähige für Gleichschritt und Konsens. Lebens- und weltfremd in allen Bezügen zur funktionierenden Welt. Hinter jeder Realität steckt doch eine ganz andere Möglichkeit. Eulenspiegel, Nasreddin – der Hodscha, also Lehrer, und Weise und Narr … die Literatur kennt Figuren, denen Narretei und Weisheit gleichermaßen zugeschrieben wird.

Bleiben wir bei Ihrem »Welt«-Kanon: »Als ich mit Hitler Schnapskirschen aß« von Manja Präkels.

Mimi und Oliver verbringen ihre Kindheit und Jugend in einem Dorf in Brandenburg, erst als Pioniere, vor der Wende. Sie klauen immer die Schnapskirschen beim Familienfest. Nach 1989/90 bricht Mimi aus der Provinzialität aus, durchbricht Homogenität und Hegemonie, während Oliver ein Neonazi wird; die Wege gehen also in entgegengesetzte Richtungen. Präkels beschreibt Kontinuitäten und Brüche, die Manifestation völkisch-nationalistischen Denkens, sehr authentisch, gewürzt mit der eigenen Erfahrung. Heute wird über diese »Baseballschlägerjahre« gesprochen, in Berlin habe ich das nur mittelbar mitbekommen. Toll geschrieben, aber durchaus bedrückend. Manja kenne ich von ihrer Band »Der Singende Tresen«. Wir waren auch schon gemeinsam mit Buchprojekten befasst, mit der Organisation eines Erich-Mühsam-Fests. Auch die Musik des Tresens lohnt sich zu hören.

Petina Gappah: »Aus der Dunkelheit strahlendes Licht«.

Eine Roman-Entdeckung, die das Ende des schottischen Missionars David Livingstone auf der Suche nach den Nilquellen im Jahr 1873 aus der Sicht seiner ironiebegabten Köchin Halima neu erzählt. Sie lässt den toten, getrockneten Master tausend Meilen durch den Urwald zurücktragen, wo er herkommt. Ein Wahnsinn. Und dann gibt es noch den zweiten Ich-Erzähler, den schwarzen Jacob Wainwright, der auch Missionar werden möchte. Livingstons Tagebuch kennen wir, aber das hier ist die fiktive andere, die Schwarze Perspektive der Gefährten und Begleiter. Das kommt ohne oberlehrerhafte Zeigefinger aus, ist ein kluges Selbstgespräch der Schwarzen Akteure.

Zu Ihren Lieblingsbüchern zählt auch Heinrich Heines »Deutschland – ein Wintermärchen«.

Das Buch mussten wir in der Schule lesen. Es hat mich überhaupt nicht angemacht, ich konnte als Kind mit diesem beißenden Spott nichts anfangen, ich wusste nicht, wie ich Heines Kritik historisch und in Bezug auf seine eigene Person einordnen sollte. Aufgrund der Versform war das für mich unfassbar schwer zu lesen. Erst als ich mich später nachdrücklicher mit dieser Zeit beschäftigte, bekam ich einen Nerv für das Werk. Was für eine umfassende Kritik an den deutschen Zuständen im Vormärz! Geschrieben von einem, der nicht in dieser Ansammlung von Ländern lebte, die damals Deutschland bildeten, sondern der emigriert war, der in Preußen gar keine Chance hatte, einen Fuß auf den Boden zu bekommen. Und der sich kraftvoll und mutig mit den vielen Zöpfen, mit dem chauvinistischen Dreck der preußischen Restauration auseinandersetzte. So wurde dieses Deutschland-Porträt für mich allmählich zu einem Buch ganz besonderer Art.

Heine ruft – so überhaupt nicht märchenhaft – mit dem ersten Satz die kühle Jahreszeit an: »Im traurigen Monat November war's …« November. Keine andere Datumsstrecke gemahnt derart intensiv daran, dass wir Deutsche merkwürdige Terminabsprachen mit dem Historischen haben. November: Die Gespenster der Vergangenheit begatten sich vergnügt mit dem Geist der Zukunft. Die Proklamation der ersten deutschen Republik erfolgte, nach dem Sturz der bayerischen Monarchie und der Abdankung Wilhelms II., an einem 9. November, an einem 9. November brannten die Synagogen, und an einem 9. November belegte SED-Politbüromitglied Günter Schabowski mit einem kleinen Papier-Wisch, was es im wahren Sinn des Wortes heißt, ein historisches Ereignis – anzuzetteln. Im November 2001 beschloss der Bundestag die Beteiligung der Bundeswehr am Afghanistan-Krieg der USA. Robert Blum, ein führender Demokrat und Revolutionär von 1848 wurde am 9. November 1848 in Wien hingerichtet. Die Ballung des Widerspruchs von tiefem Ernst und dessen gleichzeitiger Persiflage ist dann sogar in einer Vervielfachung der Elf zu finden – anlässlich des Faschings. Womit wir nun gänzlich im Deutschen und dessen verblüffenden Möglichkeiten versinken: Elfter-Elfter-Elf-Uhr-Elf. Ist mehr November noch möglich?

November. Man rückt zusammen. Sich zu wärmen oder einander anzuheizen?

Am 18. Brumaire 1799, dem Märztag, der eigentlich ein Novembertag war, der neunte(!), ergriff Napoleon die Macht. Das war dann die endgültige Abtötung einer Revolution.

Marx spricht im »Achtzehnten Brumaire des Louis Bonaparte«, Hegel ergänzend, von den zwei Erscheinungsformen großgeschichtlicher Vorgänge: »das eine Mal als Tragödie, das andere Mal als Farce«. Heinrich Heine hat mir übrigens mal einen Parteitag gerettet, den Göttinger Parteitag …

Den von 2012? Auf dem Gregor Gysi seine berühmte Rede hielt? In seinen Erinnerungen schreibt er: »Es herrschte eine unangenehme Spannung. In der Fraktion wuchs die verbale Schärfe, es wurde mehr und mehr auch gebrüllt. Unterschwellig spürten alle, dass sich Grundsatzfragen der Partei angestaut hatten und ein landläufiger Reflex eingetreten war: Man stritt über Richtungen und Prinzipien, kleidete das aber mit gesteigerter Heftigkeit, bis hin zur Verbitterung, in eine Diskussion auch um Personalfragen. Nichts an Konflikten ließ ich in meiner Rede aus, von Satz zu Satz wurde ich schärfer. Meine Geistes- und Gemütsverfassung suchte den möglichst unmissverständlichen Ausdruck, ich sprach unverblümt vom Hass, der sich in der Fraktion breitmache.« – Was aber hatte das mit Heine zu tun?

Auf allen Delegiertenplätzen lag ein Exemplar der »Harzreise«, denn Heine war auf seiner Reise auch nach Göttingen gekommen. Es war einer jener Parteitage – ich erlebte sowas mehr als einmal –, bei denen man so richtig angefasst ist und darüber nachdenkt, ob man sofort oder erst morgen austritt. Zum Glück besitze ich die Fähigkeit, selbst in vollen Sälen, die von lauten Stimmen durchsetzt sind, eine Art Dämmwand um mich zu legen und total abzuschalten. Das kam mir zugute, ich las ausgiebig in der »Harzreise«.

Zu Ihrem wichtigen Bücher-Bestand gehört Wolfgang Leonhards »Die Revolution entlässt ihre Kinder«.

Der Titel steht für viele Bücher, die ich Anfang der Neunziger gelesen habe, und für Ex-DDR-Autoren, die wir früher nicht lesen durften. Meine Ausgabe erschien 1990 bei Reclam Leipzig, im Doppelband, zu dick für ein einziges Paperback. Diese grandios zeitdokumentarische Erzählung beginnt, als Leonhard, den ich später auch persönlich erleben konnte, als Jugendlicher mit seinen kommunistischen Eltern vor den Nazis ins gelobte Sowjetrussland kommt – und sich mit einem Moskau unter Stalin auseinandersetzen muss. Er hat nicht nur den frühen stalinistischen Terror in Sowjetrussland geschildert, sondern auch die Versuche von SED-Funktionären, eine Emanzipation von der Linie der KPdSU zu erreichen und einen »deutschen Weg zum Sozialismus« zu eröffnen. Was zum Scheitern verurteilt und für die Betreffenden nicht folgenlos war.

Für Leonhard war dieser Bruch mit dem Stalinismus, der nach den ersten anfänglichen Zweifeln über Jahre reifen musste, 1949 der Anlass, aus der Sowjetischen Besatzungszone über Prag nach Belgrad in Jugoslawien zu flüchten.

Er reflektiert tagebuchartig und präzise, ohne als Geläuterter überheblich daherzukommen, wie er den Widerspruch der damaligen Verhältnisse empfunden hat. Auch Bücher von György Hódos und Wolfgang Ruge könnte ich dazu nennen. Ruge erhielt 1955 im sowjetischen Lager Besuch von seiner Mutter. Als er ihr sagen wollte, »was (ihm) seit langem auf der Seele (lag): dass Stalin ein Verbrecher und Mörder sei«, habe sie sich »demonstrativ die Ohren« zugehalten und erklärt, »dass sie derartige Aussprüche unter keinen Umständen hören wolle.« György Hódos begann seinen Bericht »Schauprozesse« über die stalinistischen Säuberungen mit dem Satz: »Es war eine Freude, Kommunist zu sein, sich als kleines Rädchen der riesigen Maschine zu wissen, die Ungarn und die ganze Welt einer schönen, gerechten Zukunft entgegenführen würde.« Und er beschreibt, wie viele vom Terror Betroffene die Folter, die Prozesse, die Morde bis zum Schluss für einen Fehler im System hielten, der sofort abgestellt würde, wenn das weise Väterchen Stalin davon wüsste. Wolfgang Ruge hat übrigens bereits kurz nach dem Ende der SED-Herrschaft ein Buch unter dem Titel »Stalinismus – eine Sackgasse im Labyrinth der Geschichte« veröffentlicht. Dieses Buch war für mich die erste systematische Betrachtung dieses Herrschaftssystems, auch diese Lektüre hat mir die Augen geöffnet. Das Buch trägt eine wichtige Botschaft in sich, nämlich, dass niemals wieder gelten darf: »Der Zweck heiligt die Mittel«. Die bittere Erkenntnis vieler sogenannter Renegaten.

Renegaten. Ein Begriff aus der Kirchengeschichte, mit dem ursprünglich Christen belegt wurden, die unter osmanischer Herrschaft zum Islam übergetreten waren. Später fand er Eingang in die Sphäre der politischen Religion: für Exkommunisten, die vom Glauben abgefallen und zu wirkungsmächtigen Kritikern geworden waren.

Leute wie Leonhard haben mit einer Haltung, einer Lehre gebrochen und sich neu festgelegt. Für ihn verstand sich ab einem bestimmten Punkt der Erfahrungen nichts mehr von selbst. Er war – mit einem Wort von Georg Lukács – »transzendental obdachlos«. Aus diesem schwer erträglichen Zustand strebt er fort, wissend, wie wichtig – und zugleich wie zerbrechlich – ein geistiges Dach über dem Kopf ist.

Das libertäre Selbstverständnis sollte einst die totale Revolution voranbringen, aber am Ende hat es den Revolutionären, die es wirklich ernst nahmen, den Verrat an der Revolution aufgezwungen.

Die Reflexe des Ideologischen: Je mürber eines Tages die eigene Identität, desto dringender das Verlangen nach Eindeutigkeit. Je weicher der propagandistische Brei, desto fester die Prinzipien. Je hilfloser das Gezappel, desto inständiger die Liebe zur Konsequenz. Wo Überzeugungen ins Wanken geraten, werden sie am lautesten beschworen. Kampf bis zum Krampf.

Eines der von Ihnen in der »Welt« genannten Bücher war auch Stefan Heyms Roman »5 Tage im Juni«. Ist doch ferne Vergangenheit für Sie.

Zurzeit lese ich auch die Henri Quatre-Romane von Heinrich Mann. Eine noch fernere Vergangenheit. Also, was soll's. Was ist schon Ferne? Für mich als Schüler hatte der 17. Juni 1953 gar nicht stattgefunden, seine Wahrheit wurde totgeschwiegen, höchstens, dass die offizielle Propaganda von einem faschistischen Putsch sprach, gesteuert vom RIAS. Dem Buch von Heym glaubte ich. Er war 1952 aus dem West-Exil zurück in die DDR gekommen und hat das dort Erlebte beschrieben, als fiktiven Tatsachenroman. Alles kulminiert in diesen fünf Tagen, und die Rollen verändern sich: Es gibt nicht den Guten und nicht den Opportunisten. Alle versuchen nur, in ihren jeweiligen Beziehungsgeflechten herauszubekommen, was richtig und falsch ist. Sie arrangieren sich und widersprechen einander. Was damals geschah, hat die Herrschenden der DDR bis zum Ende traumatisiert.

Bei Heyms Roman ist aufschlussreich, dass der Autor zunächst Material für einen Roman »Der Tag X« gesammelt hatte, der weitgehend dieser DDR-offiziellen Version vom westlichen Agentenputsch folgte. Doch die Partei lehnte eine Veröffentlichung dennoch ab. Auch Heyms zweite Fassung, die er dann Anfang der siebziger Jahre unter dem Titel »5 Tage im Juni« schrieb, hielt sich getreu an das Wort von Otto Grotewohl: »Die Zündschnur wurde vom Westen her gelegt, aber der Zündstoff stammte von uns.« Doch selbst diese Version wurde von der SED-Zensur nicht freigegeben.

Heym ermunterte am Beispiel des Parteifunktionärs Witte zu selbständigem Denken und Handeln. Witte, der sich über die »Parteilinie« hinweggesetzt hatte und dafür gemaßregelt worden war, behielt am Ende recht mit seiner Konsequenz: »… ein Gutes hat dieser Tag … dass es nicht mehr so sein kann wie früher. Ein jeder wird für sich selber zu denken haben …«

Jeder sozusagen seine eigene Partei. Diese hat nicht mehr »tausend Augen« (Brecht), sondern jeder sehe selbst und beziehe einzig aus ureigener Anschauung sein politisches Urteil.

Für die SED war das ein Angriff auf den ideologischen Alleinvertretungsanspruch.

Es hat in der zweiten Hälfte der achtziger Jahre zaghafte Überlegungen gegeben, Heyms Roman in einem DDR-Verlag zu veröffentlichen. Stephan Hermlin schrieb 1986 in der »Wochenpost«, der Roman sei »die bis heute gerechteste und beste Darstellung der damaligen Ereignisse«. Erst unmittelbar nach den Ereignissen des Herbstes 1989 kam der Roman im Buchverlag Der Morgen heraus. Man war mutig und aufgeschlossen, da alles zu spät war. Genau wie an jenem 17. Juni. Es gehört im Übrigen zum Infamsten »sozialistischer« Kulturpolitik, dass Alexander Abusch schrieb, man müsse bei der Beurteilung des 17. Juni beachten, »dass in den Jahren nach 1945 viele Nazifaschisten bei uns als Arbeiter in die Industriewerke geschickt oder zu Bauarbeitern verpflichtet wurden – während doch viele der besten antifaschistischen Arbeiter in die neuen Leiterpositionen rückten«. Deshalb hätte ein Großteil der Bauarbeiter »in Wahrheit aus ehemaligen Faschisten differierender Coleur« bestanden.

Die kulturpolitische Führung der Arbeiterpartei erklärte nun plötzlich aus propagandistischem Legitimationszwang heraus diejenigen zu Faschisten, die doch gestern noch Sinnbilder des Neuen waren!

Mögen Sie – lesend – mehr die Tragöden oder die Komödianten?

Kein Entweder-Oder. Figuren mag ich, die auch im tiefen Ernst ihres Lebens vor allem eines entwickeln: Witz und Kraft zum Träumen. Das kann komisch und auch tragisch ausgehen. Die Fantasie als wichtige Kraft gegen die Wirklichkeit.

Ist dies auch Politikers Notwehr im trocknen, staubigen Geschäft?

Fantasie ist nicht Not, sie ist Tugend. Um herauszubekommen, was möglich ist …

In der Politik?

Nicht nur dort. Um herauszubekommen, was möglich ist, braucht man überall mehr Fantasie, als gewöhnlich vermutet wird.

In der Politik.

Ja. Aber nicht nur dort.

Nennen Sie ein Beispiel aus der Literatur.

Es gilt für alle Literatur! Nehmen Sie – willkürlich – Umberto Ecos Buch »Baudolino«. Ein Dreizehnjähriger aus dem Piemont, 13. Jahrhundert, adoptiert vom Stauferkaiser Friedrich Barbarossa. Der Kaiser ernennt Baudolino später zum Berater. Weil er einen so spielerischen Geist besitzt. Noch so ein Narr, wir hatten das vorhin schon …

Das sind die klügsten Herrscher, die spielerische Geister engagieren?

Das sind die klügsten Herrscher, die das Kindliche in sich nicht verdorren lassen. Machthunger kann so groß werden, dass du eines Tages mit allen Wassern gewaschen, aber seelisch nicht mehr sauber bist.

Sagt ein Senator.

Manchmal betreibe ich für mich selbst Silbentrennung: Sena-Tor. Also: Werd' dir immer wieder bewusst, dass du Versuch bist, Irrtum, nicht Meisterschaft (*lacht*).

Erst die Irrtümer ermöglichen das Werk, sagt Volker Braun.

Was allerdings die Vorsicht vor gar zu vielen Irrtümern einschließt – das gilt ebenfalls nicht nur für die Politik.

Sie haben über »Baudolino« in der »Welt« geschrieben: »Bei Eco funktioniert Literatur nicht nur als packende Geschichte, er muss auch gleich noch alle ungelösten Geschichtsrätsel mit abräumen. Wunderbar, wenn Baudolino die hölzerne Trinkschale seines Vaters als Heiligen Gral anschleppt, denn woher soll der arme Jesus einen edelsteinverzierten Goldpokal herhaben?«

Man lese auch Ecos »Geschichte der legendären Länder und Städte«. Die sagenumwobene Geografie dieser Erde als Ausgangspunkt für ein Erzählen darüber, wie Menschen immer wieder ihre Utopien und Illusionen gelebt haben.

Eco ist grandios. Im Roman »Das Foucaultsche Pendel« – einem Tempelritter-Thriller, der durch viele Zeiten gespenstert – bläst ein Kind 1945 die Trompete für die Gefallenen des Partisanenkriegs. Der Ton, den der Junge minutenlang hält, bildet den »einzigen festen Punkt, den das Universum je gehabt hatte«, jenen Punkt, »den er, nur für diesen Augenblick, mit seinem Atem schuf«.

Trifft das nicht tief in Herz? Kann man die Welt wahrhaftiger weitergeben als in solchem Erzählen? Und bekräftigt das nicht die unbedingte Bejahung eines Lebens auf dieser entsetzlichen, höllischen, aber eben auch großartigen Erde?!

Ja. Als folge unsere abgehangene Vernunft dem Valerio aus Büchners »Leonce und Lena«, der ausrief: »Wir wollen Gelehrte werden!«, und als sei die Häufung des Erforschten in unserem Hirn tatsächlich noch immer denkbar als ein Weg in die – Unschuld.

Eco schrieb eine »Geschichte der Schönheit« und eine »Geschichte der Hässlichkeit« – da waltet ein Geist, der das Enzyklopädische wie einen letzten Schatz alter Zeiten durch die Moderne schmuggelt. Eco hat sich ja selber einen »Meister der Vernebelung« genannt: Der Begriff »Geschichte« wird zum Doppel aus Fakt und Erfindung.

Das Imaginäre als schönste Hinwendung zum Menschen: Der nimmt nur das gelehrig an, was mysteriös ist.

Wobei: Unschuld? Na ja, ich weiß nicht. Die bekommen wir nie wieder zurück.

Fühlen Sie sich als Intellektueller?

Herr Schütt, diese Frage ist – mit Verlaub – etwas blöd. Sie wollen mich der Eitelkeit überführen. Der Intellektuelle, so heißt es ja reflexhaft, sei ein Gewissensforscher, ein beharrlicher Mahner. Ich mag es nicht, wenn Leute sich als Orakel spreizen. Und Gesellschaften, in denen Propheten notwendig sind, die scheinen mir nicht vom Glück gesegnet. Aber ja, eingemischt muss sich werden.

Wenn schon Einmischung, dann im Sinne von Roland Barthes: »Ich lasse mich nicht als einen Intellektuellen bezeichnen, sondern nur beschimpfen«?

Der wahrhaft linke Intellektuelle sollte vor allem auch die Gruppe, der er selber angehört, kritisieren, also nicht immer nur die Gegner, sondern in besonderem Maße die Freunde. Das ist ein elender Zug: dieser Hang zur geschlossenen Formation.

Ehrenrettung in eigener Sache: Meine Frage nach dem Intellektuellen war überhaupt nicht blöd – weil man Ihre Antwort als Gegenteil von blöd bezeichnen kann.

Man spricht zum Beispiel gern von ausgewogener Geschichtsbetrachtung, meint aber nur, gefälligst von jenen Wahrheiten verschont zu bleiben, die länger weh tun könnten, als man das möchte.

Der Allgemeine Studierenden-Ausschuss der Alice-Salomon-Hochschule in Berlin forderte 2018, ein Gedicht von Eugen Gomringer von der Fassade zu entfernen. Es sei frauenfeindlich. Ihre Replik: »Ich halte den Vorwurf des Sexismus gegen den Dichter für absurd.«

Es gibt ein progressives Denken, das leider allzu schnell in dogmatischen Aktivismus umschlägt. Beim »Heidenröslein« von Goethe kann man darüber streiten, ob da archaische Geschlechterrollen reproduziert werden oder nicht. Jede Zeit liest Kunstwerke früherer Zeiten anders. Aber in der Regel gibt es nicht nur eine einzige zulässige Interpretation, und ich finde den Grundsatz gut, dass die Kunstfreiheit so lange zu gewähren sei, wie eine Deutung denkbar ist, die eben nicht diskriminierend, sexistisch oder unterdrückend ist. Ältere Kunst entstand in gesellschaftlichen Kontexten, in denen andere Verhältnisse existierten. Dennoch ist es gut, dass es Auseinandersetzungen gibt.

Der Künstler, so haben Sie geschrieben, sei niemals vollständig Herr des von ihm Geschaffenen.

Dieser Rätselcharakter, diese Widerborstigkeit des Kunstwerks gegen eine allein gültige Deutung ist es, was jeden Versuch der politischen Einflussnahme auf Kunst so lächerlich und verzweifelt erscheinen lässt.

Im Juli 1967 sollte Theodor W. Adorno in der Freien Universität Westberlin über Goethe sprechen. Der studentische Kampf gegen den reaktionären Staat hatte begonnen, die FU-Studenten bedrängten Adorno, gefälligst nicht über Klassizismus, sondern über die politische Situation zu reden. Er weigerte sich. Erst nach Tumulten konnte er seinen Vortrag halten. Adorno war nicht bereit, lediglich eine Gesinnung zu demonstrieren; Goethes »Iphigenie« war ihm durchaus ein Kommentar zur Zeit – der freilich Dimensionen freilegte, die der tagespolitische Aktionismus ausblenden musste. Der Philosoph Konrad Paul Liessmann hat dieses Beispiel in seiner erwähnten Rede bei den Salzburger Festspielen erzählt. So habe Adorno das Beglückende der Kunst unterstrichen: ihren Anspruch auf Selbstgesetzgebung.

Kunst kann alle anregenden und aufregenden, langweiligen und spannenden, einfältigen und komplizierten Formen annehmen – und bleibt doch mehr als eine Nutzanwendung.

Was heißt unter solcher Prämisse für einen wie Sie: Kulturpolitik?

Diese Freiheit zu verteidigen, die es verbietet, Kunst für ein politisches Programm zu verwerten und zu vereinnahmen. Kunst hat keine Aufgabe – Kulturpolitik sehr wohl. Die Freiheit der Kunst setzt die soziale »Freiheit *zur* Kunst« voraus, wenn sie mehr als eine Phrase sein soll. Es gibt den Spruch »Not macht erfinderisch«, aber ich glaube nicht, dass Selbstausbeutung rund um die Uhr ein erstrebenswerter Zustand für Künstler ist. Und ich glaube ebenso wenig, dass die Frage »Kann ich meine Miete nächsten Monat noch bezahlen?« Menschen zu künstlerischen Höchstleistungen inspiriert. Der »arme Poet« ist kein Leitbild. Die Wohnungsmieten, auch in Berlin, steigen rapide. Und bezahlbare Arbeits- und Atelierräume werden in dem Maße, in dem der Verwertungsdruck steigt, immer mehr zur Mangelware. Ein Naturgesetz ist das nicht.

All das kann Landespolitik allein nicht lösen.

Dennoch sind Kulturpolitik und Stadtentwicklungspolitik gemeinsam zu denken. Eine Stadt, in der Wohnen nur noch für Spitzenverdienerinnen und Spitzenverdiener möglich ist, verliert ihre Attraktivität.

In einer Rede vor dem Kulturausschuss des Berliner Abgeordnetenhauses 2017 haben Sie genau dies Merkwürdige betont, ausgerechnet als Politiker sagten Sie: Kunst sei vor politischer Einflussnahme zu schützen. »Wenn das zunächst seltsam klingt und Sie darüber schmunzeln müssen, kann ich es Ihnen nicht verübeln. Ich glaube aber nicht, dass ich mich hier in einen Widerspruch verstricke. In Deutschland, Europa und darüber hinaus geraten Künstlerinnen und Künstler zunehmend unter Beschuss von rechts. Als Falk Richter sein Stück ›Fear‹ an der Schaubühne inszenierte, hagelte es Hass und wüste Beschimpfungen gegen ihn und das Theater, von dem verlangt wurde, das Stück zu zensieren oder abzusetzen. Falk Richter erhielt Morddrohungen. Immer unverhohlener werden die Angriffe gegen alles, was nicht ins eigene nationalistisch-reaktionäre Weltbild passt – und sei es die banale Feststellung, dass Menschenrechte universell und unteilbar sind.«

Es gibt so viele Beispiele. Weil sie nicht der engen nationalistischen Linie der polnischen Regierung folgte, wurde die Leiterin des Polnischen Kulturinstituts in Berlin entlassen. Fanatiker, die sich selbst für links hielten, haben in Hamburg die Aufführung des Films »Warum Israel« von Claude Lanzmann verhindert. Und vor Jahren gab es an der Deutschen Oper Berlin auch eine vorauseilende Selbstzensur – die Oper »Idomeneo« wurde abgesetzt.

Regie: Hans Neuenfels. Er hat den bösen Blick für verborgene Wahrheiten. Theater ist ihm nur lebendig, wenn es weh tut. Die Inszenierung zeigte die abgeschlagenen Köpfe von vier Religionsstiftern. Die Aufführung rief in Erinnerung: Gott auszumalen, das, schadet stets allen Himmeln, stellt aber auch alle irdischen Paradies-Anmaßungen bloß: Herrschende ließen immer schon gigantische Porträts ihrer selbst vor Tribünen entlang tragen, applaudierten sich selbst und kamen nicht einen Moment auf die Idee, dies könne peinlich sein.

Öffentlicher Frieden darf (strafrechtlich gesehen) nicht verletzt, religiöse Gefühle aber dürfen durchaus herausgefordert werden – Gotteslästerung mag künstlerisch also geschehen, das ist gesichert durch ein entmoralisiertes Strafrecht. Der Inszenierung von Neuenfels war damals die Wiederaufnahme verweigert worden, nachdem die Polizei und der Berliner Innensenator vor unkalkulierbaren Reaktionen im Publikum oder draußen vor der Oper gewarnt hatten.

Politik und Kunst sind also nicht kompatibel.

Nein. Die Forderung »Politik soll …« hat ihr Recht; aber jeder Satz, der mit »Kunst soll …« beginnt, ist schon falsch. Kunst hat nicht unbedingt »erbaulich« zu sein, ebenso wenig muss sie »gesellschaftskritisch« sein. Sie kann alles sein. Sie kann gefallen, sie kann verstören – aber sie muss es nicht.

Was an der Kunst ist aber nun politisch?

Politisch an der Kunst ist ihr Grundcharakter: Menschen treffen auf etwas, das ihnen vorgespielt wird. Theatralisch, musikalisch, literarisch, malerisch. Hinterher, wenn sie gelesen, gelauscht, gesehen haben, sind die Leute – wir haben darüber geredet – wieder Spießer, Alkoholiker, Egoisten. Aber der heilige Moment des Innehaltens während einer Aufführung, während einer Lektüre, in einem Konzert, der ist nicht kleinzureden.

Er entspricht dem katholischen »Augenblick der Wandlung«.

Vielleicht bleiben nach dem Kunstgenuss Haarrisse im Beton der Seele. Haarrisse sind die Chance der Kunst.

Eine absolute Autonomie gibt es aber nirgends, auch Kunst reagiert auf Welt, also ist sie Teil der Welt, konkret heutig: Teil der Kapitalverwertung.

Ja. Aber wenn Linke eine politische Kunst fordern, ist der Wunsch nach Agitation meist nicht weit. Mir ist das fern. Natürlich gibt es Kunstwerke einer sehr direkten Ansprache, etwa Nerudas und Theodorakis' »Canto General« oder Picassos »Guernica« oder Dudows Film »Kuhle Wampe«. Aber der irritierende Zweck von Kunst kann auch ganz aus der Entrückung, aus der Schönheit kommen. Für mich ist das keine entscheidende Gegenüberstellung: politische oder unpolitische Kunst.

Welche Gegenüberstellung gilt?

Gar keine. Vielleicht Kunst oder Kitsch? Nee, falsch. Kitsch kann wunderschön sein.

Kitsch ist übersteigerte Harmonie.

Es ist eine Überdosis Rührung. Aber auch das brauchst du doch manchmal. Schlager zum Beispiel. Blauer Himmel, helle Sonne, blinkendes Meer, glückliche Menschen. Unbedingt nötig. Denn ein Leben nur immer entlang der Tatsachen kann langweilig, lähmend sein.

Und kränkend.

Und dann musst du was erfinden, gegen die Dürre.

Sagt Tenor Lederer.

Na ja. Zehn Jahre lang sangen ein paar Freunde und ich in einem A-cappella-Ensemble, den »Rostkehlchen«. Wir haben 2002 eine CD mit Vokalversionen von »Feeling B«-Songs aufgenommen, im Stil der Zwanziger des vergangenen Jahrhunderts. Herrlich. »Ich gehe meinen Schlendrian … Und trinke meinen Drink/ Wenn ich nicht bezahlen kann/ So wird der Wirt gelinkt.« Mitte der achtziger Jahre gab es in der DDR ja eine überraschende Freizügigkeit der Kulturpolitik, die – wenn ich mich richtig erinnere – sogar eine Scheibe der »Skeptiker« möglich machte und eben auch eine der Gruppe »Feeling B«. Laute, schnelle, heftige Musik. »Ich muss, ja ich muss gar nichts.« Flake, ein Mitglied der Gruppe, nannte die Musik »eine punkige Variante der Neuen Deutschen Welle«. Der Musik-Produzent Mark Bihler hat in einem Buch über »Feeling B« mal ziemlich genau den Unterschied von DDR- und BRD-Welt beschrieben: »Ich dachte damals nur an den schnellsten Weg zum Plattenvertrag, tüftelte jeden Tag in meinem 8-Spur-Studio daran, besser zu sein als Depeche Mode. Was mir dabei entging: dass ich nur einer schon existierenden Band nacheiferte und so überhaupt nicht ›mein eigenes Ding‹ machte. Feeling B tat eben genau das.«

Wie kamen Sie mit der Gruppe zusammen?

Unsere Heinrich-Hertz-Oberschule lag neben der Georg-Friedrich-Händel-Schule, man traf sich, man war miteinander befreundet, man entdeckte gemeinsame Interessen. Ich lernte später Aljoscha Rompe von »Feeling B« kennen, und unser Quintett – Stefan Klaffke, Jörg Lemme, André Phillip, Ingo Stiller und ich – wurde 1998 eingeladen zu einem gemeinsamen Studio-Projekt. Zwei herrliche Tage. Es waren die letzten Studioaufnahmen von »Feeling B«, wir waren der Background-Chor, wir intonierten »ohne Zuhilfenahme schweren Eisens in fünf Stimmen«. Wenn man genau hinhört, hört man uns. Es wurden drei Songs.

Die »Rostkehlchen« a capella

1993 hat sich die Gruppe aufgelöst.

Ja, die ursprüngliche Formation. Paul Landers und Flake Lorenz waren ja dann bei »Rammstein«. Wir hatten danach mit der »Feeling B«-Besetzung um Aljoscha gearbeitet, und nach seinem Tod, als klar war, die gemeinsamen Aufnahmen würden auf keiner Platte mehr erscheinen, durften wir sie, gemeinsam mit acht unserer Feeling B-Songs »a cappella«, die wir in einem Schulstudio in Lichtenberg aufgenommen hatten, 2002 veröffentlichen – so kam es zu unserer eigenen CD.

Aljoscha Rompe war ein Schulfreund von Gregor Gysi. Aljoschas Vater, genauer Stiefvater, war Robert Rompe, ein international anerkannter Physiker, Vizepräsident der Akademie der Wissenschaften der DDR. In seinen Erinnerungen erzählt Gysi, Aljoscha sei als junger Erwachsener zu ihm gekommen, er wollte Rechtsbeistand. Es solle geklärt werden, ob er nicht eigentlich Schweizer Bürger sei. Mutter und Erzeuger waren Schwei-

Das Ölen der »Rostkehlchen« für den A-capella-Gesang

zer. Das Innenministerium hatte ihm allerdings mitgeteilt, sein Antrag auf einen Personalausweis habe automatisch den Antrag auf die Staatsbürgerschaft der DDR eingeschlossen. In einem Schreiben ans Ministerium widersprach Gysi. Erstens sei Aljoscha damals erst vierzehn Jahre alt gewesen, also minderjährig, und außerdem unterscheide sich ein Antrag auf einen Personalausweis wesentlich von einem Antrag auf Staatsbürgerschaft. Es ging hin und her, letztlich bekam Aljoscha Recht und auch einen Schweizer Pass, und fortan lebte er sehr viel vergnügter in der DDR. Er konnte ausreisen, wann, wohin und wie lange er wollte.

Aljoscha ist überraschend für alle im November 2000 gestorben. Er starb in seinem Wohnwagen, an Asthma.

Können Sie Noten lesen? Gar komponieren?

Nein. Ich kann mich an Noten orientieren, aber präzise Notenlehre, also die Fähigkeit, Noten zu lesen – das steht mir noch bevor. Ja, ich will das irgendwann lernen. Alles habe sein Zeit – das sagt man oft rückblickend und abschließend; ich sage es vorwärtsblickend, ins Offene. Ich sag ja, Klavier möchte ich spielen, für mich selbst, ohne einen Leistungsanspruch. Die Virtuosität eines Igor Levit ist da weder Ziel noch zu erreichen (*lacht*).

Musikalität ist eines Ihrer Talente.

Talent? Na ja.

Im Dilettanten vereinen sich Künstler und Mensch, schrieb vor hundert Jahren der Feuilletonist Eugen Friedell.

Das passt. Gitarre habe ich geklimpert, im Schulchor gesungen. Es kam leider nicht jener Moment, da ich auf meinem Weg abgebogen wäre ins Musische. Was aber nichts nimmt von den schönen Erschütterungen durchs Erlebnis. Ich durfte Händels »Messias« im Chor der katholischen Kirche St. Joseph im Fließ in Tegel mitsingen. Zwei Auftritte, einmal deutsch, einmal englisch, mit Kammerorchester und Solisten. Es ist immer wieder ein unfassbarer Reichtum, wie viele Menschen die Laienkunst zusammenbringt. Das protestantische Werk im katholischen Chor, das war damals durchaus untypisch, anstoßerregend. Stefan Zweig hat Händel und seinem »Messias« in »Sternstunden der Menschheit« ein literarisches Denkmal gesetzt.

Wo hat »Rostkehlchen« gesungen?

Zunächst war alles nur private Ablenkung vom schnöden Alltag. Dann wurden wir, in einer ziemlich leeren Friedrichshainer Kneipe, angezwitschert vom unausgelasteten Wirtschaftspersonal, wir ließen uns auftrittsverpflichten – gegen Freibier.

Das Repertoire?

Schöne oder komische Lieder aller Zeiten. Barbershop music, Georg Kreisler, die Comedian Harmonists, aber auch ganz Klassisches. Wir haben dann später den Publikumskontakt offensiver gesucht, in Kneipen, in Kantinen und anderen Abfüllstuben, auf Parkdecks, in Kirchen, in Museen, in U-Bahn-Eingängen und sonstigen Durchgängen. Jedenfalls hatten wir eine wunderbare Zeit miteinander.

Das Wort Religion fiel schon. Wie halten Sie es damit? Wenn man zum Beispiel Gott aus der Kunst nimmt, verarmt sie enorm.

Sie bricht zusammen! Zur Geschichte der Menschheit gehören Religion und Kirche. Zu dieser Geschichte gehört allerdings auch, dass in den Demokratien die Bedeutung religiöser Vorgaben und Pflichten abgenommen hat. Kirche war über viele Zeiten ein Phänomen von gnadenloser Hegemonie-Herstellung – ohne dass man deshalb, im eifrigen Kurzschluss, Religion und Unterdrückung gleichsetzen könnte. Das wäre Unsinn. Ja, es gibt die Theologie der Befreiung, und es gibt andererseits die Einschüchterung durch den Klerus. Fundamentalismus ist keine religiöse Spezialität. Aber hätten wir zum Beispiel 2015 in Deutschland, bei der Ankunft vieler Geflüchteter, nicht die solidarische Kraft der kirchlichen Gemeinden gehabt, wäre unsere Hilfe ärmer und kraftloser gewesen.

Bei der Vereidigung deutscher Regierungen hören wir: »… so wahr mir Gott helf«. Wobei kann er helfen?

Alles Tun und Reden ist vorläufig. Das Wort »Gott« verweist vielleicht darauf, dass es etwas gibt, das alles umfasst – das aber durch nichts, schon gar nichts Endgültiges, adäquat sagbar ist.

Was ist das Wichtigste an einem Amt?

Der Respekt davor, wenn man es ausübt.

Gott ist, »dass man sich gesehen sieht«, steht bei Peter Handke.

Das genau wäre hilfreich und heilsam für einen tonangebenden Politiker. Dass er ganz im Sinne Willy Brandts weiß: Ich bin gewählt, nicht erwählt. Das alles geht aber auch sehr gut – so sehe ich das – ohne Gott.

Dem einen ja, dem anderen nicht.

Und Punkt. Religiosität ist kein Pflichtmandat.

Wir sind nicht die Krone der Schöpfung.

Für diese Erkenntnis brauche ich keine Religion. Ich benötige keine exterritoriale Institution, die ich zur Selbstdisziplinierung anrufen muss.

Das Linke ist, im Grunde genommen, der Glaube ans Gute. Wer ans Gute glaubt, ist ein Hoffender. Ist aber nicht eher – die Erfahrungen zeigen es – die Katastrophe der Lehrmeister des Menschen?

Für mich ist das Linke nicht Glaube ans Gute.

Aber doch: Gutes tun.

Ja. Gutes tun ist gar nicht schwer, zuhause und im Kreisverkehr, singt Funny van Dannen.

Haben Sie einem kleinen Tier schon mal das Leben gerettet?

Ja.

Sie sagen nicht, welchem?

Nee, sag' ich nicht.

Was würden Sie gern abschaffen?

Ponys im Karussellrund auf Volksfesten. Auch 'ne Art Kreisverkehr.

Also der Glaube ans Gute …

… ist mir zu nebulös. Ich glaube an einen unendlich verwickelten, sich selbst korrigierenden Prozess der Geschichte, der nicht nur Vorwärtsgänge kennt, nicht nur Zugriff, sondern auch Vermeidung. Das Gute im Menschen ist dabei ständigen Prüfungen ausgesetzt. Verstärkt es sich, bildet es sich aus, oder aber verkümmert es? Mutiert es zu Bösem? Alles ist möglich, nichts ist ausgemacht. Da sollte man also mit festem Glauben vorsichtig sein – um eines Tages nicht zynisch werden zu müssen. Zweifelsfrei ans Gute zu glauben – wie kann man das nach Auschwitz noch sagen?

Klar sehen und doch hoffen, sagt der Theologe Friedrich Schorlemmer.

Natur und Geschichte machen Sprünge, der Mensch stolpert.

Der Mensch ist geheimnisvoll.

Aber nicht unerklärlich. Und meine Hoffnung, politisch ausgedrückt, besteht in der Behauptung: Die Weltgeschichte kann nicht zu Ende sein, so lange machtvolle Äußerungen von Unzufriedenen immer noch zu hören sind.

Die Idee von jenem revolutionären Subjekt, das die Arbeiterklasse hätte sein sollen – diese Idee erwies sich als Illusion. Hat diese Idee von einem Subjekt der Geschichte für Sie dennoch eine Zukunft?

Für das politische Subjekt, das die Kraft haben möge, die Qualitäten der Bürger-Gesellschaft zurückzufordern und sie neu aufzubauen und dabei möglicherweise weit über das hinaus zu gehen, was diese bürgerliche Gesellschaft uns bisher hat bieten können – für dieses politische Subjekt gibt es noch keinen Namen …

Aber es existiert?

Wenn sich ein solches emanzipieren würde, das wäre wohl ein gutes Ergebnis von Politik. Es gibt eine Gruppe, oder fast schon wieder: Klasse?, die setzt sich, und zwar erstmals in der Geschichte der Menschheit, aus Vertretern aller gesellschaftlicher Gruppen zusammen, die aus ihren jeweiligen angestammten soziologischen Bereichen herauskatapultiert wurden. Es sind: die Globalisierungsverlierer. Deren vernetzbares Wissen gilt. Vielleicht schafft dieses Wissen so etwas ähnliches wie das, was einst historisch-soziologisch Klassenbewusstsein hieß. Nur wäre dies das erste Klassenbewusstsein, das sich nicht ausschließlich rückkoppelt auf die Lebensbedingungen einer einzigen ausgebeuteten, unterdrückten Klasse. Und natürlich bräuchte es Brücken zu anderen gesellschaftlichen

Gruppen und Akteuren, bräuchte Allianzen, Vernetzungen, Bündnisse. Wir sollten uns hüten, das zu schematisch zu betrachten.

Es ist eine Tatsache, dass diese kapitalistische Gesellschaft fast jeden Widerstand gegen sich aufsaugt.

Wir kommen zwangsläufig immer wieder auf dieses Thema. Der Zwang zur Kapital-Verwertung sorgt für eine ständige Neustrukturierung des Miteinander, im Kleinen wie im Großen. Du kannst als Einzelner nicht so einfach deinen Ausstieg aus dem Kapitalismus erklären. Den Mond kannst du zwar anbellen, den stört das aber nicht. Allerdings ist der Kapitalismus Ergebnis menschlichen Handelns, ist folglich prinzipiell auch durch menschliches Handeln veränderbar. Nur ist das leichter gesagt als getan..

Womit wir wieder bei den Sternen sind. »Himmel abgeschafft!«, jubelt Brechts Galileo Galilei.

Endlich, ja. Toller Satz. Mich hat das beizeiten in den Bann gezogen, dieser Zusammenhang von europäischer Aufklärung und Humanismus. Diese Befreiung von göttlichen Verlautbarungen – durch Wissenschaft, durch Erkenntnis. Wie der Mensch mutig die Finsternis überwand!

Aber unterm Himmel, der von Demut gesäubert ist, wurde der Mensch oft genug kalt und wahnsinnig.

Der Satz von Galilei ist Begleitmusik zur Konsequenz, für alle Zeiten die Zentralstation zur Regelung aller Dinge aufzulösen – und die Menschen der Herausforderung auszusetzen, die Verhältnisse endlich unverstellt zu betrachten. Und sie selbst in die Hand zu nehmen.

Für eine Freiheit, bei der – wo und wann auch immer – stets mehr Herrschaft herauskam als Freiheit.

Ja. Am Ende steht leider die Konsequenz, dass man auch aller Fortschrittsphilosophie nicht mehr allzu viel abgewinnt. Der Fortschritt trägt Januskopf.

Den Himmel darf man nicht abschaffen!

Das schaffen wir doch sowieso nicht!

Ich meine den Mythos, das Sinnbild.

Ich meine die Realität. An den Weiten des Alls kräftigt sich unser Vorstellungsvermögen, zugleich verliert es sich.

Wir denken über Grenzen hinaus, aber irgendwo da oben und da draußen ist Schluss für Erfahrung und Erkenntnis.

Wir erfassen das Universum nicht, das wissen wir – und verfeinern doch mehr und mehr die Instrumente zur Wahrheitsfindung. Das ist ein Vorgang, an dem man sich ermutigen, aufschwingen, erheitern kann.

Oder aber verrückt werden kann.

Ich kenne niemanden, der wegen der Sterne verrückt wurde. Ist doch großartig, dass wir in einer Zeit leben, in der die ersten Menschen ins All flogen und fliegen. Mehrere Hundert waren es schon.

Ich habe gelesen, dass viele Kosmonauten Kassetten mit Naturgeräuschen mit hinauf und hinaus nahmen.

An den äußersten Grenzen des wissenschaftlich und technisch Erreichbaren besinnt sich der Mensch auf das Kreatürliche, auf die Geräusche des Regens und auf Vogelgezwitscher. Philosophischer geht es nicht. Nicht bejahender.

Die Dichter sagen, beim nächtlichen Blick in den hohen stillen Sternenhimmel kämen sich Schauen und Hören am nächsten.

Es gibt Grenzen dessen, was rational erklärbar ist. Aber es bleibt der legitime Drang, hinter den Vorhang zu schauen. Den Augenblick, da alles endgültig erklärt und geklärt und bei der Gelegenheit auch noch das Böse besiegt wäre, den gibt es nun mal nicht, aber: Der Wunsch danach ist nicht zu tilgen. Wir wollen uns bewegen. Wollen wissen, »was die Welt im Innersten zusammenhält«.

Und scheitern schon daran, uns selber zu begreifen. Der Kopf will hoch und weit hinaus, aber wir gleichen nur der Schnecke.

Ist doch kein Problem. Schwierig wird es doch nur für eine Schnecke, die an die illusionäre, völlig überdrehte Möglichkeit von Siebenmeilenstiefeln glaubt.

Es gibt Menschen, die schauen hinauf zu den Sternen, und die Brust wird ihnen enger.

Mir wird sie weiter.

Der Scholastiker Albertus Magnus bezeichnete es als »eine der edelsten Fragen« der Wissenschaft: Gibt es im All Leben außer uns?

Das hat schon die Denker im alten Griechenland beschäftigt. Manche glauben, wir sind allein in unserer Galaxie. Andere rechnen mit einer Handvoll bewohnter Planeten.

Wieder andere gehen davon aus, in unserer Milchstraße gebe es Millionen von Zivilisationen. Ein irrer Gedanke, aber wiederum gar nicht so irre, wenn man zugrunde legt, dass das Universum mindestens 100 Milliarden Licht Jahre groß ist.

Lieber wieder zurück nach Berlin. Das ist unübersichtlich genug.

Im Zimmer gegenüber Ihrem Büro hängt ein Plakat, Heiner Müller, er lässt in »Germania 3« Juri Gagarin sagen: »Dunkel Genossen ist der Weltraum sehr dunkel.«

Ich sage nur: Kultursenat (*lacht*).

Ein anderer Satz von Müller – könnte der auch hier hängen? Er lautet: »Arbeit, die Spaß macht, ist keine.«

Der Spruch könnte hier hängen, klar. Er stimmt, finde ich. Spaß passt nicht zu Arbeit. Freude ja.

In der Corona-Krise heißt es verstärkter denn je: Die Krise ist eine Chance. Man erinnert gern daran, dass beide Begriffe im Chinesischen das gleiche Schriftzeichen haben.

Dass jede Krise auch eine Chance sei, wird immer wie ein Automatismus betont. Für mich ist so ein Kurzschluss aber nur eine zweckoptimistische Phrase. Ist Beschönigung. Augenauswischerei. Gar nichts ist logisches Gesetz in einer Situation. Es ist wie mit der Freiheit: Jeder Schritt ins Freie ist ein Schritt ins Fremde. Zum Beispiel: In der Weltwirtschaftskrise 1929 hätten die USA leicht ins Faschistische kippen können. Da war nichts entschieden. Dass Präsident Roosevelt – wir haben ihn schon erwähnt – das regulierende Eingreifen der Regierung ins wirtschaftliche Geschehen durchsetzen konnte, war kein Automatismus à la Krise gleich Chance. Da war zum richtigen Moment der richtige Mann mit der richtigen Rückendeckung. Und so wurde eingeläutet, dass das 20. Jahrhundert auch ein sozialdemokratisches Jahrhundert werden konnte. Dass, wo auch immer, wann auch immer, die halbwegs richtigen Lösungen gefunden werden – die absolut richtigen gibt es nie! –, das ist in weit größerem Maße Zufall, als eilfertige linke Welterklärer immer annehmen möchten.

Der Duisburg-Essener Arbeitsforscher Steffen Lehndorff hat geschrieben, beim New Deal damals sei es zu einer wechselseitigen Verstärkung von Regierung und sozialen Bewegungen gekommen. »Die sozialistische und die kommunistische Partei in den USA haben seinerzeit den New Deal als angebliches Programm zur Rettung des Kapitalismus abgelehnt. Sie wurden daher für den realen Reformprozess unwichtig.«

Ja, indem man sich den Realitäten verweigert, verliert man Einfluss und Mitsprachemöglichkeit bei sozialen Veränderungsprozessen. Das ist eine lehrreiche Warnung davor, sich selbst zu marginalisieren, indem man sich mit gereckter Brust – und Faust – nur immer jenseits des Kapitalismus sieht. Natürlich unangetastet.

Ganz grob gefragt: Was unterscheidet die neue, die jüngere Linke von der früheren?

Grob gefragt, grob geantwortet: Die neue Linke hat sich von Dogmatismus und Orthodoxie verabschiedet – von dieser Vorstellung also, Geschichte strebe durch Brüche und Revolutionen beständig und unaufhaltsam zum Besseren.

Keine Revolution mehr?

Definitiv keine nationale, heute noch viel weniger als zu Lenins Zeiten. Es müsste schon auch eine globale sein, denn die Herrschafts- und Machtverhältnisse sind heute mehr denn je global organisiert. Aber abgesehen davon, dass es mit dem Besetzen der Telegrafenämter und Eisenbahnknotenpunkte heute nicht mehr getan sein dürfte, stellt sich immer die Frage: Was kommt danach? Lenin konnte noch brutal unbefangen an die Situation herangehen und sagen, dass nach der Beseitigung des Grundwiderspruchs, wie es im Kampflied heißt, aus den Trümmern der alten Gesellschaft die sozialistische Weltrepublik steigen würde.

Nichts stieg.

Was in Russland hochkam, waren ein isolierter Sozialismusversuch – manche sprechen rückblickend auch von einer autoritären, staatskapitalistischen Praxis, Peter Ruben sprach von »hohem Kommunismus« ein bürokratischer Apparat und der Massenmörder Stalin. Das System war unreformierbar, es ist letztlich an seinen eigenen Verkrustungen erstickt. Aber die Vorhersage, das Reservoir an Revolutionen sei erschöpft, die wäre natürlich gewagt. Eine andere Frage ist die, ob »Revolution« heute für moderne, emanzipatorisch und demokratisch orientierte Linke in unseren Breiten eine lohnenswerte politische Strategie ist. Ich meine: Nein. Aber Aufbegehren gegen Unterdrückung in Diktaturen – das ist etwas anderes.

Die Frage ist doch heute, ob wir uns grundlegende gesellschaftliche Veränderung überhaupt noch vorstellen können, ohne das Gefühl, wir belügen uns dabei.

Ja, ob man sich unter Zukunft etwas mehr vorstellen kann als Gegenwart plus Zinssatz.

Mit Utopien tut sich die Linke, nach den Erfahrungen der letzten 150 Jahre, eher schwer.

Ist doch andererseits gar nicht so übel. Die großen Töne in Richtung Ewigkeit hatten sämtlich nur eine kurze Halbwertzeit. Es wäre doch schon schön, ein politisches Ziel zu haben, dessen Gültigkeit vielleicht auch in zehn Jahren nicht abgelaufen ist. Wir sind heute mehr Suchende als je zuvor. Eines verdichtet sich aber inzwischen doch zur Gewissheit: Es gibt kein Ende der Geschichte. Fukuyamas Slogan war nur ein Modewort, aber was durchaus vonnöten ist: eine Pause vom ganz großen Geschichtseifer.

Die halbwegs gute Welt wäre jene Welt, in der das übersteigerte Bild von einer vollendeten Welt nicht mehr gebraucht wird?

Utopien sind oft ein Rezept, das den Wunsch, etwa nach einer besseren Welt, in ein Schema presst. So ein Schema interessiert die Leute nicht. Ich glaube nicht, dass die Verstaatlichung der Produktionsmittel automatisch zu einer gerechten Gesellschaft führt. Trotzdem haben die Menschen den Wunsch nach Gerechtigkeit. Das ist doch schon eine sehr praktische Utopie.

Aber es gibt beim Kapitalismus eben keinen Mechanismus, den man abschalten, keinen Schalter, den man herumdrehen kann.

Jeder einfache Determinismus ist falsch geworden. Ob wir das reflektieren oder nicht: Wir reproduzieren Kapitalverhältnisse, jeden Tag. Und dennoch müssen wir Szenarien einer Transformation entwickeln, Leitlinien, an denen entlang wir leben. Nicht der erlösende, reinigende Knall verändert die Welt. Aber eine alles ergreifende Beschränkung bei unseren Zugriffen auf die Welt, das könnte die große Katastrophe verhindern. Ich finde, das reicht für den Moment als Utopie.

Welche Hoffnung haben Sie da als Linker noch?

Ich habe es schon gesagt, und es ist mir dringlich: Ich setze meine Hoffnung auf eine Linke, die für ihre Strategie nicht mehr den Konflikt zwischen dem »bösen« Kapital und der »guten« Arbeit als den zentralen Gegensatz beschwört.

Das Weiterlaufen des Kapitalverwertungsprozesses untergräbt die natürlichen Lebensgrundlagen.

Ja! Aber das schafft eben keine industrielle Reservearmee und keine Revolutionäre mehr, sondern – ganz in der Kapitallogik – einfach nur und sehr zynisch »überflüssige« Menschen.

Heiner Müller sagte, »dass die Revolution in Indien keine Chance hat, bevor den Indern nicht die Coca-Cola aus den Ohren quillt. Der Verkauf von Coca-Cola ist so gesehen Arbeit an der Weltrevolution.«

Nach meinem Dafürhalten ist das weder eine notwendige noch eine hinreichende Bedingung für Revolutionen im globalen Süden. Es ist ein vulgärmarxistischer Glaube und ein fataler Irrtum: Wenn die Krise erst einmal bei den Menschen angekommen sei, werde die Linke auch stärker mit ihren Forderungen durchkommen. Nun ist die Krise längst bei den Menschen angekommen, sie packt und schüttelt sie …

Und es gibt ein Krisenbewusstsein.

… ja, aber aktuell ist das seinem Wesen nach überwiegend nicht links, sondern auf nationale Abschottung und Ausgrenzung der Schwächeren gerichtet. Und weil von Indien die Rede war: Dort in Indien erleben wir derzeit gerade den Vormarsch des Hindunationalismus.

Verstehen Sie Menschen, die keine Kinder in diese Welt setzen wollen?

Ja, verstehe ich. Aber zu diesem Thema gehört auch die andere Frage.

Welche andere Frage?

Ob ich Menschen verstehe, die sich trotz des Zustandes dieser Welt ihren Kinderwunsch erfüllen.

Und?

Ja, verstehe ich.

Wieso verstehen Sie das eine wie das andere?

Weil Leben eigenwilliger ist als jede Lehre, jede Erfahrung, jede Warnung, jede Furcht. Leben ist wunderbar.

Die Welt wird nie wieder in den Zustand der Unschuld zurückkehren.

War sie je dort? Das Schlimme ist doch eher, dass sie nie wieder in einen Status zurückkehren wird, in dem sie unfähig wäre, den Planeten und sich selbst vollständig zu vernichten. Das war vor dem 20. Jahrhundert anders.

Wofür sind Sie dankbar?

Keinen Krieg am eigenen Leib erlebt zu haben, überhaupt: in Verhältnisse hineingeboren zu sein, in denen die blanke Existenz kein Thema ist, das andauernd alles überlagert und überschattet. Verschont zu werden, ist großes Glück. Leben ist immer auch ein Zufallsgenerator. Ein solcher Zufall ist eben auch, in einem Land des Nordens auf die Welt gekommen zu sein. Dach überm Kopf, Trinkwasser, medizinische Versorgung, das alles sind Dinge, für die ich dankbar bin. Besonders natürlich für Familie, für Eltern, die immer für mich da waren. Immer für mich da sind. Mit meinem Mann führe ich in jeder Hinsicht ein erfülltes Leben, und ohne es nun bewusst und geplant drauf angelegt zu haben, ist auch mein berufliches Dasein ein erfülltes. Ich glaube Dinge zu tun, die Sinn haben. Den Zeitenwechsel 1989/90 muss ich ebenfalls zu den Ereignissen zählen, für deren Verlauf ich dankbar bin. Die Friedlichkeit des Ganzen war eine Arbeit, an der viele Menschen beteiligt waren. Kurzum, ich wähne mich – beim Blick in die Welt – auf der Sonnenseite.

Aber sind wir wirklich, wie Sie eben sagten – Verschonte? Was wir billig im Supermarkt kaufen, macht uns zu Lobbyisten von Kolonisatoren. Jede Hand heute macht sich schmutzig. Was wir in unsere Einkaufstüten stecken, ist die befleckte Empfängnis der Moderne: Der Dreck der Verhält-

nisse gebiert den neuen Weltbürger, den Fliehenden. Die Welt steht vor der nächsten Wiedervereinigung: Es geht da aber nicht um Brüder und Schwestern, es geht um die Konfrontation der Satten mit denen, die es satt haben.

Die Frage ist: Wann endlich haben wir uns selber satt und hungern der neuen Machtregel entgegen: nicht mehr »Herrsche und teile!«, sondern »Beherrsche dich und teile!«. Unsere Scham davor, uns zu beherrschen, ist unsere Schande. Das weiß ich doch auch.

Aber?

Nicht: aber. Und! Das Leben setzt sich aus Schön und Schlimm zusammen. Bloß nichts gegeneinander aufrechnen! Das Blau des Himmels gibt mir Kraft und tiefes Durchatmen hebt. Schauen. Schweigen. Staunen. Aufblicken und vielleicht feststellen: So strahlend wie heute habe ich den Abendstern, die Venus, noch nie gesehen. Gerade in Krisenzeiten, wo man in allem Gefahr und Gefährdung mitdenkt und mitfühlt, wird das kleinste Lebenszeichen ganz groß.

Matthias Claudius: »Siehst du den Mond dort stehen?/ Er ist nur halb zu sehen./ Und ist doch rund und schön.«

Entschuldigung, wenn ich als Jüngerer von uns beiden …

Weit jünger!

… wenn ich jetzt trotz aller Bitternisse laut ausrufen möchte: Ich habe das Leben noch lange nicht ausgekostet. Ich will wissen, wie es weitergeht. Ich ahne so viel Unversuchtes, Unfertiges, Unerlebtes, Ungelebtes, Ungedachtes.

Von »überflüssigen Menschen« haben Sie gesprochen.

Wütend und anklagend, ja.

Die Linke muss sich also nach wie vor und vielleicht noch dringender in gesellschaftliche Kämpfe um das Arbeitsverhältnis und um den Lohn für die Ware Arbeitskraft einbringen.

Unbedingt. Aber es ist eben nicht der einzige Dreh- und Angelpunkt. Es geht darum, gesellschaftliche Teilhabe unabhängig von Lohnarbeit möglich zu machen. Wir leben in einem Zeitalter, in dem sich der Anteil der lebendigen Arbeit bei der Schaffung des Mehrwerts und an dem Gesamtausstoß an stofflichem Reichtum immer mehr verkleinert. Industrielle Reservearmee, um noch mal diesen Begriff zu verwenden? Fehlanzeige. Viele Menschen haben nicht mal mehr die Chance, ihre Arbeitskraft zu verkaufen. Und nur ein kleiner Teil der Gesellschaft lebt von den Renten, den Profiten, den Kapitalerträgen.

Der Ausweg?

Die soziale Frage muss neu gestellt werden.

In diesem Zusammenhang erwähnen Sie oft geradezu dringlich das Buch »Zeit, Arbeit und gesellschaftliche Herrschaft« von Moishe Postone.

Er nimmt überzeugend Interpretationen auseinander, die das Marx'sche »Kapital« dogmatisieren. Er sagt, die Arbeit, die wir als Lohnarbeit kennen, ist unmittelbar mit dem Kapitalverhältnis verbunden, und deswegen entfaltet die Organisation der Arbeiterklasse erst mal noch gar keine Dynamik, die über den Kapitalismus hinausweist. Die Urväter der Sozialdemokratie gingen von einer richtigen Erkenntnis aus: Wenn man einzig nur seine Arbeitskraft zu verkaufen hat und dies in aufreibender Konkurrenz zum Nebenmann geschieht, dann muss man gegen allen Druck, gegen alle Spaltung wenigstens Kartelle bilden, um einen gemeinsamen Preis hochzutreiben. Das war dann über eine lange Zeit auch eine sehr erfolgreiche Strategie bei der temporären Zivilisierung des Kapitals. Aber diese Kartellbildung im Kampf um den besseren Verkauf der eigenen Ware Arbeitskraft – das deckt sich so ziemlich mit gar nichts, was in den traditionell linken Kreisen erzählt wird. Es geht nämlich darum, die dem Kapitalverhältnis innewohnenden Widersprüche selbst als das gesellschaftliche Triebmoment zu begreifen. Postone beschreibt die Herrschaft des Kapitals als verdinglichte und totale Herrschaft, die jeden Linken in massive Selbstzweifel stürzt bezüglich der eigenen Strategie,

Hammer und Sichel: die Leuchtreklame von sehr weit gestern …

… und die Leuchttürme von heute, in New York

und die so ziemlich alles in Richtung Lohn-Arbeits-Fetisch gründlich über Bord wirft.

Vollbeschäftigung ist inzwischen eine Fata Morgana?

Arbeit wird nicht weniger, Erwerbsarbeit schon.

Die Arbeiter-Bewegung verband sich alsbald mit der Idee einer historischen Mission.

Ja, die Idee kam auf, sich den ganzen Kladderadatsch mit einem Ruck vom Hals zu schaffen. Das misslang, aber immerhin wurde in mühsamen Kämpfen vielerorts ein System der Humanisierung des kapitalistischen Arbeitstages durchgesetzt. Nun ist die Welt aber längst eine andere geworden. Die Homogenität des Fabrikbetriebes war vor hundert Jahren, selbst vor fünfzig Jahren, der Normalzustand industrieller Produktion, ist inzwischen aber längst nicht mehr die beherrschende Erfahrung eines großen Teils der Bevölkerung im globalen Norden. Die gesamte Lebens- und Erfahrungswelt der Menschen ist komplexer, vielfältiger geworden. Bewusstsein ist nicht mehr auf einen einzigen Punkt zu bringen, von dem aus politische Allmachtsvorstellungen »einer Klasse« zu entwickeln wären.

Der arbeitende Mensch hierzulande hat mehr zu verlieren als nur die einstigen berühmt-berüchtigten Eisenketten.

Er will die Kaufhausketten nicht verlieren, das ist doch der Punkt. Von da aus stellt er seine Überlegungen an.

»Vom aufrechten Gang an die Nabelschnur/ Des Büchsenbiers.« Volker Braun.

Wobei ich das Büchsenbier nicht verdammen kann.

Wer wählt rechts?

Es gibt jene, die es »denen da oben« einmal zeigen wollen. Es gibt die, die man Modernisierungsverlierer nennt, die an den Flexibilisierungsanforderungen scheitern. Und es gibt ein gut situiertes Milieu, Leute, die keineswegs zu den Verlierern gehören, die finanziell abgesichert sind, die entsprechenden Kulturtechniken beherrschen, die auch Karrierechancen haben. Die verkörpern ein anderes Phänomen: Statusangst. Sie fühlen sich durch konkurrierende, toughe Frauen im Berufsleben oder durch einen Vorgesetzten mit dem Vornamen Yilmaz in ihrem gesellschaftlichen Status bedroht. Das sind Menschen, die den konstanten Teil von rassistischen, sexistischen und antisemitischen Denkmustern in der Gesellschaft in den Köpfen haben.

Es galt eine Zeit lang die Hemmung, das öffentlich zu bekennen.

Inzwischen ist das Unsagbare aber sagbar geworden. Es erzielt sogar eine so große öffentliche Aufmerksamkeit, die man auf anderem Wege gar nicht erzielen könnte.

Immer lauter werden Töne, man dürfe öffentlich nicht mehr alles aussprechen.

Ja, und das wird mit großer Lautstärke behauptet. Ein Widerspruch in sich. Was mich beschäftigt: ob es überhaupt noch eine Chance gibt, die Festgefahrenen zu erreichen.

Philipp Ruch, Gründer des »Zentrums für Politische Schönheit« (ZPS) schrieb: »Jede Tugend braucht einen Homer, der sie besingt. Ich möchte das Lied anstimmen auf: die Ächtung.«

Man darf nicht alles sagen? Doch, aber man darf auch brandmarken. Es ist eine Tugend, zu preisen, und es ist eine Tugend, zu verdammen.

Leute, die gegen angebliche »Überfremdung« und »Genderwahn« auf die Straße gehen, gehören nicht unbedingt zu den völlig Abgehängten.

Das stimmt. Die propagieren ja auch nur drastischer, was längst eine Tatsache ist, ohne dass es dazu eine AfD brauchte: Das Asylrecht wurde ab 1992 bis zur Unkenntlichkeit entstellt. Dass mit der AfD nun eine Partei im Bundestag sitzt, die offen völkisch argumentiert, grundsätzliche

Spielregeln einer Demokratie nicht anerkennt und von der kein ernsthaftes Bekenntnis zur Universalität der Menschenwürde zu erwarten ist, das ist eine erschreckende neue Qualität. Aber ich sehe bei großen Teilen der politischen Klasse auch die Bigotterie, die zwischen den antirassistischen Sonntagsreden und dem Abstimmungsverhalten in den Parlamenten von Montag bis Freitag besteht. Ich sehe einen Widerspruch in dieser politischen Klasse: zwischen der politischen Korrektheit, die sie einfordert, und der Folgenlosigkeit, was das eigene Handeln betrifft.

Die Welt ist elendig. Dennoch: Leben wir nicht trotzdem in der besten aller bisherigen Welten?

Ja und Nein. Beides. Der Kapitalismus ist ambivalent. Wie alles.

Niemand spricht heute noch frei und ungebrochen von sozialer Marktwirtschaft. Es gibt dennoch, spätestens seit 1989/90, eine Tendenz, den westdeutschen Wohlfahrtsstaat zu verklären. Und zu meinen, er könne zurückkehren.

Ich sag' mal so: Erinnerungen sind auch nicht unzuverlässiger als alles andere, was wir uns ausmalen. Ob nach vorn oder zurück. Aus der Traum, weite Teile der Bevölkerung seien nach wie vor beteiligt am Wachstumsversprechen der kapitalistischen Wirtschaft: Wohlhabender werden nur noch extrem wenige, für breite Schichten muss man eher von einem relativen Abstieg sprechen. Es war damals äußerst klug von den US-Amerikanern, die Verhältnisse hierzulande machtpolitisch nicht dirigistisch vorzuschreiben, denn vergessen wir nicht: Es gab auch die radikal aufräumende Idee, aus Deutschland einen großen Agrarbetrieb zu machen. Yannis Varoufakis hat im »Globalen Minotaurus« diese Politik und die weitere makroökonomische Entwicklung bis in die jüngere Gegenwart beschrieben. Aber, worauf ich hinauswill: Die keynesianische Steuerung brachte soziale Errungenschaften, die freilich immer auch erkämpft und kämpferisch bewahrt werden mussten. Zu den Errungenschaften zählte eine nationalstaatliche Demokratie, die diese Kämpfe, die vor allem linke, sozialdemokratische Kämpfe waren, tatsächlich ermöglichte. Aber: Dieser Kampf war immer auch nötig. Das sollte man nicht vergessen in der Erinnerung ans deutsche Idyll vom Reihenhäuschen mit Schäferhund und Nierentisch und Terrasse, wo man sich den Bauch von der Sonne bescheinen ließ.

Leben Sie gern im kapitalistischen Deutschland?

Ja.

Aber?

Sie wollen mich auf Reflexe testen. Ich habe mich immer geweigert, die Errungenschaften der bürgerlichen Gesellschaft einseitig zu betrachten. Das heißt, ich habe vermieden, jede Dankbarkeit zur Verklärung werden zu lassen, aber ebenso, jede Kritik in jenes Pauschale zu steigern, das Dankbarkeit nicht mehr möglich macht. Im Leben im Kapitalismus wähne ich mich wach und kritisch, aber ich sehe auch nicht überall den ewigen Klassengegner. Ich lebe gern, und gern lebe ich, wie ich hier lebe. Nehmen Sie den Paragraphen 175, er ist Vergangenheit – ich bin verheiratet! Das gilt es – bei aller weiterhin notwendigen Kritik an der Institution Ehe und ihrer Privilegien – zu feiern, aber die Gleichheit vorm Gesetz ist keine Gegebenheit, ist es nie gewesen. Sie ist Bewegung, Kritik, kraftvolle Wehr. Die politische Ökonomie des Kapitalismus holt die Teilhabe an der Gesellschaft fortwährend in den Boxring. Da kannst du so zart und sanft und friedlich sein, wie du willst. Kämpfe! Jede Errungenschaft feiere, aber sei dir sicher, sie kann neue Ausgrenzungen bringen. Jede Errungenschaft ist ein Zwischenergebnis.

Ketzerei und Kleinfamilie, Barrieren und Bildung

In dieser Landschaft ohne große Utopie, ohne machtvolle Protestbewegungen hat sich eine Haltung etabliert, die sich abgeklärt gibt. Sie kann mit den »großen Erklärungen« nichts mehr anfangen. Sie hat sich im Plural der Sprachspiele, Diskurse, Interpretationen und Lebensformen zurechtgefunden. Diese Haltung hält das kleine Versprechen bereit: Für jede und jeden gibt es einen Kleingarten.

Bildungspolitik ist die beste Prävention gegen Rechtsradikalismus.

Berlin ist in der rechtlichen Gleichstellung so weit wie kein anderes Bundesland. Wenn aber »schwule Sau« auf Schulhöfen immer noch als Schimpfwort gilt, wenn man Überfälle in U-Bahnen hat, dann zeigt sich, dass Diskriminierung in unserer Stadt noch immer Fakt ist. Das betrifft nicht nur Queers, das betrifft auch Migrantinnen und Migranten oder auch behinderte Menschen. Initiativen für Selbstbestimmung und Akzeptanz sexueller Vielfalt kann man im Abgeordnetenhaus zwar beschließen, aber damit sind sie noch lange nicht umgesetzt.

Ketzerei ist die Jugend des Aberglaubens. Und Aberglaube das Alter der Ketzerei?

Emanzipierte Politik muss gesellschaftliche Normen und Vorstellungen von Normalität in Frage stellen. Schon jetzt sind die klassische Kleinfamilie, die »auf Dauer gestellte« Zweierbeziehung und die heteronormative Privilegien-Ordnung kaum noch adäquater Spiegel der gesellschaftlichen Wirklichkeit. Leben geschieht immer seltener in jenen Beziehungsformen, die der Ehe-Norm entsprechen. Reproduktionsmedizin, Wahlverwandtschaften, Patchwork- und Regenbogenfamilien und Alleinerziehende spielen inzwischen eine Rolle, die sich in den Normen des Rechts nichts oder bestenfalls randständig abbildet. Hier sind die Themen beheimatet, die einer Politisierung bedürfen.

Kultur ist kein Luxus, sondern Arbeit. Deswegen stehen Schaffung sozialer Mindeststandards in der Kunst- und Kulturproduktion ganz oben auf meiner Liste. Wir müssen Mindesthonorare und -gagen, zu hohe Arbeitsbelastung und Altersabsicherung diskutieren.

Frauen und Menschen mit Behinderung müssen in Leitungspositionen in der Kulturbranche vertreten sein.

Alles und jedes in der Kultur, das sich am Ist-Zustand reibt, wird »eingekauft«, absorbiert, eingepasst in die Kapitalreproduktion und Inwertsetzung. So mancher linke »Märtyrer« endete als Konterfei auf dem T-Shirt und damit als Kassenschlager einer Modefirma. Die Stachel abgeschliffen und vereinnahmt als Accessoires.

Teilhabe stärken? Zugänge erleichtern? Das heißt Barrieren abbauen und kulturelle Bildung stärken. Kindern muss schon früh die Berührung zu Kunst und künstlerischen Angeboten ermöglicht werden.

Lederer Premium und Pension: auch eine Perspektive?

IV

»Berliner Freiheit heißt:
gemischte Gesellschaft.
Die Stadt ist ruppig, rau,
das hat Folgen auf den Charakter –
er lässt sich weniger täuschen«

Wieder ein Blick auf die Kaffeetasse: »If you can't catch the fish, do not blame the sea«.

Wenn du den Fisch nicht fängst, gib nicht dem Meer die Schuld.

Das heißt politisch?

Mach nicht nur immer die Weltlage verantwortlich, wenn du versagst. Rechtfertige dich nicht gar zu eilfertig mit Klassenfeind und Klassenkampf. Kant: Der Gerichtshof ist in dir selber aufgeschlagen.

Beim Berliner Christopher Street Day 2015 sangen Sie mit Donato Plögert und Estelle van der Rhone einen Schlager, »Es gehört nur Mut dazu«, ein Lied im Stil von Village People, auf dem Kopf ein leuchtend orangenes Hütchen.

Ein orangenes, ja, nicht rot.

Ein Song für die Kampagne »positHIV handeln – Mut gehört dazu!« Sie haben vom Wunsch gesungen, »Mensch und anders zu sein«. Dazu brauche man Mut. Seltsam: Etwas ist selbstverständlich, aber um es zu sein, braucht man Mut? Das ist wahrlich kein Kompliment für die Welt.

Es klingt ja erst mal gut: der Gesellschaft nicht entsprechen zu wollen. Nur eines sollte man dabei nicht außer acht lassen: Man muss dann auch klarkommen damit. Wer irgendwo nicht dazugehören will, erlebt irgendwann etwas nicht unbedingt Schönes: Er gehört nicht mehr dazu. Sich einer Norm zu widersetzen, hat Konsequenzen. Es kann eine schmerzhafte Dialektik sein: Du wirst im Mut bestätigt, ganz bei dir zu sein – aber wenn du nach diesem Grundsatz handelst, geht es dir möglicherweise mieser denn je.

Einsamkeit ist kein Paradies.

Dass ein Mensch ganz bei sich ist, merkt man oft daran, dass alle rundum mahnen: Komm endlich wieder zu dir! Sich selber treu zu sein und es zu bleiben – daran kann man ebenso zugrunde gehen wie am Verrat an sich selber. Mut kann gefährlich sein. Wirklicher Frieden herrscht dort …

Herrscht? Herrscht er denn, der wahre Frieden? Ist dies das richtige Wort?

Nein. Frieden, da haben Sie recht, ist keine Herrschaftsform. Er ist das Gegenteil von Herrschaft.

Peter Handke sagt: »Frieden wird sein, wenn wir an Flüssen stehen«. Schöne Stille. Schöne Ruhe. Alles gemach.

Ich wollte sagen: Frieden ist dort, wo Mut nicht verlangt wird.

Ein Stillstand, den es nie geben wird.

Eher ein Still-Sein, Sie sagen's. Nie wird's das geben, das ist wahr. Aber ohne mutige Menschen bliebe die Welt, wie sie ist. Es gibt immer ein paar Menschen, die mutig sind. Sie hätten ja viele Helfer, wären die nicht gerade damit befasst, sich in Sicherheit zu bringen. Das nennt man Geschichte. Zum Heulen.

Zum Lachen.

Tragödie und Farce … Um noch mal auf Ihre Frage zu kommen: Ja, wir leben in der besten der realen Welten. Nicht: der bestmöglichen Welt. Mein Wohlstand hat eine Basis in der äußerst elenden Existenz anderer Menschen auf dieser Erde, das weiß ich sehr wohl.

»Wir stehen in der Schuld aller Orte, die verloren sind«, schreibt Volker Braun.

Wir zünden die Hütte an, in der wir wohnen. Draußen schwelt es, im Feld, von dessen Getreide wir uns ernähren.

Wasser fehlt vielen Menschen, wir trinken unser Bier. Ist das zynisch?

Es ist eine Frage, die auf einen Kern von Leben zielt: Jeder von uns ist ein Bündel an Widersprüchen. Wie viel Niedertracht verträgt die Durchsetzung eines hohen Ziels? Wie viel Härte das Gute? Wie viele Lügen darf, muss sich die Wahrheit leisten, um durchzukommen? Wie viel Strenge benötigt die Fürsorge? Das gehört zur Tragik der kritischen Vernunft: Sie hat kein sinnliches Verhältnis zum Irrationalismus. Das Elend auf der Welt ist groß, aber wir bejubeln kickende Millionäre. In uns leben Wildnis und Zivilisation gleichermaßen. Man sieht die Notwendigkeit von Geschwindigkeitsbeschränkungen auf der Autobahn ohne jeden Einwand ein – aber man muss doch ab und zu geblitzt werden. Man empfindet den Tierschutz als große humane Kraft – und kann doch nicht lassen vom Steak. Nur wer sich widerspricht, kommt der Wahrheit näher.

Da sind wir ja wieder bei der Kunst. Sie ist wahr, obwohl sie nichts beweist.

Der Satz, auf dem die Arbeit aller ernsten Wissenschaft beruht, nämlich: dass A nicht zugleich Nicht-A sein kann – für die Kunst gilt er nicht. Zwei Seelen wohnen, ach … Du bist gut und böse und alles dazwischen, du folgst Engeln und dem Teufel, du hältst Moral hoch und kannst dich auch sehr tief ducken. Und um verschiedener Meinung zu sein, bedarf es nicht erst mehrerer Personen. Da reichst du dir selber aus.

Die Geschichte der Wissenschaften ist eine Geschichte der überwundenen Wahrheiten. Kunst aber kennt den Untergang ihrer Wahrheit nicht.

Weil diese Wahrheit jenseits von Wahr und Falsch liegt. Kunst kennt keinen Fortschritt, das Alte ist das Junge. Man nehme nur Shakespeare, die Antike, die Klassik.

Botho Strauß schrieb: »Demokratie wird nicht gestärkt durch präsidiale Ermahnungen, man möge sich zu ihr bekennen und sie gegen ihre Feinde verteidigen. Die Demokratie stärkt allein ihre Anfechtung.«

Was an gesellschaftlichen Freiräumen geschaffen wird, ist immer in Gefahr, wieder zurückgedreht zu werden. Das ist gegeben. In dem Maße, in dem in einer Demokratie Freiräume entstehen, werden immer auch Kräfte auf den Plan treten, um diese Freiräume zu bedrängen. Die Hoffnung ist, dass die Freiräume von genügend Menschen verteidigt werden. Eben, weil sie nichts für selbstverständlich halten, sondern für Störungen sensibel und wachsam bleiben und deshalb ihre Kräfte mobilisieren und bündeln.

Was ist heute politisch mutig?

Zunächst: zu erkennen, dass Mut nötig ist. Heute mutig zu sein heißt für mich, an einem großen gesellschaftlichen Bündnis zu arbeiten.

Um hierzulande demokratischere, sozialere Verhältnisse zu erreichen?

Um das Ziel wenigstens auf die Tagesordnung zu setzen, das ist doch schon mal etwas. Und dann daran zu arbeiten, das wäre Thema für alle, die sich irgendwo mitte-links verorten – angesichts der Bedrohung von rechts. Das ist nichts, was ich nur der SPD mitgeben würde. Das muss ich meiner eigenen Partei genauso sagen wie den Grünen und Teilen der Union.

Der Kapitalismus bringt die Menschen gegeneinander auf …

Vor allem wird der Mensch gegen sich selber aufgebracht. Viel Mühe verwenden Menschen, um mehr Geld zu verdienen, als sie brauchen. Und sich Dinge zu kaufen, die sie nicht wirklich haben wollen – um Leute zu beeindrucken, die sie nicht mögen. Wir sind frei und werden doch beherrscht. Früher der Arbeiter an der Stechuhr, heute der click-worker vorm Computer. Die ökonomische Dynamik des Kapitalismus ist ein größerer Gleichmacher, als es der Kommunismus vermeintlich war. Du wirst blind für dich selbst.

Ich wollte sagen: Daher attackieren Linke die bürgerliche Individualität und warnen vor einer Freiheit der falschen Bedürfnisse. Folgerichtig erlebt das Kollektive und eine polemische Definition von Gleichheit in Abständen eine Konjunktur.

Ja, als seien die freiheitlichen Errungenschaften der bürgerlichen Gesellschaft generell nur eine Fassade, die den Unterdrückten das Herrschaftssystem schmackhaft machen wollen. Am Ende dieser Logik steht dann die Befreiung der Massen gegen den angeblichen Makel des individuellen kleinbürgerlichen Glücks. Wie gesagt: Das ist wirklich eine Logik, aber meilenweit vorbei an der Realität!

Es kam links immer wieder zu einer erschreckenden Ausblendung – und zwar der zutiefst reaktionären Folgen, die das verordnete Kollektive über die Menschen brachte.

Nicht jede »nationale Befreiungsbewegung« ist progressiv, und niemals wieder dürfen wir uns nach der »großen Volksfront« sehnen.

In lateinamerikanischen Ländern wurde in den letzten Jahren so mancher neue »Revolutionär« an Staates Spitze ausgemacht.

Aber wenn's dann schief geht mit der Projektion, befragt man nicht die eigenen überladenen Erwartungen, sondern geißelt jeden »Realpolitiker« als Verräter, oder man sieht dunkle Mächte am Werk. Relativierungen bei uns Linken nerven mich – etwa wenn bei Menschenrechtsverletzungen der Präsident der Russischen Föderation oder der Staatschef von Venezuela etwas milder betrachtet werden als andere Egozentriker der Macht. Es nervt mich, wenn bei solchen Leuten Kritik als unsolidarisch abgetan wird.

Es gibt Leute, die setzen Sozialismus noch immer gleich mit dem Rätesystem.

Ich kann nicht sagen, ob es nicht in Zukunft bestimmte Elemente von Selbstverwaltung gibt, die Bestandteil einer solidarischen Form von Gesellschaftsorganisation sind. Es ist nur im Augenblick nicht der zentrale Punkt der Tagesordnung, zu sagen, ein Rätesystem würde die Probleme unserer Gesellschaft lösen. Die linken Sozialdemokraten vor über hundert Jahren konnten das noch für einen gangbaren Weg halten. Man redete von der Weltrevolution und ging davon aus, dass darunter nichts zu gewinnen sei. Die Probleme, die heute existieren, haben aber etwas mit einem enthemmten Kapitalverwertungsprozess im globalen Maßstab zu tun. Wir leben in einer zunehmend liberal organisierten Arbeitsgesellschaft, in der man vielfach, um überhaupt noch einen Job zu bekommen, bereit ist, auf alles zu verzichten, was das Leben lebenswert macht. Es braucht eine beherzte Politik, um zu internationalen Übereinkommen zu kommen, die eine nachhaltige, solidarische und ökologische Form des Wirtschaftens mit sich bringen. Das scheint ferner denn je.

Ein Hauptsatz des Lebens lautet: Wehre dich!

Das ist leichter gesagt, als getan.

Leicht gesagt – und noch leichter gesungen.

Hm?

Na ja, ich denke wieder an Ihren Schlager. Der Aufruf zum Mut, sich treu zu bleiben ... Doch der Schlager kann Totalopposition gegen die Wirklichkeit sein. Lehrt auch Klaus Lederer.

Sie versuchen, unser Gespräch sehr weit herunterzubrechen.

Nein, überhaupt nicht. Der Schlager ist vielleicht sogar der größtmögliche Opponent – denn meistens hat er gar nichts mit der Realität zu tun. Er lehnt sie also ab. Und das baut einen durchaus auf, in Momenten der Erschöpfung. In einem Video zu Ihrem Lied trat Klaus Wowereit übrigens als Statist auf, und die »Berliner Zeitung« lobte Ihren »glockenhellen Tenor«, sie sah »Ansätze zum gekonnten Hüftschwung«.

Kunstverständige Leute gibt es in allen Medien (*lacht*). Das hat mir stets an Wowereit gefallen, dieses Moment, sich selbst nicht immer und allzu ernst zu nehmen. So versuche ich es auch zu halten. Und ja, mit Fantasie, künstlerisch also, kannst du raustreten aus den Verhältnissen. Singend, tanzend, malend, schreibend, spielend, lesend kannst du zu dir finden – außerhalb der Zwänge. Das kann Kraft erzeugen.

Der Mensch will sich ausdrücken.

Keiner ist frei von Zerrissenheiten, in jedem Menschen nisten die Verhältnisse, aber in jedem Menschen stecken auch Energien, um auf die Zumutungen durch die Verhältnisse zu reagieren. Es gibt das Bedürfnis, aus Strukturen zu fliehen. Das ist allerdings eine ambivalente Veranstaltung, weil es so produktiv wie destruktiv sein kann, so impulsgebend wie zerstörerisch.

Im Grunde ist es das Drogenproblem.

Auch. Leben bleibt eine bestimmte Form der Selbstzügelung, um in den herrschenden Strukturen das jeweils Lebbare zu finden. Jeder kämpft da mit einem ganz eigenen Maß, das er für vertretbar hält – aber sich völlig zu entziehen, das halte ich für unmöglich. Es gibt allerdings rundum massive Angebote zur Selbstoptimierung, bei denen man vorsichtig sein muss: Sie wollen aggressiv heran ans Ich.

Aber auf den Versuch hin zu leben, ist doch auch: Abenteuer. Unwägbarkeit. Um wieder mal den Himmel anzurufen: Undeutlich treten neue Sterne ins Haus. Brecht.

Ja, toll. Jüngere sehen solche undeutlichen Zeichen einer kommenden Zeit mit Neugier, sie sind naturgemäß zupackend – während Ältere aber einen radikalen Strukturwandel der Welt als Schrecken, als Aufstörung im Gewohnten, als Überforderung empfinden. Nur, stimmt sie denn tatsächlich, diese angebliche Euphorie der Selbst-Gestaltung, die gerade heutzutage von den Trendbörsen signalisiert wird? Stehen da wirklich in fiebriger Erwartung neuzeitliche Pioniergruppen bereit? Vielleicht ist es ganz anders: Auch diejenigen, die sich bereitwillig in den neuen Karrierismus-Kanon stürzen, haben im Grunde erbärmliche Angst.

Leben heißt dann leider: Man fügt sich. Und zwar in die Tatsache, dass man verstärkt eines lernen muss – mehr auszuhalten, als im Sinne eines wirklich freien Lebens hinzunehmen wäre.

Man rettet sich in Einbildung. Abenteuer, Experiment, Sturm, Bewährung, Härtetest, Marathon, sportiver Geist, Expedition. Diese Begriffe kursieren, und das alles klingt natürlich weit einladender, geheimnisvoller, männlicher als Flexibilitätsgebot, Leistungsdruck, unternehmerischer Zwang, Konkurrenzangst, Verfügungsfähigkeit, Erfolgskultur, Stresskompetenz. Zu Zeiten des Feudalismus waren die Verhältnisse durch Geburt geregelt, das Ich lebte in der Schraubzwinge aus weltlichem und überweltlichem Herrscher. Die Religion regelte den postmortalen Zustand des Menschen, sie erleichterte, das Gegenwärtige auszuhalten. Dann kam die

Als Steuermann – mit Freunden aus dem Kibbuz Ga'ash segelnd vor Herzliya

Aufklärung. Grob gesagt: Sie machte das Religiöse zur individuellen Veranstaltung, der Staat wurde säkularisiert, es kam zu einer Ausdifferenzierung von Glaubensformen, der Mensch stellte sich in den Mittelpunkt, von da an war der Weg frei, alles Ständische zu verdammen …

Ein Fortschritt!

Ja, und im Ergebnis entstand leider auch das Endverbrauchertum als moderne Form der Erlösung. Das erstickt uns.

Gott ist tot!, wurde zur neuen Philosophie.

Was ja insofern Unsinn ist, als nur Sterbliche sterben können. Gott ist ja für die, die an ihn glauben, kaum sterblich (*lacht*).

Was heißt dann: Gott ist tot?

Man muss das in den sehr irdischen Satz übersetzen, mit dem wir jede Macht kommentieren: Von oben kommt nichts Neues! (*Lacht.*)

Meint das auch den rot-rot-grünen Senat?

Es meint jede Obrigkeit, die unweigerlich erfahren wird: Man ist nicht ewig gültig.

Wo marktfähige Selbstdefinition an die Einsicht gebunden ist, mehr auszuhalten, als dem sozial und mitmenschlich gepolten Ich gut tut – dort steht Selbstversorgung mehr und mehr gegen den Sozialstaat. Oder?

Ja. Wenn sich Menschen mit übergroßen Anstrengungen durchs Arbeitsleben bewegen, so ist ihr Unwille erklärlich, die wirtschaftlichen, sozialen Ergebnisse ihrer Leistungen weiter mit jenen teilen zu sollen, die außerhalb der Grundhärte-Gemeinschaft stehen. Das ist perfide: Im Leistungsstress der Übermüdeten verflüchtigt sich die Barmherzigkeit zuerst. Die Unkosten des solidarisch aktiven Mitleids stehen auf den Sparplänen der Gefühlsökonomie ganz oben.

Aus der Arena der Abgehärteten kommt die wahrlich zynische abenteuerliche Botschaft: Demütigungen gefälligst ertragen.

Individualisierung wird gefeiert, aber die Manager der Ausleerung experimentieren längst über der Frage, mit wie wenig Menschen diese kapitalistische Welt auskommen könnte.

Wer wird Deutschland in zehn Jahren regieren?

Man hofft natürlich, noch immer die demokratisch legitimierte Bundesregierung; wenn es nach mir geht, eine progressivere, als die derzeitige. Wünschenswert wäre eine föderale europäische Republik.

Was würden Sie, hätten Sie die Macht, auch gegen die Mehrheitsmeinung durchsetzen?

Die harte Besteuerung obszöner Vermögen – wobei die Mehrheitsmeinung da gar nicht gegen mich stünde.

Welche Ihrer Vorzüge werden verkannt?

Meine zurückhaltende Art (*lacht*).

Was ist Ihnen peinlich?

In der Öffentlichkeit eine Person nicht zu erkennen, die ich in dem betreffenden Moment aber kennen sollte.

Kiffen Sie (noch)?

Hab' ich das mal öffentlich gesagt?

Im Interview, ja.

Also kann ich's nicht zurückholen (*lacht*). Na ja, warum auch?

Kiffen ist nicht gut für die Selbstkontrolle.

Danke für die Belehrung! Sie sehen mich nicken: Selbstkontrolle ist ein hohes Gut (*lacht*).

Aber sie ist nicht alles?

Genau. Und deshalb: Ab und zu rauche ich, ganz gern, einen Joint.

Wann? Wo?

Mit Freunden, wenn sich das in geselliger Runde ergibt. Das finde ich überhaupt nicht verwerflich. Es ist auch kein Verstoß gegen die Vernunft, die ohne Zweifel und noch viel entschiedener einer weltweiten skrupellosen und kapitalgestützten Drogenkriminalität das Wasser abgraben muss. Dabei ist heutzutage eigentlich längst klar, dass ein War on Drugs niemals zu gewinnen ist und er bereits unendliches Leid und Verwerfung über die Menschen gebracht hat. In immer mehr US-Bundesstaaten wird legalisiert, zum Teil auf der Grundlage von Volksabstimmungen!

Das Alibi-Statement des Politikers: Ja und Nein.

Unsinn, Unterstellung. Dass einer kifft, ist das eine, dass auf Schwarzmärkten irgendwelcher Plunder vertickt wird, das andere. Das muss aufhören! Aufklärung, der Zugang zu Therapien und ein funktionierender Verbraucherschutz müssen Menschen vor Dreck schützen. Und es geht um durchdachte Legalisierungen, die es Verbrechern schwermachen. Was ich nach wie vor für eine gute Idee halte, sind Cannabis-Social-Clubs, gewissermaßen eine Drogen-Genossenschaft. Der bloße kommerzielle Vertrieb ist aufgefangen in einem sozialen Geschehen, bei dem man aufeinander achtet.

Das ist die Kleinstform einer anderen, einer solidarischen Welt.

Durchaus. Und: Als Rechtspolitiker vertrete ich eine moderne Kriminalpolitik, die ausschließliche Selbstschädigungen nicht als strafbar ansieht. Es wäre wichtig, dass Leute begreifen, wie gefährlich Drogen sein können und sie deshalb auf leichtsinnigen Umgang verzichten. Noch besser fände ich, Drug Checking, wie es das in der Schweiz gibt, in Deutschland zu legalisieren. Dabei werden Analysen von illegalen Substanzen vorgenommen, um Konsumenten vor besonders gesundheitsschädlichen Präparaten warnen zu können.

Wenn sich Probleme durch Verbote nicht lösen lassen?

Muss man alles dafür tun, um Risiken zu minimieren.

Das Bedürfnis nach Rausch bekommt niemand getilgt.

Warum auch? Warum Wein? Warum Kaffee? Warum Obstler? Um jetzt nur mal Dinge zu nennen, die zum Alltag gehören und die ja wohl niemand automatisch und alarmiert mit landläufigen Drogen in Verbindung setzt. Es sind aber natürlich auch welche.

Wie viel Droge benötigt der Mensch?

Gute Frage. Und: Braucht er sie, um bei sich zu sein, oder aber, um endlich mal von sich selbst absehen zu können?

Auch gute Frage.

Die Droge ist Teil der Kulturgeschichte. Der Griff nach bewusstseinserweiternden Substanzen gehört zu uns. Sei es aus religiösen, rituellen oder anderen Gründen.

Es ist Flucht. Oder Zuflucht.

Flucht in die Zuflucht – einer kurzzeitigen Übersteigerung, bei der sich Wachsein und Betäubung kurzschließen. Es ist ein legitimer Wunsch: sich für Momente plattzumachen, um von Problemen mal nicht frontal umgerannt zu werden. Das Phänomen temporärer Satisfaktionserlebnisse ist nicht abschaffbar. Durch Prohibition etwas zu unterdrücken, das so alt ist wie die Menschheit, ist schon immer gescheitert. Die Frage ist nur, wie geht eine Gesellschaft vernünftig mit dem Rausch um, wie also schafft sie auch eine Atmosphäre, in der das nicht bloß als Normabweichung diskriminiert wird.

Die Verachtung trifft den Süchtigen, jeden, der etwas alleine und im Dunkeln tut, der sich dadurch von anderen abschottet.

Ja, die in Gemeinschaft Konsumierenden sind ihm gegenüber angesehen und bessergestellt.

Theatermann Einar Schleef schrieb: »Bestes Beispiel: der Park vor dem Schauspiel Frankfurt – unter der Schiller-Bronze der Chor der Süchtigen, der hin und her Gejagten, der Aufgeriebenwerdenden. Während die Auftraggeber abgeschottet ihre Droge genießen.«

Das höchste Monopol des Menschen ist das der Träume; das haben die Priester seit jeher gewusst. Im Rausch, egal ob er nun betäubend oder erregend wirkt, wird Zeit vorweggenommen, wird sie anders verwaltet, wird Freiraum ausgeliehen.

Ausgeliehen?

Statt Ebbe Flut, statt Blässe Farben. Aber die Welt wird ja garantiert wieder grau, sie wird auch wieder langweilig.

Das »einmal lebt ich wie Götter« muss bezahlt werden. – Sie drehen sich gerade eine Zigarette.

Für nachher. Im Büro ist Rauchverbot. Lieber würde ich Nichtraucher sein und hin und wieder mal kiffen. Aber ich bin in einer Lebenssituation, in der ich mir nicht zutraue, die Zigarette verlässlich loszuwerden.

Und warum Selbstgedrehte?

Das Selbstdrehen ist sowohl Geschmacksfrage als auch kontemplativer Akt.

Wenn Sie hin und wieder eine Tüte rauchen: Wie kommt man an guten Stoff?

Um das klarzustellen: Mir fehlt jeder Ehrgeiz und auch die Zeit, um auf die Suche nach Dealern zu gehen.

Gehören Drogen zur Clubkultur?

Nein. In dieser absoluten Verallgemeinerung ist das falsch.

In dem Zusammenhang: Was ist das – Berliner Freiheit?

Dass es bunt zugeht. Dass es noch eine gemischte Stadtgesellschaft gibt. Dass Berlin mehrere Zentren hat. Dass die liebenswerten Eigenheiten dieser Stadt den Kopf erhoben halten und sich nicht von den Attacken des geradezu marodierenden Schicks unterkriegen lassen. Das ist Berliner Freiheit: dass die Stadt ruppig, rau ist, sie sich nicht bis in den letzten Winkel stylen und liften lässt. Berlin ist die einzige Stadt Europas, in der Ost und West zusammenwachsen. Die Stadt hat eine Jahrhunderterfahrung mit politischen und sozialen Verwerfungen.

Sie ist sozusagen ein zerrissenes, geprüftes Wesen.

Das hat Folgen auf den Charakter. Er lässt sich weniger täuschen. Er lässt sich weniger umgarnen. Berlin ist für viele ein Zufluchts- und Sehnsuchtsort.

Kunst braucht neben Flächen auch Fluidum – einen Freiraum, das Offene.

Mit anderen Worten: Das unordentliche Berlin muss bewahrt werden. Was zum Beispiel die Clubkultur angeht, engagiere ich mich seit Jahren – und ich sage jedem, der das für reinen Kommerz hält: Unsinn! Viele Clubs der Stadt sind Räume der Freiheit. Hier treffen Menschen aufeinander, die einen extrem progressiven menschlichen Umgang pflegen.

Sie sagten: »das unordentliche Berlin«. Da sind wir wieder beim Schmutz, bei Mainzer Straße und »Liebig34«.

Das Thema wird uns weiter beschäftigen. In den Neunzigern begann diese Diskussion um Stadtkerne – als gesäuberte Räume, in denen es keine unkontrollierbaren Ecken mehr geben sollte. Mit der Wirtschafts- und Finanzkrise wuchs der Reiz von Grund und Boden und Immobilien sprunghaft. Man sah eine lukrative Inwertsetzungs-Alternative zu Leerverkäufen oder drittklassigen Hypothekenbündeln. Es kam naturgemäß zu Erwartungen an die Exekutive: sie möge den gekauften Raum schützen vor Häusern, die im Wege stehen. Es begann der einfache Unfrieden: Beschwerde gegen Lautstärken im Umfeld. Klagen gegen alternative Lebensweisen in unmittelbarer Nachbarschaft. Ordnungsfantasien machten sich breit, Fantasien der Sortierung.

Das Gesetz in seiner zynisch-majestätischen Größe erlaubt zwar jedem, unter einer Brücke zu schlafen, aber in den Stadtzentren hätten doch bitte schön Ruhe und Reinheit zu herrschen.

Ja, zu herrschen!

In Botho Strauss' Stück »Schändung« gibt es einen Ausrufer, der die Zukunft anpreist: »Terra secura, exklusives Wohnen in absolut geschützter Lage! Erwerben Sie Anteile an der Stillen Stadt! Sie gehen nach Sonnenuntergang nicht mehr aus dem Haus? Sie hören aus der Nachbarschaft von Diebstahl, Notzucht und Entführung? Terra secura: eingezäunt und abgeschirmt, bewacht von eigener Garde. Keine Krüppel. Keine ansteckenden Krankheiten. Keine unterdurchschnittliche Intelligenz.« Das Getto derer, die es »geschafft« haben.

Furchtbare Aussicht: Wo Großstädte ihren modernsten ästhetischen Reiz zeigen, sind sie zugleich am unbewohnbarsten. Wir leben ja sowieso schon in einer Kultur der Sicherheitszonen. Aber Städte sind doch Orte, in denen man verschwinden dürfen darf. Orte, an denen man allen begegnen kann – oder niemandem. Robert Beachy schreibt in seinem Buch »Das andere Berlin«, in dieser Stadt sei die Homosexualität erfunden worden – Metapher für das Lebendige, die Durchmischung von einander entgegengesetzten sozialen und kulturellen Welten. Berlin, das ist das Gleißende wie die Exotik des Dämmerlichts, ist auch der Dschungel der Kaschemmen, ist die Gleichberechtigung zwischen den Mondänen und den Mondsüchtigen. Berlin wurde zur kapitalistischen Metropole mit großem Anteil an Subversivität. Eine Stadt muss gellen.

Die Stille dröhnt, die Lebensuhren ticken wie Bomben, die sich aufs Explodieren freuen. Großstadt eben.

Wo selbst die Hüter der Ordnung in gewisser Weise beteiligt sind am Agreement: leben und leben lassen?

Man weiß und akzeptiert, dass Existenzvorstellungen auseinandergehen können. Ja, leben und leben lassen. Und sie möglichst zulassen: diese Trance der Unsicherheit, die alles auflöst, was Regel und Eindeutigkeit sein will. Stadt, das ist das Unsichtbare hinter dem Offensichtlichen, und es ist längst in großer Gefahr. Soziale Ausschlüsse sind ein großes Problem in der modernen Stadt. Wer aber versucht, dieses Problem ordnungspolitisch zu lösen, verschärft es letztlich nur.

Im Kinosaal der Kulturbrauerei gab es vor Jahren eine Filmvorführung, »Ost-Komplex«, ein Streifen über das Stasi-Opfer Mario Röllig. Sie kennen einander, am anschließenden Podiumsgespräch nahm Hubertus Knabe teil, er klagte den linken »Erinnerungsverlust« an, warnte vor Leuten wie Ihnen, und Ihnen platzte daraufhin der Kragen. Sie verbaten sich, »vorgeladen« zu werden, wo doch Diskussion angekündigt war, und außerdem rechneten Sie mit dieser speziellen Altkader-Art ab, Geschichte zu betrachten. »Finster, mit welcher Selbstgerechtigkeit die früheren Täter sich heute gebärden.«

Wer wie ich in der sozialistischen Tradition steht, kann sich von den Perversionen, die sich fatalerweise oder unverschämt auch noch Sozialismus nannten, nicht so ohne weiteres befreien.

Manche tun's. Das ist eine Selbstgerechtigkeit, die der Aphoristiker Horst Drescher in eine Sentenz fasste: Für manche Täter sei es belästigend, wie Leute, die man auf dem Gewissen habe, dies noch immer und ausdauernd zum Thema machten – »obwohl man ihnen doch längst verziehen hat, dass man sie auf dem Gewissen hat«.

Gegen diese Art gibt es Menschen, die geben ihren Besitz nicht her, die Unnachgiebigkeit. Sie regen auf, sie nerven. Sie sind nötig.

Aufgrund ihrer bitteren Erfahrung.

Sie drücken dort, wo das Gedächtnis die Erinnerungen an die Diktatur weichspülen möchte, immer auf die gleiche Bewusstseins-Stelle. Sie gehen nicht auf den Schluss-Strich. Ja, es bedurfte nach der Wende jener, die penetrant blieben in ihrer Anklage von Diktatur und Drangsalierung. Es braucht sie jederzeit. Weil stets auch die Beschwichtiger aktiv bleiben.

Vielleicht hat es zum Ende der DDR hin eine Art Patt gegeben. Der Staat machte sein Ding, die Leute machten ihres. Bespitzelung und Propaganda hatten ein Ausmaß angenommen, das beides in beträchtlichem Maße wirkungslos machte. Die Repression und den propagandistischen Wirbel. Das ist paradox, aber eine Folge jedes Übermaßes.

Menschlich aber gab es eine Sickerwirkung des Zerstörenden, die wirkt nach, auch wenn sich das Politische, das sie hervorbrachte, längst erledigt hat. Deshalb sind auch Künstler so wichtig, sie haben den besonderen Nerv für einzelne Schicksale.

Auch in Ihrer Partei gibt es Linke, die haben, was die DDR-Geschichte betrifft, einen Makel kultiviert: besagtes Schlussstrich-Gemüt. Es hält sich.

Das stimmt leider. Manche meinen noch immer, die bitteren Seiten der DDR seien erwähnenswert nur bei ausgleichender, also relativierender Einordnung ins grundsätzlich Positive des Systems. Solcher Balance-Wille kommt der Bereitschaft gleich, einen Schmerz ertragen zu wollen, aber gleichzeitig um Narkose zu bitten. Wer mit der DDR und für sie lebte, weil ihm die Strukturen nicht weh, sondern wohltaten, der muss mit der bitteren Wahrheit leben, dass nun jene anderen zu Wort kamen und im Wort bleiben: die unterdrückten Lebensläufe, die observierten und abservierten Quertreiber, all die Leidenden an Unfreiheit und Nichtdemokratie.

Die DDR mit befeuert zu haben, heißt seit 1989: den Mut haben, in die Asche der Jahre zu blicken. Im Nachhinein hilft nur das, was dich aufreißt bis zu einem Grund, der den billigen ideologischen Halt endgültig verweigert.

Wer das System mittrug, darf sich nicht anmaßen, von Leidtragenden Versöhnung zu fordern. Man muss schon wissen, dass man in dieser Richtung nichts zu verlangen hat. Es hat in der PDS beizeiten einen Außerordentlichen Parteitag gegeben, der den unwiderruflichen Bruch mit dem Stalinismus zum Gebot erhob. Der leider früh verstorbene Michael Schumann hatte mit seiner Unnachgiebigkeit und Kompromisslosigkeit großen Anteil daran. Es kam bei diesem Thema auch zu wütenden Austritten. Es gab in der Partei eben auch Leute, und ein paar von ihnen gibt es heute noch, die sehen im Stalinismus einen bedauerlichen Irrweg – aber auf grundsätzlich richtiger Linie. So nach dem Prinzip: Wo gehobelt wird, fallen leider Späne.

Was übrigens ein Satz aus der Sicht des Tischlers ist, nicht des Holzes.

Der Historiker Christoph Jünke sprach vom »langen Schatten des Stalinismus«. Der ist sehr lang, noch immer. Es bleibt doch überhaupt ein Wunder, dass die Linke in die Situation kam, dass man ihr wieder zuhört! Die Glaubwürdigkeit der Linken bemisst sich an einem unmissverständlichen: Nie wieder! Ist doch irre: Die lichte Zukunft war nicht mal ausgerufen, da begrub man schon unsäglich viele Opfer. Zutiefst erschrocken war ich, als ich das erste Mal die »gesäuberten« Gruppenfotos aus der Stalin-Zeit sah: Die Technik der Retusche als Metapher für wirkliche Auslöschung. Übrigens, um das an dieser Stelle auch zu sagen: Ich finde, bezogen auf die DDR, den Begriff des Unrechtsstaates wenig hilfreich und sehr unpräzise, aber die Argumentation dagegen fiele überzeugender aus, würde nicht immer noch, unter roter Flagge, diese Relativierung von Unrecht betrieben.

Der Marxismus ist im Namen der Moral betrieben worden, ohne ein Gespür für deren Sinn zu haben.

Genau dieses Problem lebt im Unverständnis vieler Ostdeutscher darüber, dass die positiven sozialen Gegebenheiten der DDR von den eigenen Landsleuten so leichtfertig aufgegeben wurden und dass vor dem Westen gewissermaßen kapituliert wurde.

Die nötige Rücksichtslosigkeit bei der Betrachtung der eigenen Geschichte nahm langsam ab.

Das hing wohl auch damit zusammen, dass die PDS im Osten eine wachsende Resonanz bekam, bei so einer Tendenz geht ein Teil Klugheit immer auch in die Taktik, möglichst unanfechtbar zu sein. Man putzt die Fassade – zumal der politische Gegner ausdauernd mit Dreck warf und sich ja gezielt auf die SED-Geschichte stürzte. Da möchte man die Angriffsflächen verkleinern – und schon ist man wieder beim Vertuschen und Kleinreden.

Ein Name fiel: Hubertus Knabe. Im September 2018 wurde der Leiter der Gedenkstätte für die Stasi-Opfer in Berlin-Hohenschönhausen entlassen, nach MeToo-Vorwürfen gegen seinen Stellvertreter. Er hatte die Gedenkstätte siebzehn Jahre geführt. Sie sind Vorsitzender des Stiftungsrates.

Diese Funktion habe ich wegen einer klaren Botschaft übernommen: Mit mir gibt es bei der Aufarbeitung der SED-Diktatur kein Relativieren, kein Schönreden, kein Ausweichen. Das bedeutet umgekehrt nicht, alles mitzutragen, was diese Aufarbeitung an Thesen offeriert. Der undifferenzierten Gleichsetzung etwa von Nazi- und SED-Diktatur gewinne ich nichts ab. Für Hubertus Knabe war ich der Systemnachfolger, der sich seiner entledigen will, und zwar aus ideologischer Treue zum Honecker-Staat. Eine Art Verschwörungstheorie, deren Wahrheitsgehalt etwa der These entspricht, Corona sei eine Erfindung von Bill Gates, um uns letztlich Chips einzupflanzen und uns damit fernzusteuern. Schon aus diesem Grund, der übrigens wahrlich nicht der wichtigste war, sah ich mich zu höchster Sorgfalt und Durchlässigkeit verpflichtet. In seiner knallharten, eindeutigen, auch grob zuspitzenden Setzung von Fronten war er natürlich für viele der in der DDR Verfolgten eine treue Bezugsperson. Über die Entscheidung des Stiftungsrates, Knabe abzurufen, ist viel geschrieben und gesagt worden, es wurde im Abgeordnetenhaus ja sogar ein Untersuchungsausschuss gebildet. Dessen hätte es, glaube ich, überhaupt nicht bedurft. Ich kann nur wiederholen, worin mein Verständnis für das Leiten einer Behörde besteht: als Kultursenat nicht in inhaltliche Ausgestaltungen einer Institution einzugreifen. Diese muss dann aber auch mit Kritik umgehen können. Wir sorgen für infrastrukturelle Bedingungen, mit denen Arbeit ermöglicht und rechtlich abgesichert wird. In der Gedenkstätte gab es Verstöße gegen geltendes Recht und keine spürbare Bereitschaft Knabes, sich als deren Leiter zu seiner Verantwortung zu bekennen und Konsequenzen zu ziehen. Das alles ist öffentlich bekannt und beleuchtet. Kulturstaatsministerin Monika Grütters war damals CDU-Landeschefin und hatte die Vorwürfe »substantiell und gravierend« genannt, sie sprach von »hässlichen Einblicken«.

Aber Knabe sprach, nimmt man Presseberichte, vor dem Ausschuss von »Vernichtung«, man habe ihn »wie einen Hund vom Hof gejagt«.

Sei es drum, der Stiftungsrat – ich bin ja eines von fünf Mitgliedern – war sich in der Bewertung des Vorgefallenen absolut einig.

Sich mit so einem erbitterten Gegner herumschlagen zu müssen – belastet das?

Ja. Allerdings nur befristet.

Könnte man nicht sagen: Die Linkspartei ist inzwischen in einem solchen Maße verjüngt, dass die alten Dinge wahrlich als erledigt betrachtet werden dürfen?

Nein, das darf man nicht sagen. Das Eintauchen in Geschichte, das geistige Durchdringen der Vergangenheit, nach all dem, was geschah – das bleibt akut. Wenn jemand forderte, Schluss zu machen mit den Nachforschungen in Sachen Faschismus und Imperialismus, na, das Getöse möcht' ich sehen und hören! Wie lange her sind der deutsche, der europäische Kolonialismus – gerade jetzt erleben wir heftige Nach-Bohrungen in diese Geschichte hinein. Wir suchen uns heraus, was uns angenehm ist, und das Andere schieben wir beiseite? Nein. Wir haben die gesamte Geschichte geerbt, das gilt auch für den gescheiterten sozialistischen Versuch.

Wobei eben auch stimmt, dass die Ostdeutschen allen Grund hatten, eine Verteidigungshaltung einzunehmen – gegen eine abwertende westdeutsche Geschichtsschreibung.

Das ist richtig. Klaus Wolfram hat im November 2019 in der Akademie der Künste einen Vortrag gehalten. Er sagte, es sei bedauerlich, dass nach 1989/90 keine Gelegenheit für die Ostdeutschen bestand oder geschaffen wurde, sich untereinander auszutauschen. Die Menschen hätten sich in der DDR aneinander orientiert, statt an Hierarchien und Aufstiegschancen. Es sei im Osten eine soziale Eigendynamik entstanden, als ein Gegenteil von westlicher Sozialisation über Marktchancen. Dann kam die Wiedervereinigung. »Die Generalaussprache, das politische Bewusstsein, die soziale Erinnerung, alle Selbstverständigung, die sich eine ganze Bevölkerung gerade eben erobert hatte«, all das habe sich in Entmündigung und Belehrung durch den Westen aufgelöst. Ich les mal vor, was Wolfram weiter sagte: »In den Betrieben gaben nicht mehr die Belegschaften den Ton an, sondern unerreichbare Eigentümer. Und statt uns selber auszusprechen, sollten wir jetzt nur noch zuhören. Das war eine scharfe Kehre, die umgehend als Lähmung wirkte. Die politische Debatte war wieder auf die Ebene des Privatgesprächs heruntergedrückt. Nun begannen die Rückfälle in jene Mentalitäten, aus denen man aufgebrochen war. Der Ängstliche wurde wieder ängstlich, der Mutige wieder einsam, der Zweifler wieder schüchtern, der Sozialist wieder steif und stur, der ehemalige Oppositionelle entweder Moralist oder Karrierist, der Spießer wieder spießig etc. etc. Unter solchen begrifflichen Masken ist die Gesellschaft hier nicht zu erkennen, nur die Mutmaßungen, die von außen über uns entstanden, klappern weiter. Deshalb nenne ich es das ›Selbstgespräch‹ des Westens über den Osten.« Interessant, dass Klaus Wolfram feststellte, viele Ostdeutsche im Saal hätten die geschilderte Situation wiedererkannt, westdeutsche Akademiemitglieder dagegen seien ratlos oder hörbar empört gewesen.

Jürgen Habermas nannte die Ereignisse um den Herbst 1989 eine »nachholende Revolution«. Das Ziel also: Ankunft im Status quo BRD.

So vollzog sich ein Überstülpen des im Westen existierenden Status quo und seiner institutionellen Ordnung. Das hat die Revolutionäre neutralisiert und hat aufkommende kühne Gesellschaftsideen für einen wirklichen Sozialismus domestiziert. Eine »Kolonisierung«, die im Osten eine westelitäre Vormundschaft etablierte. Kritische Künstler, die bis eben noch deutsche Künstler waren, wurden umgehend wieder zu DDR-Künstlern, sie wurden gewissermaßen degradiert, weil sie einen differenzierten Blick auf die Geschichte einforderten.

Der Schriftsteller Christoph Hein fühlte sich »beschmutzt«, seine Einladung zu einer Feier zum 60. Jahrestag des Grundgesetzes 2009, ausgesprochen von Angela Merkel und Frank-Walter Steinmeier, gab er zornig zurück – denn er wollte nicht zu den »Ausgrenzern« gehören. Anlass der Empörung war die Ausstellung »60 Jahre, 60 Werke« im Berliner Gropius-Bau. Sie präsentierte hervorstechende Werke der Malerei, Grafik, Skulptur, Installation und Fotografie – Arbeiten der Jahre 1949 bis 2009 von, wie es offiziell hieß, »deutschen Künstlern, die das Kunstgeschehen national und international geprägt haben«. Man suchte in der Ausstellung vergebens Bilder, die vor dem Mauerfall im Osten entstanden. Hein reagierte mit Unverständnis auf die Behauptung des Katalogs, ostdeutsche Künstler seien von der Exposition deshalb ausgeschlossen, da sie in einer Diktatur lebten, und »in einer Diktatur, hieß es, könne freie Kunst nicht entstehen«. Hein verwies auf Altenbourg, Ebert, Butzmann, Glöckner, Heisig, Quevedo, Stötzer – Künstler, die für »Freiheit stehen, weil sie sich die Freiheit täglich neu erobern mussten«. Wieso, so seine Frage, konnte es einer derart geknebelten Kunst (Musik, Theater, Literatur) gelingen, auch kräftig westwärts auszustrahlen? Man sah: An der Größe des Fettnapfes, in den die Berliner Kuratoren getreten sind, hätte Joseph Beuys seine helle Freude gehabt.

Es gab auch Versuche, die Sitte- und Cremer-Ausstellung in der Rostocker Kunsthalle zu unterbinden. Klar ist, dass eine Diskussion über Kunst aus einem autoritären Staat immer Fragen aufwirft. Aber jedes Kunstwerk ist auch autonom. Adorno nennt das den »Rätselcharakter« eines Werkes.

Es ist die Frage nach den gesellschaftlichen Bedingungen, unter denen Kunst entsteht?

Die gibt es, klar, aber sie sind nicht alles. Emil Nolde war ein überzeugter Antisemit und Nationalsozialist. Soll man seine Werke deshalb aus den Museen verbannen? Natürlich nicht.

Die Bundeskanzlerin wollte seine Kunst nicht mehr in ihrem Amtszimmer haben.

Was Angela Merkel in ihrem Büro zeigt, wird als Repräsentation dessen gesehen, womit dieser Staat sich identifiziert, da kann ich verstehen, warum man einen Nolde von der Wand nimmt. Aber im Museum ist das etwas ganz anders. Die Werke eines Künstlers, der eine problematische Biografie hat, im Museum kommentieren – unbedingt. Aber es war ja lange Zeit so, dass Kunst aus der DDR im Grunde überhaupt nicht mehr zur Kenntnis genommen wurde.

(Klaus Lederer zeigt mir zwei Fotos auf seinem i-Phone: Landschaft, grün, erdfarben, wild. Und eine Gruppe Menschen, am Strand, vital.)

Ich habe zum Beispiel Ronald Paris kennengelernt, im Schloss Biesdorf konnte man unlängst eine Ausstellung mit seinen Werken sehen. Es lohnt sich schon, etwas näher hinzusehen, sowohl was Ronalds Leben betrifft, als auch seine Kunst. Wer Interesse hat, kann da sehr viel entdecken. Ich mag diesen expressiven Realismus sehr, habe auch Aquarelle von Paris zuhause.

(*Er zeigt mir eines der Fotos in Vergrößerung.*)

Schauen Sie mal, wie seine Maltechnik mit der Maserung des Papiers spielt.

Sein Werk hat ja auch eine shakespearesche Seele: Tod, Gewalt, Blut, das Menschentheater der Vernichtung. Apoll, Marsyas, Achill, Odysseus, Prometheus, Ikaros, Sisyphos – die Götter, Halbgötter, der Möchtegerngott Mensch in überlieferten und von Paris neu gedachten Konstellationen.

Verheißend sind seine Landschaften nicht gerade, da ist immer auch Gefahr und Gefährdung.

Der Maler als Dramatiker – Heiner Müller geistert durch diese Gemälde. Die Nackten und die Toten.

Ich sehe diese Welt-Szenen und frage mich, ob es mehr Gründe für dunkle oder für helle Bilder gibt.

Und?

Ich frage. Keine Antwort.

Ihr Lieblingsmaler?

Hieronymus Bosch. Ich staune, welche Geistfreiheit doch in einer feudalen, wenig dynamischen Gesellschaft möglich war – für Bilder, die so überhaupt nicht ins Muster von Gesellschaft passten.

Der Vorhang geht hoch vor der Welt und das Licht an: Welches wäre das schönste Bühnenbild?

Vier Leute fallen mir ein, die grandiose Bühnenbilder erfinden, da mische ich mich mit meiner bemessenen Fantasie nicht ein. Aber vier will ich nennen: Anna Viebrock, Ersan Mondtag, Bert Neumann, Aleksandar Denic.

Was sind das für Welten?

Die Blümchentapete, die windschiefen Dr. Mabuse-Häuser, der Sprelacart-Stuhl, die balkanischen Gerümpel-Ecken. Viele Bilder bilden das eine Bild: unsere ganze farbige graue Welt.

Welches Kunstwerk möchten Sie gerne besitzen?

Besitz ist kein Kriterium. Dennoch, wie eben gesagt, erfreue auch ich mich an Kunstwerken, die ich erworben habe. Aber auch Artotheken sind eine fantastische Möglichkeit, sich auf Zeit an Kunst zu erfreuen. Man will vielleicht ein solches Werk auch gar nicht auf Dauer bei sich haben. Und manches Kunstwerk sollte grundsätzlich kein Privateigentum sein.

Gibt es ein Kunstwerk, das Sie nie verstanden haben?

Passt zum Thema, über das wir gerade sprachen: die sogenannte Einheitswippe, die auf den Sockel des Kaiser-Denkmals gebaut wird.

Auch der Abriss des Palastes der Republik hatte mit dem Thema Ost-West zu tun.

Sein Bau hatte ja was Utopisches: Volkskammersitz und Volksvergnügungsstätte zu verbinden. Goethe: »... solch ein Gewimmel möcht ich sehn«. Essayist Friedrich Dieckmann, wahrlich kein Apologet, hat geschrieben: »Durch ihre von weißen Marmorbändern gefasste Glasfassade in dunklem Goldton auch nach außen hin« sei angezeigt, »dass hier des Volkes wahrer Himmel sein sollte«. Dass die Sprengung des ausgebrannten Berliner Stadtschlosses auf SED-Beschluss, die diesem Palast ja erst den Baugrund bereitete, objektiv ein Akt der Kulturbarbarei war, ist nicht bestreitbar, na ja, und ob dieser Palast nun überhaupt die günstigste Form der Stadtreparatur nach dem Zweiten Weltkrieg war, darüber konnte man auch diskutieren – wenn man allein diesen Aufmarschplatz davor sah, der sich als relativ unbrauchbar erwies und dann die meiste Zeit als Parkplatz für Trabis, Wartburgs und Skodas diente. Aber nicht nur Asbest wurde zum Schicksal des Palastes. Selbstverständlich spielte eine ideologische Komponente hinein, als dann die Abrissbirne und Sprengkommandos ans Werk gingen.

Es ging darum, das Besiegte, das Unterlegene aus dem Stadtbild zu tilgen.

Wenig plausibel erscheint mir deshalb die Beteuerung, dass sich die Rekonstruktion des Schlosses ganz ideologiefrei, allein aus einem sozusagen natürlichen Verlangen nach städtebaulicher Reparatur gespeist haben soll. Wenngleich sich bei Dieckmann auch das eine oder andere lernen lässt über den Sinn und Unsinn bei der Wiederaufführung gewesener Baukunst.

Was ist an Ihnen ostdeutsch?

Was nicht?

Ein Spaziergang mit Ihnen durch Berlins Mitte: Sie schütteln immer noch den Kopf darüber, dass die Kuppel des Stadtschlosses mit dem Kreuz versehen wurde?

Ich bleibe dabei, dass das Kreuz auf einem Profanbau nichts zu suchen hat, auch wenn es mal eines auf dem Schloss gab. Früher saß da mal ein Kaiser drin, der ist da ja jetzt auch nicht mehr. Kreuze gehören gegebenenfalls auf Sakralbauten. Außerdem ist das historische Schloss ursprünglich gar nicht mit Kapelle und Kreuz ausgestattet gewesen. Das Kreuz kam erst nach 1848 auf die Kuppel. Als Symbol der Allianz von Krone und Kirche und als Zeichen für die Niederschlagung der ersten Demokratiebewegung. Sich in den Ruch dieser Tradition zu begeben, finde ich nicht sehr prickelnd.

Der Große Kurfürst hat Brandenburg zu einem Akteur im globalen Sklavenhandel auch in Preußen gemacht. Seit es eine heftig gewordene Diskussion über koloniale Vergangenheit gibt, blickt man ganz anders auf

Monumente wie zum Beispiel der Statue von Friedrich dem Großen Unter den Linden. Sie auch?

Es ist gut, dass endlich über dieses Thema geredet wird, auch hitzig. Das tilgt einen weitgehend blinden Fleck. Ich bin sehr für Diskussionen, für Interventionen im Stadtraum, für Tafeln, Erklärungen und dergleichen, auch für Performances oder ähnliche Dinge. Man muss verdrängte Spuren von Kolonial-Herrschaft ins Heute zurückholen, um die Auseinandersetzung zu ermöglichen. Ehrlich gesagt, wir wissen elend wenig. Also: Wo in Berlin lässt sich bittere Geschichte festmachen: Wo hat, beispielsweise, die Afrika-Konferenz 1884/85 stattgefunden? Wo gab es Kolonial-Ausstellungen mit sogenannten »Menschenzoos«? Zur 1. Deutschen Kolonial-Ausstellung im Treptower Park 1896 wurden über hundert Menschen aus den deutschen Kolonien in Afrika in nachgebauten afrikanischen Dörfern regelrecht zum Begaffen ausgestellt – so etwas ist im kollektiven Gedächtnis der Stadt überhaupt nicht mehr präsent, leider.

Warum muss das präsent sein?

Weil es rassistische Denkmuster bis heute gibt, neue Formen von Abgrenzung und Ausgrenzung kommen dazu – wollen wir das überwinden, müssen wir auch geschichtliche Pfade nachgehen. Sie zuzuschütten, ist der falsche Weg.

Kann der Name Kantstraße bleiben? Dem Philosophen wird Rassismus nachgesagt.

Man muss sich solche Dinge sehr genau anschauen: Handelt es sich um explizite Schlächter und Kolonialverbrecher oder aber um historische Persönlichkeiten, die man ambivalent einordnen kann? Wir sollten für jeden Einzelfall eine adäquate Form des Umgangs finden. Wenn es sich um explizite Kolonialverbrecher handelt, dann ist die Frage, warum man ihrer im öffentlichen Raum gedenken soll, berechtigt. Bei historischen Persönlichkeiten braucht es ein Bewusstsein davon, in welchen Denkstrukturen die Gesellschaften früher verhaftet waren. Und wie sich das in heutigen Ungleichwertigkeits-Ideologien fortsetzt. Rassismus ist nicht vom Himmel gefallen. Da bedarf es einer Sensibilisierung. Aber es bedarf keiner zerstörenden Bilderstürmerei. Und manche Büste gehört wohl eher ins Museum als ins Stadtbild, aber es kommt eben drauf an. Natürlich war es ein beeindruckendes Bild, als im englischen Bristol, im Zuge antirassistischer Proteste, die Statue eines Sklavenhändlers, er war an den Bronzefüßen gefesselt und hatte Blutfarbe im Gesicht, ins Hafenbecken, in den Fluss Avon gestoßen wurde. Das besaß die Aura einer Performance. Ob auch Kolumbus so »gerichtet« gehört, wage ich zu bezweifeln. Empörung ist kein letztes Argument.

Muss es in Berlin einen Erinnerungs- und Lernort zur Geschichte des Kolonialismus geben?

Es muss eine Form gefunden werden, wie die historische Verantwortung für dieses Kapitel Ausdruck finden kann. Insofern: Ja, unbedingt.

Welche Kunst würden Sie gern beherrschen?

Ich gehöre nicht zu den Menschen, die ganz geschmeidig an andere Sprachen andocken. Russisch? Inzwischen verschüttet. Und englisch, na, geht so. Spanisch interessiert mich noch, mal sehen. Auch beherrsche ich nicht die Technik, fünf Sachen gleichzeitig zu erledigen. Mein Weg durch den Tag, von Aufgabe zu Aufgabe, ist gepflastert mit Eselsbrücken. Was ich gern beherrschen würde: gleichsam auf Befehl einschlafen zu können. Und leider bin ich meist schon vor dem Klingeln des Weckers wach.

Kalauern wir ein wenig. Sie sind Linker – haben Sie auch zwei linke Hände?

Schon Werkunterricht in der Schule hab' ich gern gemacht. Also: Die Ikea-Regale krieg ich schon zusammen. Wenn's sein muss, dann durchaus mit Freude dran.

Also: technisch nicht ganz unbegabt.

Stimmt. Mit meinem Vater habe ich als Junge ein Fernrohr gebaut. Die Linsen von Carl Zeiss Jena gab es im Einzelhandel, das Plasterohr wurde mit mattem Lack ausgegossen, um Lichtreflexe im optischen Kanal zu vermeiden, dann war da das verstellbare Okular, mit Gewindestruktur. Die Sterne ziehen ja in einem bestimmten Winkel kreisförmig über den Himmel hinweg, mit dem Breitengrad verändert sich der Neigungswinkel, und wenn du eine horizontale und vertikale Montierung hast, dann musst du bei der Verfolgung eines Himmelskörpers auf beiden Seiten die Achsen verstellen, und …

Gut, gut. Alles verstanden.

Klingt wie: nichts verstanden. Na, ist ja auch egal. Ich wollte nur sagen, für die einfachen technischen Dinge reicht's.

Fernrohr – da sind wir wieder bei den Sternen. Die Dichter übermitteln uns: »Und will ich in die Sterne sehen,/ muss stets das Aug mir übergehen«.

Du holst anders Atem. Du schaust und schaust, das ist wie innere Friedensforschung.

Wo war der Blick besonders schön?

Auf den Kanarischen Inseln. Dort ist die Luft- und Lichtverschmutzung so gering, dass wirklich alles Meer ist – unten der Ozean, und oben das Meer von Sternen. Die Milchstraße: berauschend klar zu sehen. Ein über dir stehendes Schauspiel. Das Fernste so nah, als würde man wirklich eintauchen. Galaxien, Sternhaufen, es ist faszinierend.

Dieter B. Herrmann, emeritierter Direktor der Archenhold-Sternwarte und des Zeiss-Großplanetariums Berlin …

An den Sternenprofessor habe ich als Junge mal einen Brief geschrieben. Er hat mich damals in die Treptower Sternwarte eingeladen. Es ergab sich vor einigen Jahren, dass wir einander trafen. Wir sind heute miteinander befreundet. Ich finde es sehr schön, diesen Kontakt und Austausch mit einem Menschen zu haben, den ich menschlich sehr schätze und dessen Wissen über meine Jugendpassion ich schon damals faszinierend fand. Dieter ist bis heute ein unglaublich produktiver Mensch, es gibt von ihm Kinderbücher genauso wie populärwissenschaftliche Werke zur Astronomie und ihrer Geschichte.

… er gab kürzlich ein Interview, und ich bin immer perplex, wie selbstverständlich Astronomen Sätze sagen, bei denen ich sofort erschauere vor so viel Unbegreiflichkeit. Er sagte: Raum und Zeit begannen mit dem Urknall, vorher habe es nur Energie gegeben. Unfassbar! Toll eigentlich, dass es Dinge gibt, die man partout nicht begreift.

Als ich mal in Palermo war, schrieb Dieter mir per SMS, ich solle unbedingt das dortige Observatorium fotografieren. Er arbeitete gerade an einem »Atlas astronomischer Traumorte«, und ein Bild des Observatoriums fehlte ihm noch.

Politik in der Zukunft, wovor haben Sie Angst?

Vor einem ausgehöhlten Rollenspiel des politischen Handelns – und einem zunehmend zynischen privaten Bewusstsein. Was ist von beidem ist Ursache, was Folge?

Das Medienspektakel?

Ist für manche Politiker die letzte Form der Präsenz geworden – es geht da nicht mehr um schlagende Argumente, sondern nur um den Schlag, den man bei den Leuten hat.

Früher sprach man von Programmparteien.

Ob Leute früher sorgfältiger die Parteiprogramme lasen, weiß ich nicht. In der Annahme, dass es so war, lauert eine Menge Verklärung. Intellektuelle Köpfe lieben es, sich darüber zu streiten. Wahrscheinlich hat keine politische Bewegung im 19. und 20. Jahrhundert so viel programmatisches, theoretisches, salbaderndes Papier aufgehäuft wie die Linken. Die haben Parteiprosa in Unmengen aufgehäuft und Müllberge produziert. Und? Was es allerdings gab, war eine gesellschaftliche Standortfindung entlang sozioökonomischer Linien. Warste Arbeiter, dann warste

Arbeiter. Punkt. Unverrückbar. Soziale Zugehörigkeit schuf politische Kollektivität. Diese Logik wurde sehr porös.

Die Personifizierung der Politik ist stärker geworden, die Charaktere wurden weniger.

Marketing drang in alles ein, und so ist Politik immer auch: ein Verkauf von Produkten.

Sind Sie ein Produkt?

Nein. Ja. Nein.

Was denn nun?

Ich mühe mich – immer – um mindestens ein Nein mehr. Mindestens!

Haben Sie einen Berater?

Nein. Viele. Und wo wir gerade dabei sind: Unsere Gespräche werden im generischen Maskulinum protokolliert sein. Ich selbst schreibe sonst anders, denn es gibt ja nicht nur Männer auf der Welt. Und meinen Rat erhalte ich von vielen Menschen, mir sind verschiedene Perspektiven auf eine Frage immer wichtig. Aber es wird niemand dafür bezahlt, mein »Berater« zu sein.

Solche Marketing-Leute sah ich auch bei Ihrer Partei schon rumlaufen. Wichtigtuer.

Ein Medientraining hab' ich mal gemacht, das war ganz hilfreich. Auf die Öffentlichkeitsverantwortlichen in der Partei höre ich sehr wohl, aber auf diese Stylisten, diese Berufs-Smileys, die gar zu gern andocken möchten – um die mach' ich einen Bogen.

Bodo Ramelow trug stets einen dicken Ring am Finger und am Ohr einen Brilli. Als er Ministerpräsident wurde, verschwand beides. Wann verschwindet ihr Brilli?

Zweien geht ein kerzenrotes Licht auf: mit Bodo Ramelow

Bodo ist auch ohne Brilli – Bodo. Man wird älter, aber die beiden Ringe im Ohr gehören zu mir. Freilich muss man aufpassen, dass man eines Tages nicht albern wirkt. Aber ich habe nur begrenzt Lust auf Durchhaltetraining an der Konfektionsstange. Nur unter jenen Konditionen, die mich ausmachen, bin ich zu haben. Eigentlich denke ich über das, was Sie mich da fragen, nicht nach.

Politik ist in wesentlichem Maße: Fernsehauftritt. Zwischen Günther Jauchs »Wer wird Millionär?« und der Frage »Wer wird Bundeskanzler?« finden mediale Annäherungen statt, die ein demokratisches System fatal revolutionierten. Zynisch gesagt: Publikums- und Telefon-Joker sowie die Fünfzig-Fünfzig-Variante erscheinen heute schon wie ein methodisches Vorfeld künftiger Wahlentscheidungen, bei denen Kandidaten für ein politisches Amt nur noch als Tele-Visionäre herumgereicht werden. Soziale Teilhabe? Irgendwann werden Menschen nichts mehr zu verlieren haben als ihre Verkabelung. Fern-Sehen und Netz-Werke: die siegreichste aller

Welt-Anschauungen. Bald die einzige? Der Publizist Günter Gaus nannte das die »Industrialisierung des Bewusstseins« – bei der das fremdfabrizierte TV-Bild jenes eigene Bild verdrängt, das man sich früher mühsam, zögernd, bedenkend, unsicher, distanziert, vorsichtig zu jedem mittelbaren Eindruck von der Welt, zu Menschen, Sachverhalten, Problemen machen musste.

Einst trat man als SPD an, später nur noch als Schröder-Partei. Das war sie, die besagte Personifizierung. Ich kenne Hartz IV-Empfänger, die wählen mit Verve FDP. Vielleicht ist das die »neue Unübersichtlichkeit«, von der Jürgen Habermas sprach. Die allgemeine Flexibilität dringt in alle Bereiche auch des politischen Bewusstseins ein.

Als Günter Gaus in den siebziger Jahren Willy Brandt für seine Reihe »Zur Person« interviewen wollte, ging Brandt gemeinsam mit Egon Bahr tagelang die Themen und Details durch, die dieser Herr Gaus erfragen könnte. Es herrschte eine Ausnahmesituation. Heute dagegen steht ein Fernsehtermin als x-beliebiger Date zwischen einem Frühstück mit der Boulevardzeitung und der Autogrammstunde in einem Freizeitpark.

Die politische Klasse mit ihrem grundgesetzlichen Auftrag zur Mitwirkung an der Willensbildung ist elitär eigentlich nur noch in ihrer Verweigerungshaltung gegenüber diesem Auftrag.

Konstant eine politische Linie zu verfechten, sie durchzuhalten, das ist kaum mehr möglich, und man kann es den Parteien wahrscheinlich gar nicht anlasten.

Die allgemeine Aufmerksamkeitsökonomie setzt überall nur noch auf Kurzfristigkeit. Trotzdem bleibt als Aufgabe, gemeinsam zu tragfähigen Lösungen zu kommen, Bündnisse möglichst ehrlich zu meinen und nicht nur als Kalkül zu verstehen.

Umfragen kürten Sie regelmäßig als beliebtesten Politiker Berlins.

Die turnusmäßige »Schädelparade« der Berliner Zeitung ist abgeschafft, das ist ein Etappensieg der medialen Intelligenz.

Aber angenehm war's doch, oder?

Ein flüchtiges, oberflächliches Geschenk – mit Rückfahrkarte: Unbeliebt ist man schnell.

Aber angenehm war's doch, oder?

Wichtig ist, wie man sich in diesen Selbstzurichtungen, die unvermeidlich sind, bewegt. Man möchte nicht so auftreten, dass man danach nur immer mit Enttrümmerung zu tun hat. Wie homogen muss man also sein, um eine gewisse Durchschlagskraft zu haben, wie viele Durchlässigkeiten kann, darf, muss man sich leisten? Wer weiß das schon genau?

Es wird wohl schon dann fahrlässig, wenn man in dieser Frage eine Taktik betreibt.

Genau. Schon bist du nicht mehr ganz du selber. Aber ohne Überlegung läuft's nicht – der Eigensinn in einem öffentlichen Amt ist ein weites Feld. Ich ziehe mein Privates nicht in die Öffentlichkeit, aber ich möchte auch nicht nur eine herumlaufende Phrase sein, ein Allgemeinplatzhirsch. Die Zeit der genormten geklonten Funktionäre ist jedenfalls vorbei.

Es gibt diese Funktionäre noch.

Vielfach sogar, aber ihre Zeit ist trotzdem vorbei. Nehmen Sie noch einmal Bodo Ramelow, er hat Klischees vom Linken gesprengt, er polarisiert …

Eine Zeitung schrieb: »Was Ramelow tut, wenn er jemanden nicht leiden kann? Er wird ihn umarmen.«

Dahinter steckt ein Problem, wenn ich das jetzt etwas verallgemeinern darf. Die Linke muss, von ihrem Wesen her, Brückenbauer sein. Sie sollte im besten Sinne eine verbindende Partei sein.

Trifft das auch auf Sie zu? »Die Zeit« beschrieb, worauf Sie in Ihrer Arbeit achten: »Ein Bekenntnis von heute soll nicht morgen als Waffe gegen ihn gerichtet werden können.«

Ich halte mich für einen offenen Menschen. Wir sagen schnell dahin, was auch ich eben gesagt habe: Links verbindet, Rechts spaltet. Aber ist es denn in der Praxis wirklich so? Unsere paar Zustimmungsprozente, die wir bundesweit und auch in vielen Bundesländern bei Wahlen erreichen, die sprechen doch noch nicht überzeugend dafür, dass wir große Bindekräfte haben. Schon überglücklich sein, wenn's mal zehn Prozent werden? Nee.

Das Wort von der »medialen Intelligenz« sprechen Sie eben aus, als sei sie selten.

Wir leben in einer Gesellschaft der unbedingten Veröffentlichung. Wie siehst du dich selber, wie sehen dich andere, wie denkst du, dass sie dich sehen? Auch in der Politik gilt, dass du Kulturtechniken mitbringen oder dir erwerben musst, mit denen du dir gewissermaßen ein Depot an Aufmerksamkeit anlegst. Und wenn du auftrittst, beachte: viel Überzeugtheit, wenig Zweifel! So sieht's leider aus.

So nur hast du in den Meinungskonjunkturen eine Chance.

Sich attraktiv machen zu müssen, verändert den Menschen. Tendenziell ist das geistfeindlich, denn Meinungskonjunktur heißt: Der Gedanke ist schon totgeschlagen, ehe er laut gedacht, geschweige denn ausführlich besprochen wird.

Überspitzt könnte man sagen: Meide alles, was nach Diskurs aussieht!

Ich diskutiere gern.

War das eben eine Selbstanklage?

Nein. Eine Bemerkung aus dem Glashaus allerdings schon. Aber hier, ich habe keinen Stein in der Hand.

Finden Sie manchmal, dass Ihre Partei langweilig ist?

Nicht langweiliger als jede andere Partei. Aber das macht nicht besser, was mich stört: diese Unwilligkeit für gänzlich neue Allianzen. Ich meine damit nicht Parteien, also Koalitionen, sondern Denkwelten, denen man sich mit Geist nähern muss, nicht nur mit Gesinnung. Für solche Neugier gibt es wenig Resonanzraum in unseren Reihen. Manchmal denke ich entschuldigend: Für so einen Anspruch sind Parteien vielleicht gar nicht der richtige Ort. Nicht mehr. Das will ich aber eigentlich nicht denken.

Sind Sie ein Wahlkämpfer?

Es gibt spannende Begegnungen, und zweifelsohne kommt man in Wahlkampfzeiten mit Menschen in Berührung und ins Gespräch, die dem Politikbetrieb sonst eher leidenschaftslos, erwartungslos gegenübertreten. Das habe ich immer als Gewinn für mich erlebt. Und es gibt in meiner Partei auch viele großartige, engagierte Menschen. Die sehe ich bei den Debatten ums Wahlprogramm und dann natürlich auch im Wahlkampf, öfter als sonst. Da freue ich mich drauf.

Also greifen Sie gern zum Megaphon?

Unsere Rede eben ging vom Gespräch. Megaphon und Gespräch schließen einander aus. Ich bin Tonverstärkungsanlagen nicht abgeneigt, aber das Benutzen von Megaphonen hat etwas von Anbrüllen.

So, wie manche Zeitungsmacher meinen, es sei ein besonderes linkes Zeichen, dauernd diese verzerrten, weil brüllenden Gesichter auf Fotos von Demonstrationszügen zu präsentieren.

Ich brülle nicht gern jemanden an, und ich lasse mich nicht gern anbrüllen. Und was diese Fotos betrifft: Zorn verzerrt die Züge. Hass macht hässlich. Es ist irgendwie paradox: Wer Stellung bezieht, der riskiert, dass er sich selber entstellt. Pro und Kontra sind eine Umgangsart, die zu Auswüchsen tendiert.

Zu preisen, das ist schöner. Was ist das Schönste, das Sie je mit eigenen Augen gesehen haben?

Fernste Sternennebel, gesehen durch ein Spiegelfernrohr. Oder der weite Blick vom Vulkan Teide aus, auf Teneriffa. Ja, am schönsten ist der

Himmelsblick auf La Palma, wo auf dem Roque de los Muchachos auch das Observatorium mit seinen großen Instrumenten steht, auf einer Höhe von fast 2.400 Metern. Zusammen mit dem Teide-Observatorium von Teneriffa bildet es das European Northern Observatory. Dort ist nur ganz geringer Lichtschmutz. Das Dunkel ist sozusagen von großer Reinheit.

Eine Welt »ohne all unser falsches Licht«, wie es bei Peter Handke heißt. Natürliche Verdunklung nicht als Gefahr, sondern als Erlösung.

Das Wunder der Milchstraße, als könntest du es mit den Händen greifen. Aber auch noch ganz andere Sterne, ein Glitzern, ein Funkeln, ein Flimmern. Gänsehaut! Die Größenverhältnisse relativieren alles, was dein Leben sonst so ausmacht. Aber mich macht das nicht klein, es rührt mich an. Der Kopf hebt sich, und nicht nur, weil man ja nach oben schauen muss. Ein Erlebnis, das man unterm Himmel über Berlin eben nicht haben kann.

Welches Alltagsgeräusch geht Ihnen auf die Nerven?

Der Einwurf von Flaschen in einen Container für Glas. Rollkoffer auf Kopfsteinpflaster.

Wann kamen Sie sich das letzte Mal wie ein Idiot vor?

In Tokio als Teilnehmer des Nahverkehrs.

Warum tragen Sie fast ausschließlich Schwarz?

Weil ich wenigstens ein einziges Mal die Frage hören möchte, die man in früheren Jahren an Peter Stein und Claus Peymann stellte (*lacht*).

Sie lachen vorsichtshalber.

Vornehmer als Schwarz geht nicht. Schwarz ist der Barock der Moderne. Ich habe ein Faible für Klarheit im Stil. Ich bin nicht so fürs Quietschbunte, jedenfalls nicht für mich selbst. Vielleicht mal ein farbiges Hütchen, wenn ich auf einer Bühne ein Liedchen trällere. Eine gewisse Zurücknahme scheint mir geboten – zugleich ist ja nichts so auffällig wie das unauffällige Schwarz, die Bescheidung erweist sich so als Höchstform der Arroganz und Eitelkeit (*lacht*). Nee, ernsthaft, ich habe kein Problem damit, gut wahrgenommen zu werden, aber ich bin lieber Arbeitender als Repräsentierender; mir fehlen Zeit und Lust, mich jeden Morgen zu fragen, was ich heute anziehen soll. Also: Hemd selten, Krawatte noch seltener.

Selbst offizielle Termine zeigen Sie in T-Shirt unterm Jackett.

Wirklich gelitten hat darunter noch keine Veranstaltung.

Im Kabarett BKA als Talk-Gast, bei der Dragqueen Jurassica Parka, sah ich Sie in adidas-Trainingsjacke und Pailletten-Basecap.

Na also! Das Doppelleben des Klaus Lederer.

Wie kommentieren Sie folgende Beschreibung? »Er will sichtbar zu den Coolen gehören, er will geliebt werden von der Avantgarde, von jenen, die an den Rändern des etablierten Kulturbetriebs agieren. Er will ein Graswurzel-Senator sein, ein Beschützer der soziokulturellen Nischen, ein Apostel der Teilhabe und der Niedrigschwelligkeit. Es könne doch nicht nur darum gehen, mit den anderen Städten um die international umherziehenden Starkünstler zu konkurrieren, ›so wie die Nationalstaaten ums große Kapital‹, hat er mal der Zeitschrift ›Theater heute‹ gesagt.«

Steht so da, und Punkt.

»neues deutschland« stellte Ihnen im Oktober 2020 folgende Frage: »Sperrstunde, Ausgangssperre mit Ausnahmen und Demonstrationsverbote zu Beginn der Seuche: Die Maßnahmen des rot-rot-grünen Senats zur Eindämmung der Corona-Pandemie erinnern einige an Maßnahmen von Militärjuntas. Wie können Sie das als Linker mittragen?« Militärjunta! Hui, wie provokativ!

Muss ich bestimmte Fragestellungen kommentieren? Natürlich nicht!

Sie antworteten: »Die Pandemie erreichte uns im März, und kaum jemand wusste irgendetwas Konkretes über das Virus. Klar war nur: Wenn Infektionsketten nicht unterbrochen werden, dann werden die Kapazitäten der intensivmedizinischen Betreuung völlig überlastet. Alle hatten die furchtbaren Bilder aus Italien vor Augen. Inzwischen gab es einen Lernprozess, differenzierter mit den Maßnahmen umzugehen, deshalb stehen wir heute an einem anderen Punkt.« – Sie betonen den Wert des »Bürgerrechtsdiskurses in der demokratischen Linken«.

Ich wiederhole, was ich in Zeitungsinterviews der vergangenen Monate immer wieder gesagt habe: Der Verfassungspositivismus ist geschichtlich nicht vor dem Hintergrund von Pandemien entstanden, sondern angesichts einer überbordenden Staatlichkeit, die Gegengewichte benötigt, damit Grundrechte nicht massiv verletzt und Menschenrechte nicht stranguliert werden. Eine Pandemie ist eine Situation, die zwar nicht unmittelbar menschlich verursacht ist, aber ein gesamtgesellschaftliches Handeln erfordert. Die begrenzte Einschränkung von Grundrechten ist angesichts der Bedrohung für Menschenleben nicht nur legitim, sondern notwendig. Nun kann man gewiss streiten, ob jede Maßnahme für sich genommen und in jeder Hinsicht tragfähig war, aber die Bedrohung durch das Virus ist natürlich auch ein Zustand, für den es keine Blaupause gibt, und es bestehen auch Unwägbarkeiten hinsichtlich seiner Wirkung. Ein weiteres wichtiges Instrument bleibt eine andere, eine zielgruppenspezifische Art der Ansprache, wie man sich wirklich verantwortlich verhält. Darauf habe ich immer wieder gedrängt. Es bleibt das Problem, dass die herrschenden Problemlösungsmuster größtenteils auf individuelle Verhaltensmaßstäbe zielen, während gesellschaftliche Lösungsstrategien zur Pandemiebewältigung viel zu wenig in der öffentlichen Debatte präsent sind. Eine Pandemie ist aber kein individuelles Problem.

Sind die Clubs der Stadt besonders Leidtragende?

Jedes Ranking ist zynisch. Aber klar: Club-Leben kann man nicht wirklich coronakonform gestalten. Da bleibt uns nur, solange zu helfen, bis die Pandemie vorbei ist und wieder durchgestartet werden kann.

Auch so eine mediale Standardbehauptung: die Zeit Berlins als Kulturmetropole und als Feierhauptstadt sei zu Ende.

Unsinn. Ich sage Ihnen, Berlin tanzt sogar noch fantasievoll zu diesen langweiligen Abgesängen, die Berufsnörgler so gern und ausdauernd anstimmen.

Wird die Stadt zu voll?

Soll das wirklich eine Sorge sein? Sie sprechen nicht mit Herrn Seehofer. Mein Ziel ist es nicht, Grenzkontrollen zu Brandenburg einzuführen. Ich will keine Einreisebeschränkung für Zugezogene. Das wollen andere, und das ist schlimm genug.

Wenn man an Berlin im 20. Jahrhundert denkt, denkt man an die Bewegtheit der zwanziger Jahre. Spätrömische Dekadenz?

Ach, auch Unsinn, das ist eine reaktionäre Deutung. Ich will jetzt nicht so reden, als sei ich dabei gewesen *(lacht)*, aber das waren doch extrem bewegte Jahre, in denen der Exzess an Lebensfeier und das Politische eng zusammengingen. Die Vielfalt in Berlin, die vielen Kneipen von Lesben und Schwulen, die es damals gegeben hat, die Avantgardekunst, die entstand – das alles ist doch nicht apolitisch gewesen, sondern war zutiefst politisch. Die sich selbst als nationalsozialistische Revolution bezeichnende Bewegung hat sich doch nicht ohne Grund explizit und hasserfüllt gegen diese gesellschaftliche Vielfalt und Offenheit gewandt.

Was ist so schön am Leben in der Stadt?

Anonymität! Das ist ein Privileg des städtischen Lebens. Ich kann es momentan allerdings nur vermindert wahrnehmen. Ein Freund sprach mich an, einer seiner Bekannten habe ihm entsprechend indigniert erzählt, ich hätte auf der Straße achtlos eine Zigarettenkippe weggeworfen. Seitdem habe ich einen kleinen Aschenbecher dabei. Ich lasse mich nicht gern beobachten, kann es aber in der Öffentlichkeit nicht vermeiden. Auch da der Reflex: Man muss sich das Bewusstsein wachhalten, diese Maschinerie eines Tages wieder verlassen zu wollen, um nicht der Mensch zu werden, der man nicht sein möchte.

Hatte ich schon die Frage gestellt: wann?

Ja, hatten Sie schon.

Haben Sie einen Berliner Lieblingsclub?

Nein, nicht den einen. Ganz gut finde ich beispielsweise das About Blank, ein Clubkollektiv. Dort finden immer auch mal wieder politische Debatten statt, und zum 200. Geburtstag von Karl Marx gab es eine Feier.

Wir haben es angedeutet: Clubs sind Stätten der Nacht.

Oder des frühen Morgens. Mitternacht geht es erst richtig los. Das lässt mein gegenwärtiges Leben nicht mehr zu. Corona sowieso nicht. Und die Freundeskreise werden älter.

Älter – und brüchiger?

Auch. Und alleine loszuziehen, macht keinen Spaß.

Im »Spiegel« sagte der Maler Norbert Bisky kürzlich: »Jetzt erinnern die verrammelten Spätis und leergefegten Straßen eher an Magnitogorsk als an Berlin.«

Corona, ja … Das wird aber wieder anders werden. Die Clubszene hat sich immer wieder neu erfunden. Die Figuren der Nacht gehören zu Berlin. Es gibt heute die international bekannten Orte wie das Berghain, aber auch Kleinodien, die nicht im Mittelpunkt der Aufmerksamkeit stehen. In Bezug auf das Publikum ist die Szene ausdifferenzierter. So gibt es Orte, die sich explizit als queere Begegnungs- und Schutzräume verstehen, in denen Geflüchtete Solidarität finden.

Nochmal Nobert Bisky: »Man trifft doch nachts eine Menge Leute, die neben der Spur sind. Das finde ich toll. Leute, die anders aussehen und anders ticken als man selbst. Schwindel und Taumel, darum geht es. Die

Lust und Power queer I: Demonstration in Berlin

... und queer II: mit Gloria Viagra und Bodo

Schwerkraft außer Kraft zu setzen. Die Koordinaten des Lebens durcheinandergeworfen zu kriegen. Ich sehe Berlin als eine sehr egalitäre Stadt, wo es nicht so wichtig ist, wie viel Geld man hat. Das ändert sich aber gerade.«

Wir steuern gegen.

Wobei es eine Tendenz zum Jet-Set-Tourismus gibt.

Partytouristen lassen es kräftig krachen, das verändert die Kieze und verstärkt Spannungen.

Als Sie in einem Interview im »neuen deutschland« über die Clubszene in Corona-Zeiten sprachen, reagierte ein Leserbrief pikiert: »Dank dieses Interviews habe ich wieder etwas Neues gelernt: Linke Politik muss sich aus Sicht des Senators und Genossen Klaus Lederer wohl auch auf die Existenz/Existenzsicherung von Clubs mit exzessivem Feiern konzentrieren, die ein turbulentes Nachtleben in Berlin als ›Feierhauptstadt‹ gewährleisten.« Diese Unterstützungsabsichten, die Clubbetreibern und -betreiberinnen helfen sollen, »die Clubs liquide zu halten« und nach der Pandemie »wieder durchzustarten«, würden viele Bürger/innen und künftige Wähler/innen »davon überzeugen, wie wichtig es ist, dass die Linke mitregiert …«

Letzteres hoffe ich auch! Ich antworte sehr ernst auf das, was da im Leserbrief ironisch, sarkastisch, kopfschüttelnd gemeint ist: Wenn sich Rot nicht für alle Farben des Lebens interessiert und einsetzt, werden wir irgendwann sehr, sehr blass aussehen. Aber ein verzweigt angelegter Kulturbegriff ist eben immer denunzierbar. Das habe ich vom ersten Tag meines Amtes hier gemerkt. Die Kanonisierung des forciert Gesellschaftskritischen – nicht mein Ding. Popkultur ist nicht gleichzusetzen mit Pöbelkultur. Was mich an Leserbriefen wie dem zitierten erstaunt: wie freiwillig manche Leute ihr Niveau entblößen.

Singen Sie bei offiziellen Anlässen die Nationalhymne mit?

Keine Hymnen, keine Uniform! Die Nation als ideologische Kollektivbildungsmaschine ist ein überholtes Modell und für mich kein Bezugspunkt.

Die Franzosen rufen »Vive la France!«

Damit meinen sie: »Es lebe die Republik!« Französische Traditionen sind republikanische Traditionen. Die französische Staatsbürgerschaft erwirbt man mit der Geburt im Lande, und hier bei uns reicht schon eine schwache Reform des Staatsbürgerschaftsrechts, um rassistisch motivierte Unterschriftensammlungen auszulösen. »Nation« war in Deutschland stets die reaktionäre Antwort auf Republik. Der Nationalstaat als solcher bleibt dagegen eine politische Arena, in der die Linke agieren muss.

Der Begriff Leitkultur?

Ein Bermuda-Viereck zwischen Florian Silbereisen, Döner Kebap, Angela Merkel und Bayern München. Schon bei der Einbeziehung von Immanuel Kant und Wolfgang Amadeus Mozart könnte es schwierig werden. Es existiert kaum irgendwo noch eine ethnisch homogene kulturelle Linie, die eine durchgehende Dominanz für sich beanspruchen könnte; in Deutschland hat sie eigentlich kaum jemals existiert. »Deutschland« ist eine Nebelkerze, die den Blick auf die politischen Erfordernisse der Zeit verschleiert.

Haben Sie schon mal Auswanderung erwogen?

Klar. Nur: wohin?

Mit welchen drei Begriffen charakterisieren Sie denn Deutschland?

Größenwahn, Gartenzäune, Selbstmitleid.

Sehr klares Urteil.

Wenn es um lediglich drei Begriffe geht, kann ich mich zur Differenzierung nicht durchringen. Höchstens noch zu einem vierten Kennzeichen: der autoritäre Charakter.

Woran erkennen Sie einen Deutschen?

Im Ausland? An Befehlston und Gequängel.

Heimat?

Es gibt den Satz, Heimat sei da, wo man in der Kneipe anschreiben könne. Den Begriff akzeptiere ich, wo er etwas sehr Individuelles zur Kennzeichnung von Geborgenheit meint. Als eine völkisch grundierte Norm akzeptiere ich ihn nicht. Wer einmal die Milchstraße über La Palma gesehen hat, unter den Felsen dort stand oder papas arrugadas con mojo gegessen hat, der kann Heimat empfinden, weit weg von zuhause.

Wer ist der größte deutsche Depp?

Das funktioniert nicht im Singular.

Ihre derzeitige Lieblingsminderheit?

Angry white men, vom Aussterben bedroht.

Halten Sie sich für einen treuen Freund?

In der Tendenz schon. Jede menschliche Beziehung setzt Konditionen voraus: Berechenbarkeit, Verlässlichkeit und Vertrauen, Loyalität. Das ist der jeweilige Maßstab für – Treue. Ja, ich denke, ich kann das bejahen.

Was empfinden Sie als Verrat?

Krassen Vertrauensbruch.

Hat die jeweils ältere Generation Schuld, wenn die Nachfolgenden mehr und mehr an Idealismus einbüßen?

Ich glaube nicht, dass es die Aufgabe einer Generation sein kann, den Nachfolgenden irgendeinen Idealismus zu vermitteln – schon gar nicht im weiterhallenden Echoraum von Zeiten, da im Namen von Idealen größte Verbrechen begangen wurden. Das Minimum, das wir weitergeben können, ist das Lust- oder Pflichtgefühl, über das eigene Leben, über das, was man selber tut oder nicht tut, gehörig nachzudenken.

Die Jungen überwinden glücklich die Welt der Väter.

Das soll so sein, aber man möchte ihnen doch sagen: Produziert nicht wieder sowas wie die dreißiger Jahre, nur weil ihr die Konsequenzen von 1933 und 1945 nicht selber erlebt habt. Es gibt ein Beharrungsvermögen der Alten, das Wert hat. Ich meine die störrische Wachheit bei bestimmten gesellschaftlichen Erfahrungen, etwa mit dem Faschismus.

Worin besteht dessen Gefahr? In der Ansprache ans Irrationale?

Die Gefahr des Faschismus ist dessen Rationalität.

Im Gegensatz zum Stalinismus?

Bei den Faschisten ist der Feind zweifelsfrei definiert: rassistisch, chauvinistisch. Also: Meine ethnische Zugehörigkeit schützt mich, und solange ich mich politisch nicht verquatsche, kann ich denken, was ich will. Im Stalinismus dagegen gab es keinen marxistischen Ahnenpass, der Stalinismus wollte mit Macht in die Köpfe und wissen, was die Menschen denken. Weil man sich da nie sicher sein kann, witterte man Feindschaft überall und schoss auch in Köpfe in den eigenen Reihen. Damit blutete auch die Idee aus, und so hat der Stalinismus das Projekt des Sozialismus machtpolitisch auf nicht absehbare Zeit beschmutzt. Denn, ehrlich gesagt, man kann doch heutzutage nur noch treugläubigen seminaristischen Kreisen mit Lenin kommen. Intellektuell ist das nur noch Stoff für ein ödes Ziel: dass die Frommen immer frommer werden.

Denken Sie oft an den Tod?

Nee. Wir wissen nur eines von der Zukunft, das garantiert eintritt: Wir werden sterben. Menschliches Streben …

Streben, liegt phonetisch nah am Sterben. Und ein einziger Buchstabendreher kehrt alles in sein Gegenteil.

Alles Streben hat sich auf ein wesentliches Ziel auszurichten, auch in der sozialen Organisation des Lebens: Würde ist nicht nur etwas, das wir den Künftigen ermöglichen sollten, sondern schon uns selbst. Denn nur dann ist es vererbbar.

Zu Ihren glücklichen Erfahrungen zählt …

Dass mir meine Großeltern so lange erhalten geblieben sind.

Wie nah kam Ihnen der Tod sonst noch?

Ich denke auch an einen Genossen in der Berliner Geschäftsstelle der Partei, er fiel plötzlich um: Hirntumor. Wir haben ihn, nach unseren Möglichkeiten, im Hospiz begleitet, eine Begleitung zum Sterben hin. Auch eine Genossin aus meiner Nähe ist gestorben … Diese Situationen nehmen naturgemäß zu. Es ist ein Elend, das die Vernunft, die dir was von Werden und Vergehen und sonstigen Kreisläufen einredet, nur dürftig zukleistert.

Immer wird der Wunsch bleiben, nicht wissen zu wollen, wann uns jenes Unglück erreicht, das nicht im Kalender steht. Der Kalender sagt uns, was wir morgen erwarten dürfen …

… aber nicht, womit wir zu rechnen haben, ja.

Heiner Müller sagte: Wenn man sterbe, sei dies logischerweise das Ende der Welt. Sie hört für den Einzelnen mit dessen letztem Atemzug auf. Er sagte das mit seinem berühmten scheuen Lächeln. Als es ans Sterben ging, trat auch bei ihm die Angst hervor. Was vermuten Sie: Was ist das Schwerste, wenn man an die eigene Vergänglichkeit denkt?

(Pause.)

Das Schwerste ist wohl das Einverständnis damit, dass nach einem alles weitergeht. Nicht die traurige Einsicht, nicht das knirschende Eingeständnis, nein: dieses Einverständnis.

Brechts Gedicht: »Als ich in weißem/ Krankenzimmer der Charité/ Aufwachte gegen Morgen zu/ Und eine Amsel hörte, wußte ich/ Es besser. Schon seit geraumer Zeit/ Hatte ich keine/ Todesfurcht mehr, da ja nichts/ Mir je fehlen kann, vorausgesetzt/ Ich selber fehle. Jetzt/ Gelang es mir, mich zu freuen/ Alles Amselgesanges nach mir auch.«

Der Amselgesang nach uns … Aber ich muss nochmal sagen: Wirklich ernsthaft habe ich noch nie darüber nachgedacht, wie unmittelbar man stetig und potenziell an Abgründen steht. Da sind wir wieder bei der Kunst, sie bringt uns dies noch Unbekannte ausdauernd nah. »Halt auf freier Strecke« von Andreas Dresen, das Krebsdrama, das schnürte mir den Hals zu. In so einer Mühle, in der ich jetzt arbeite, da kann man leicht vergessen, dass jede Stunde einen unerwarteten Schlag bringen kann.

Was empfinden Sie angesichts der Gewissheit, dass es Sie – vermutlich – in fünfzig Jahren nicht mehr gibt?

Ihre Frage macht mich gelassen, Sie sagten: vermutlich.

Also wären Sie gern unsterblich?

Nein. So weit muss es nicht gehen. Um diese Frage zu bejahen, müssten zu viele Dinge vorher geklärt werden. Das ist mir zu anstrengend.

Was verbindet sich für Sie mit dem Begriff Unglück?

Persönlich? Einschneidende Unglückserfahrungen blieben mir bisher erspart. Was ich nicht erlebte, war: selber hineingeworfen zu werden in eine schlimme Situation, also fundamental mit einem existenziellen Schnitt konfrontiert zu werden. Während meines Zivildienstes betreute und pflegte ich einen Menschen, hier in Berlin, der nach einem Sturz querschnittsgelähmt zuhause im Bett lag. Er wollte sterben, und alle seine Gesten, all sein Schweigen, seine tiefe Abkehr und Abwehr von allem war auf diese Botschaft ausgerichtet. Über Wochen war ich jeden Tag bis zu fünf Mal bei ihm, es war auch immer eine Schwester dabei. Ein Pflegeelend. Sein Bett stand in einer bereits leergeräumten Wohnung. Was ihm gehörte, lag in Kisten verstaut im Nebenzimmer. Alles so platziert, dass es beim effektiven Saubermachen nicht im Wege stand. Er war so auch ständig mit dem Zustand nach ihm konfrontiert. Der Eindruck konnte entstehen, er sei das letzte lebende, also störende Element in angestrebter Keimfreiheit. Unwillkürlich kam einem das böse Wort von der Entsorgung in den verstörten Sinn. Als habe der Tod unseren

Pflegedienst längst übernommen und schaue schon täglich auf die Uhr. Es war entsetzlich. Wir haben die Kisten teilweise wieder ausgeräumt, Bilder an die Wände gehängt, Erinnerungsstücke hingestellt. Es war ein wenig so, als befreiten wir erstickte Leben aus diesen Umzugskisten, und auch dieser Mann selbst holte, wenn man so sagen darf, noch einmal ganz anders Atem.

Hätten Sie gern in einer anderen Zeit gelebt?

Man weiß, wie andere Zeiten verliefen, wie sie endeten, wie Menschen darin lebten oder litten. Einzig eine Zeit zu nennen, genügt nicht, man liefert sich sofort dem Wunsch aus, dort zu den Besseren zu gehören, zu denen, die verschont blieben. Was aber, wenn man in jener anderen Zeit zu den Verfolgten, Aussortierten, zu den Unglücklichen gezählt hätte? Bei solchen Fragen denke ich wieder daran, welches Glück ich in diesem Leben hier hatte und habe. Aber Sie haben gefragt, und so antworte ich trotz meines Einspruchs: Stiege ich in eine Zeitmaschine, so sähe ich gern Nikolaus Kopernikus und Johannes Kepler oder Franklin D. Roosevelt bei der Arbeit zu. Auch in die Welt von Umberto Eco würde ich gern blicken. Aber wirklich: nur zuschauen und bei den erwartbaren schlimmen Szenen wegsehen.

Und ausschalten das Ding, diese Zeitmaschine.

Ja, am wichtigsten ist natürlich, wieder auszusteigen.

Denken Sie in Kategorien wie Schicksal, Geworfenheit?

Geworfenheit ist nicht die wichtigste Kategorie, wenn ich über Leben nachdenke. Ist nicht wirklich mein Wortschatz. Aber sehr wohl weiß ich: Du bist niemals und nirgends vor etwas gefeit, das dich unerwartet treffen könnte. Der Komet kommt eh (*lacht*).

Halley?

Nein, der alles zerkloppt.

Ich führte ein Interview mit dem grandiosen Schauspieler Hilmar Thate. Einen Tag vorher hatte ich im Radio gehört, in vier Milliarden Jahren treffe der Andromedanebel auf die Milchstraße. Thate sagte: »Oh! Schon?!«

Wann war das Interview?

Im November 2014.

Die Sache rückt näher.

Man muss auf das Böse gefasst sein?

Auf das Gute doch aber auch!

Waren Sie schon mal in Lebensgefahr?

Ich gehe fest davon aus. Ich hab es aber nicht erfahren und kam also davon. Immer braut sich über dem Menschen etwas zusammen. Immer ist irgendwo auf einem Dach ein Ziegelstein locker.

Was ist in Ihrem Leben noch unerfüllt?

Nicht das meiste, aber vieles. Mehr Mut möchte ich haben für die Erweiterung des eigenen Horizontes. Man weiß nie wirklich, wie man die Balance herstellen kann – zwischen der Einsicht in die Pflichten, die man übernahm, und der Rücksichtslosigkeit, das zu tun, was einem gut tut. Was mich sehr interessiert, sind andere Traditionen von Gesellschaftlichkeit. Wie kommt man da wirklich tiefer hinein? Wir müssen im Denken unsere eurozentristische Perspektive aufbrechen. Wobei die Marx'sche wohl schon die am wenigsten eurozentrische linke Denkart ist.

Darf man auch dankbar dafür sein, in klimatisch gemäßigten Gefilden zu leben?

Ja, klar. Gemäßigt? Noch. Aber vier so unterschiedliche Jahreszeiten, die finde ich schon sehr angenehm. Wobei es mich instinktiv eher in den Süden zieht. Licht und Gegenlicht. Aber kaum sage ich's, bin ich mir einer Ungerechtigkeit bewusst: Skandinavien interessiert mich auch, Irland, Schottland. In China war ich noch nicht, habe ich schon erwähnt, und von Russland kenne ich nur Moskau, kurzum: Ich scheue den Aufenthalt woanders nicht (*lacht*).

Sind Sie ein verkappter Diplomat?

Wieso?

Sie loben den Süden – sofort folgt das Plädoyer für den Norden.

Verflucht! Entlarvt! Da gehöre ich nun einer kämpferischen Partei an, die eine klare Linie hat – und was mache ich? Bin gar zu dankbar für die Vielfalt (*lacht*). Nehmen Sie's als Vorwarnung, mir keine Fragen mit der trostlosen Alternative Entweder-Oder! zu stellen. Ich bin wahrscheinlich immer für beides.

Zum Beispiel?

Cowboy oder Indianer. Berge oder Meer. Beatles oder Stones. Oper oder Schauspiel. Goethe oder Schiller. Sommer oder Winter. Kaffee oder Tee. Torwart oder Stürmer. Statt »oder« sag ich meist »und«.

Gruppenmensch oder Einzelgänger?

Auch beides.

Hertha BFC und Union?

Erwischt, da werde ich eindeutig: Union. Und noch was: Ich trinke lieber Rotwein als Bier.

Bevorzugen Sie eine Jahreszeit?

Frühsommer. Der trockne staubige Sommer ist noch nicht da, der graue März nicht mehr. Aber es fängt mich schon ein, wenn die Kälte nachlässt, die Farben kommen, herrlich, die Frühblüher im Park von Charlottenburg. Herrlich ist dann auch wieder der September, wegen der Farben.

Sie sind kein Freund der Melancholie?

Doch, aber die kalte feuchte Jahreszeit ist für mich nicht ein Verstärker von Melancholie, sondern der Tristesse. Jeder Mensch steht ja, wenn er in den Tag geht und damit auf viele andere Menschen trifft, immer auch ein wenig neben sich selbst. Ohne das geht Leben nicht. Aber im Frühling, im Frühsommer, da stehe ich, wenn ich's denn nicht vermeiden kann, am beschwingtesten neben mir.

Sie haben mal gesagt, »Bohemian Rhapsody« von The Queen beschreibe Sie am besten.

Eine Augenblicksantwort war das, ein spontanes Bekenntnis. Vom Text her vielleicht nicht, aber von der Melodie her – ja. Es gibt im Leben so viele Aufs und Abs, und dieser Song bringt das unglaublich schön rüber.

Schön heißt?

Tröstlich.

Den brauchen Sie offenkundig mitunter. Vor ein paar Tagen twitterten Sie: »Ich bin heute komplett alle, bin durch, am Limit. Wird morgen wieder anders. Aber ich muss es mal loswerden. Und ich bin ja in einer echt privilegierten, komfortablen Lebenslage. Meine Verneigung vor allen, die WIRKLICHE Probleme haben in dieser Ausnahmezeit.« Warum diese Nachricht?

Weil es mir ein Bedürfnis war, mal zu sagen: Krass, was so viele Menschen in dieser Pandemie-Zeit bewältigen müssen. Viele von uns stoßen gerade echt an Grenzen, und es ist völlig in Ordnung und manchmal auch notwendig, das auszusprechen – weil dieses An-Grenzen-Geraten eben Ausdruck unserer kollektiven Lage ist, nicht individuelles Versagen.

Nach allem, was wir beredet haben: Steht ein Linker nicht doch in der geradezu natürlichen Gefahr, die Freiheit des Willens, die Energien des Bewusstseins zu überschätzen?

Ich nicht. Ich gehörte nie zu denen, die zwar Marx herbeten, vor allem seinen Satz, das gesellschaftliche Sein bestimme das Bewusstsein, und die dann aber genau umgekehrt agieren: Sie glauben an Bewusstseinsoperationen, sie stellen die Idee vom Menschen über den Menschen, sie betreiben Zwangsbeglückung mit Dogmen und Doktrinen. In der modernen Gesellschaft, das ist mein Mantra, begegnen die Menschen einander vor allem als Marktteilnehmer. Das ist keine individuelle Entscheidung, das ist schlichtweg die kapitalistische Funktionalität. Ihr entkommt kein Mensch, und seit der Entstehung des Kapitalismus geschah diese Einverleibung nie reibungslos. Man blicke nur auf den Kolonialismus und schon weiß man, wie oft dies eine sehr blutige Angelegenheit war. Kapitalismus ist Landnahme. Menschen funktionsfähig zu halten, sie in die Verdinglichung einzubinden – auch das ist eine Art innerer Landnahme. Eine Besetzung der Seele.

Im Grunde eine Tragödie.

Den Antikapitalisten des großen Wortes sage ich aber immer, dass an diesem Punkt die Chance des Menschen gering ist, sich herauszuhalten, sich dem Dilemma dieser Zurichtung zu entwinden.

Ob uns das bewusst ist oder nicht?

Was mal ein wirklich emanzipatorischer Gedanke war, die Befreiung von Familienabhängigkeiten, Herkunftsfesseln und Geschlechterungerechtigkeiten, das wurde zu einem Verhängnis: Gesellschaftlich verursachte Risiken werden zu persönlichen Risiken erklärt – das haben Menschen Stück für Stück verinnerlicht. Das führte dazu, dass die Dynamik bei der Reproduktion des Kapitals wie eine riesengroße Dampfwalze wirkt, die alles plattmacht, was diesem Reproduktionsinteresse entgegensteht. Wir sind einer Menschenvereinzelungsmaschine ausgesetzt. Das ist das Zynische kapitalistischer Herrschaft: Sie schafft es immer wieder, dass Menschen das System als anthropologische Konstante betrachten, naturgegeben deuten: Der Mensch sei halt so.

Ist er so?

Er wird durch den Platz geprägt, der ihm möglich ist, durch seinen Habitus, heißt es bei Bourdieu. Auf die Welt zu kommen, heißt: Dir ist ein Platz zugewiesen – das Lager Moria oder die Favelas in Brasilien oder ein Eigenheim in Europas Westen. Du selber entscheidest nicht die Ausgangslagen deines Lebens. Und da sind wir wieder am Punkt: Was du lebst, ist immer auch eine stückweise Reproduktion bestehender Verhältnisse.

Klaus Lederer, das linke Begehren eines besseren Lebens, der Anspruch, den Lauf der Welt zu verändern – wie steht es denn nun damit, wenn es das Monopol einer Klasse nicht mehr gibt, nicht mehr die Avantgarde, nicht mehr die weltumspannende Bewegung? In einem unserer früheren Gespräche betonten Sie, der Mensch sei ein Ensemble der gesellschaftlichen Verhältnisse. Also, was ist mit dem Anspruch der Weltveränderung?

Dieser Anspruch äußert sich schleichend oder plötzlich, in völlig ungewohnten und ungeahnten Formen und Aktivitäten, er entspringt selbst dem Mainstream und wirkt zurück auf die Gesellschaft. Dieser widerständige Impuls, finde ich, ist zutiefst individuell, er folgt nicht unbedingt hehren Theorien, sondern wird meist durch jenes meist sehr irdische Bedürfnis motiviert, »nicht dermaßen regiert« zu werden, wie es bei Foucault heißt. Manchmal sucht sich dieser Impuls stabilere und komplexere Formen, manchmal entäußert er sich als Ein-Punkt-Programm.

Damit wird der Kapitalismus nicht abgeschafft

Aber er wird immer wieder anders.

Wie und mit welchem Ergebnis?

Das werden wir später sehen. Suche, Zweifel, Inkonsequenz gehören zu diesen widerständigen Impulsen. Und ein Beutel voll offener Fragen. Bei Marx hieß es, die Menschheit stelle sich immer nur Aufgaben, die auch lösbar seien. Die Keime des Neuen müssten im Alten bereits angelegt sein …

Vor der US-amerikanischen Insel Alcatraz

Ein Beutel voll Fragen … Einige können Sie ja noch beantworten. Wie beschreiben Sie Lebenskunst?

Die gute Laune zu behalten.

Wo würden Sie lieber leben als in Deutschland?

Auf der Insel des ewigen Frühlings.

Wissen Sie genau, was Sie zum Leben benötigen?

Ja, weniger, als ich habe.

Was soll ich Angela Merkel von Ihnen ausrichten?

Danke, dass sie mich hin und wieder überrascht.

Nennen Sie drei Dinge, die Sie für Geld nicht tun.

Zum Fernsehturm »Telespargel« sagen, pfälzischen Saumagen essen, meine politische Stimme verkaufen.

Stimmt es, dass Sie als Dreizehnjähriger einer DDR-Zeitung Ihren Berufswunsch gestanden? Sie wollten – Kommunist werden?

Ja. Daraus wurde nichts (*lacht*).

Ihr Lieblingsvogel?

Flamingo. Ist rosa und bleibt immer standhaft auf seinen dünnen langen Beinen.

Wer Regierender Bürgermeister werden will, will Zukunft. Will also Entwicklung und den Leuten Mut zur Zuversicht machen.Aber Zukunft wird irgendwann auch sein, was bei Jesaja zu lesen ist: »Über euren Städten wird Gras wachsen.«

Charmanter Hinweis. Alles Menschengemachte ist vergänglich. Diesem Grundgesetz wird niemand ausweichen können. Im Augenblick wäre – angesichts der globalen Klimaveränderungen – meine akutere Sorge, dass überhaupt noch Gras wächst. Begrünen wir die Dächer!

Alexander Kluge hat gesagt: »Ich würde gern noch einmal in meinem Leben einem Außerirdischen mit Funkverkehr entgegentreten. Es würde mich sehr verblüffen, wenn er Mathematik so versteht wie wir. Welche Geschichten erzählt der Kosmos?«

Schön. Wunderschön. Was soll ich da noch sagen. Ich danke für die Gespräche. Einen guten Rat noch für den Fahrstuhl nach unten. Ich hätte Ihnen das viel früher sagen sollen.

Wieso, was ist mit dem Lift? Er ist immer gefahren, ob ich nun kam oder ging.

Passen Sie auf, manchmal sammeln sich so viele Flusen unten in der Türschiene, dass das Ding nicht zugeht. Dann hilft nur: bücken und Flu-

Noch einmal hoch die Tasse: Entscheidend ist, was drin ist!

sen raus! Ich selber hab das schon oft machen müssen. Es ist lästig, aber auch ein schönes, sozusagen staubiges Bild für das Althergebrachte, das sich uns immer wieder störrisch querlegt. Sternenblick hinauf, ja, schön und gut, aber unten nicht die Flusen unterschätzen!

Aus Reden, Artikeln, Interviews

Kultur und Kleingärten, Tabubrüche und Bach

Sicher kann Kultur nicht materielle Armut lindern, und das gesellschaftspolitische Desaster einer grassierenden Kinderarmut ist nicht mit Klavierunterricht zu lindern, aber: Kinderarmut beseitigen zu wollen, ohne zugleich auch kulturelle Armut zu bekämpfen, ist für mich undenkbar.

In der Pandemie wurden die Verletzlichkeiten des gesellschaftlichen Reproduktionsprozesses deutlich. Das aber daraus automatisch folgt, dass sich alle zusammentun, um diese Verletzlichkeiten abzubauen – diese Illusion habe ich nicht.

Öffentliche Unternehmen sind keine Allheilmittel für städtische Probleme, und sie dürfen nicht zu »Schattenhaushalten« und »Gebührengeißeln« verkommen. Qualitäten besitzen öffentliche Unternehmen nicht per se. Ihre Funktion besteht in der Sicherung von grundlegenden Voraussetzungen eines sozialen und solidarischen Zusammenlebens in urbanen Räumen. Ob sie sie erfüllen, erweist sich nur in der alltäglichen Unternehmenspraxis.

Vorsicht vor revolutionärem Pathos. Kulturelle Wellen, die eine Antiposition zum Bestehenden zum Ausdruck brachten, wurden oft genug »hip« und hüllen musikalisch fünfzig Jahre später das Herbstfest der Kleingartengemeinschaft in einen zarten Klang.

Berlin hat begriffen, dass wir uns nicht selbst genügen dürfen. Die Freiheit, die wir in Berlin haben, hängt auch von europäischen Rahmenbedingungen ab. Da ist es wichtig, frühzeitig laut zu sein – und laut zu bleiben.

Nicht alle Probleme so einer Stadt wie Berlin sind mit Landespolitik zu lösen, wir sind auf eine gesamteuropäische Sozialpolitik angewiesen. Klimaschutz oder Digitalisierung als Wertschöpfungsform: Beide sind nicht kommunal zu regulieren.

Berlin muss Räume für Kunst und Kultur sichern und schaffen. Durch Verdrängung und Verwertungsdruck werden Räume immer knapper.

Coronahilfe? Das Land Berlin hat keinen Geldautomaten mit unbegrenzter Abhebebefugnis. Zu weit in die Zukunft denke ich lieber nicht. Würde ich anfangen, das Ganze von irgend einem Ende her zu denken, dann würde ich abends nur noch mit Albdrücken einschlafen – wenn ich überhaupt einschlafen könnte.

Wenn von »Tabubrüchen« die Rede ist, kann man sich meist auf eine ganze Ladung alten Weins in neuen Schläuchen gefasst machen. Dieser Wein ist oftmals so abgeschmackt, dass man nicht die geringste Energie darauf verwenden sollte, zu reagieren.

Ich glaube schon, dass ein großer Teil des Spitzenpersonals der AfD beflügelt worden ist vom Erfolg, den der permanente Tabubruch hat. Und natürlich ist das Problem des permanenten Tabubruchs: Man kann jedes Tabu nur einmal brechen. Das heißt: Man muss immer noch weiter nachlegen. Längst ist die AfD in einer Lage, in der selbst Leute, die einst eher gereifte Konservative waren, wie Herr Gauland, rechtsextremes Zeug erzählen. Da fragt sich Höcke: Was muss ich denn jetzt als nächstes auspacken, um nachlegen zu können? Das Perfide ist die Gewöhnung an diese Methode.

Wer sich der Realität verweigert, wird unwählbar.

Was kann einen über diese Zeiten bringen? Klar, Bach-Kantaten, die sind so großartig wie die Stimme von Marlene Dietrich.

Wegsuche in Jerusalem

V

»Ein Nachwort? Nein.
Besser wäre ein Grußwort:
nach vorn hin offen.
Ein Gedenkwort. Erinnerung
ist Arbeit an der Zukunft«

Klaus Lederer, möchten Sie ein Nachwort fürs Buch schreiben?

Nein.

Schreiben also nicht … Dann vielleicht etwas dokumentieren, das Sie – gesagt haben?

Sagen? Das ist doch wieder eine Anspielung auf die vielen Grußwort-Pflichten eines Kultursenators.

Als Nachwort ein – Grußwort, das ist doch gut. Grüße stehen eigentlich an jedem Beginn – so bleibt zum Schluss alles offen.

Na ja, ein Grußwort ist tatsächlich manchmal wie das Stimmen der Instrumente, bevor das Konzert richtig losgeht (*lacht*).

Im Ernst. Sie haben ein Nachwort frei.

Musicboard-Jahresempfang, Bauhaus-Ausstellungseröffnung, Bilder von Nobert Bisky in der St.-Matthäus-Kirche, CTM-Festival, Stasi in Berlin, die Künstler der Brücke, Berliner Märchentage …

Was zählen Sie da auf?

Das sind nur ein paar gewesene Anlässe für Grußworte.

Ein Kessel Buntes.

Ich entscheide mich für das Grußwort zur Eröffnung der Dauerausstellung im Haus der Wannsee-Konferenz, 19. Januar 2020.

Warum?

Weil der Satz richtig ist: »Es ist geschehen und folglich kann es wieder geschehen: darin liegt der Kern dessen, was wir zu sagen haben.« Primo Levi in »Die Untergegangenen und die Geretteten«.

Manchmal hat man das Empfinden: Mit dem Erinnern an Auschwitz hat man leider Möglichkeiten eröffnet, anderen Menschenrechtsbrüchen mit Relativierung zu begegnen.

Bei Miriam Weissenstein in Israel: Chronistin der Zuversicht

Ja. Viele Menschen denken bei »Nie wieder!« an »Nie wieder Krieg, nie wieder Konzentrationslager, nie wieder Leichenberge!« Aber wird denn daran gedacht, dass mit »Nie wieder!« auch und vor allem eine Politik gemeint sein muss, die überhaupt erst zu diesen Verbrechen führt? Darum geht es! Es geht darum, eine Gesellschaft zu schaffen und zu halten, in der es Rahmenbedingungen für ein Leben in Würde und sozialer Gerechtigkeit gibt und in der der Gedanke von Menschenvernichtung nicht mehr aufkommt.

Niemand soll aus rassischen, ethnischen, politischen Gründen angegriffen, verfolgt werden.

Ja, und es geht noch weiter: Sofort kommen einem auch die sozialen Gründe in den Sinn. Wo beginnt eigentlich die Zerstörung der Menschenwürde?

In Ihrem Büro steht ein Foto aus Tel Aviv: Darauf Sie, Ihr Mann – und Miriam, die Witwe des jüdischen Fotografen Rudolph Weissenstein.

Er ist mit seiner Kamera ein wesentlicher Chronist der Gründungsgeschichte von Israel gewesen. Über 250.000 Negative! Er war mit Ben Gurion befreundet und hat den ersten Aufbauschub des Landes grandios fotografiert.

Der Dichter und ehemalige Verleger des Hanser-Verlages, Michael Krüger, erzählte in einem Interview mit dem Kulturwissenschaftler Matthias Bormuth eine ostdeutsche und eine westdeutsche Schrecklichkeit: »Das Haus der Wannsee-Konferenz lag direkt gegenüber meiner Schule am Wannsee. Jenseits der ungefähren Zahlen, wie viele Menschen umgekommen seien, sprachen wir nie über die geschichtlichen Hintergründe. Auch unterschied man deutlich zwischen Ost-Juden und assimilierten West-Juden, unseren ehemaligen Mitbürgern, also Einstein und anderen, gegen die man nun wirklich nichts habe. Dass die bessere Hälfte des deutschen Geistes das Land auf diese und jene Weise verlassen hatte, darüber kein Wort … Und in den sechziger Jahren kam eine Tante aus Zeitz zu Besuch, trotz Mauer. Beim ersten Schluck Kaffee – Bohnenkaffee! – sagte sie: Tchibo, ist dieser Kaffee nicht auch jüdisch? Alle glotzten bedröppelt in ihre Tassen, und dann ging das Geschrei los. Das ›Hitler-hat-aber-auch-die-Autobahnen-gebaut‹-Argument kam nach meiner Erinnerung ziemlich häufig vor.«

Alles Abgeklärte, Erkaltende, das irgendwann zum Lauf der Geschichte gehört, darf bei diesem Thema nicht hingenommen werden. Weil Abklärung und Erkalten doch aber unweigerlich geschehen, muss insistiert werden, immer wieder.

Kein Mensch Ihrer Generation trägt Schuld am deutschen Faschismus.

Trotzdem kommen auch wir nicht los.

Von Verantwortung?

Von Zuständigkeit.

Wofür?

Für die Abwehr dieses immerwährenden Delegiersystems: Der war's, nicht ich.

Martin Walser: »Was ist das für eine Einteilung: Ich gehör dazu, sobald es sich um Goethes Faust handelt, aber mit dem Dr. Faust in Auschwitz habe ich nichts gemein. Wir haben mit ihm alles gemein, was wir mit Goethe gemein haben.«

Ja, zuständig ist jeder für die Abwehr dieser gefährlichen Arbeitsteilung nach dem Motto: »Das ist nicht mein Bier! Das ist nicht mein Ressort! Dafür werd' ich nicht bezahlt! Da müssen andere ran!«

Ihre Nachwort-Auswahl für den Abschluss unserer Gespräche: irgendwie staatstragend.

Ach – wär's nur so! Ist doch ein schöner Traum: dass solcher Geist den ganzen Staat trüge.

KLAUS LEDERER

Bereitschaft zum Nachdenken, Fähigkeit zur Erfahrung

»In großen Arbeitskolonnen, unter Trennung der Geschlechter werden die arbeitsfähigen Juden straßenbauend in diese Gebiete geführt, wobei zweifellos ein Großteil durch natürliche Verminderung ausfallen wird. Der allfällig endlich verbleibende Restbestand wird, da es sich bei diesem zweifellos um den widerstandsfähigsten Teil handelt, entsprechend behandelt werden müssen, da dieser, eine natürliche Auslese darstellend, bei Freilassung als Keimzelle eines neuen jüdischen Aufbaues anzusprechen ist.«

Es graut mich, Ihnen diese Sätze aus dem Protokoll jener Besprechung hier vor dem Haus vorzulesen, in dem sich vor fast genau 82 Jahren hochrangige Vertreter der NS-Reichsregierung, der SS und der NSDAP über die Vorbereitungen zur Ermordung der europäischen Juden abstimmten.

Bis zur Wannsee-Konferenz im Januar 1942 hatten die Deutschen bereits Hunderttausende jüdische Männer, Frauen und Kinder in den von der Wehrmacht besetzten Gebiete ermordet. Nach der Konferenz wurde der systematisch ausgearbeitete Mordplan in unvorstellbarer Brutalität und Rigorosität bis zum letzten Tag, bis zur militärischen Niederschlagung Nazi-Deutschlands im Mai 1945 umgesetzt.

Die zynische und verwaltungsmäßige Sprache des Protokolls, die Euphemismen und Tarnbegriffe, die im Wissen um das tatsächliche Mordgeschehen das Grauen hervorrufen, sind Ausdruck des Wahns, der hinter dem Verbrechen steht. Theodor W. Adorno hat zu diesem Wahn festgestellt: »Für die Faschisten sind die Juden nicht eine Minorität, sondern die Gegenrasse, das negative Prinzip; von ihrer Ausrottung soll das Glück der Welt abhängen.« Und in seiner Rede zum Tag des Gedenkens an die

Opfer des Nationalsozialismus 1998 im Bundestag führte der israelische Historiker Yehuda Bauer aus: »[Das] war ein Konsens, der auf dem Versprechen einer wunderbaren Utopie basierte – der Utopie von einer idyllischen, weltbeherrschenden Volksgemeinschaft, ohne Reibungen, ohne Parteien, ohne Demokratie, von Sklaven bedient. Um das zu erreichen, musste man sich gegen alles aufbäumen, was vorangegangen war: bürgerliche und jüdisch-christliche Moral, individuelle Freiheit, Humanismus, das ganze Gepäck der französischen Revolution und der Aufklärung überhaupt. Der Nationalsozialismus war wohl die radikalste Revolution, die je stattgefunden hatte – ein Auflehnen gegen das, was man bis dahin als Menschlichkeit betrachtet hatte.«

Heute eröffnen wir hier eine neue Ausstellung, die über die Konferenz selbst und ihre Einordnung in die Geschichte der Ermordung der Juden Europas informiert. Das Haus der Wannsee-Konferenz ist dabei selbst ein zutiefst symbolischer Ort. Es ist dem Zufall der Überlieferung geschuldet, dass überhaupt ein Exemplar des Protokolls die in der Endphase des »Dritten Reichs« betriebene Aktenvernichtung überstand, um als eine Schlüsselquelle das Zusammenwirken von Staats- und Parteiinstanzen beim Judenmord zu dokumentieren.

Und es gab andere Orte in Berlin, an denen die für die Umsetzung des Holocaust zentralen Tätigkeiten im Verwaltungsalltag verrichtet wurden. Beispielsweise das – Mitte der sechziger Jahre abgerissene – Gebäude in der Kurfürstenstraße 115/116, in dem das Eichmann-Referat seinen Sitz hatte. Und natürlich die Zentralen von Gestapo, SS und Reichssicherheitshauptamt in der Wilhelm- und Prinz-Albrecht-Straße, an die heute die Topographie des Terrors erinnert.

Doch hier am Wannsee ist die Villa Marlier erhalten und nicht dem aus Schuldabwehr, Täterschutz und Verleugnung entsprungenen Abrissfuror der Nachkriegszeit zum Opfer gefallen. Und diese Villa Marlier in der »Colonie Alsen«, einer in den 1860er Jahren gegründeten Sommervillenkolonie, versinnbildlicht ganz eigentümlich das in Wahn und Vernichtung umgeschlagene Scheitern bürgerlicher Gesellschaft in Deutschland. Die heute kaum mehr erhaltenen eleganten Landhäuser dieser Kolonie standen für einen selbstbewussten großbürgerlichen Gegenentwurf zum Landschaftspark Klein Glienicke, der im 19. Jahrhundert von Lenné und Schinkel geschaffen wurde.

In der Colonie Alsen realisierten wohlhabende Berliner Bürger – Juden und Nicht-Juden – ihre Vorstellungen eines großzügigen Lebensstils. Und dieser bestand idealerweise aus Bildung, individuellem Können und Unternehmergeist und damit auch für das Glücksversprechen der bürgerlichen Gesellschaft von Wohlstand, Sicherheit und individueller Freiheit. Doch Ernst Marlier, der sich seine Villa 1914/1915 im protzigen Stil erbauen ließ, war ein neureicher Aufsteiger, der sein Vermögen mit dem Verkauf wirkungsloser Präparate gegen allerlei nervöse Leiden gemacht hatte. 1921 wurde das Haus an Friedrich Minoux, Generaldirektor im Stinnes-Konzern, verkauft, der vor dem Putsch 1923 mit Hitler und Ludendorff über ein Bündnis rechtsextremer Gegner der Republik verhandelt hatte. 1938 beteiligte er sich an der »Arisierung«, zwei Jahre später wurde Minoux wegen Veruntreuung verhaftet, worauf er die Villa an die SS-Stiftung »Nordhav« verkaufte.

Jede Wand in diesem Haus atmet Geschichte …

Es ist dieser hier zu besichtigende Umschlag, das Umkippen, der scheinbaren Idylle einer aufgeklärten bürgerlichen Lebenswelt in einen Abgrund der Barbarei, der ratlos macht. Und es ist das Mordgeschehen, die planvolle Umsetzung der totalen Vernichtung durch in allen Schattierungen menschlicher Gefühlszustände handelnde Täterinnen und Täter, das fassungslos macht. Eine Fassungslosigkeit, die der Historiker Saul Friedländer als das »Primärgefühl« bezeichnete, das es gegen alle Tendenzen der Versachlichung und der vermeintlich wissenschaftlichen Distanz zu bewahren gelte.

Über die Bedeutung der Zeugnisse der Ermordeten in Tagebüchern und Briefen sagte Friedländer: »Wenn wir diesen Schreien lauschen, dann haben wir es nicht mit einem ritualisierten Gedenken zu tun, und wir werden auch nicht durch kommerzielle Darstellungen des Geschehens manipuliert. Vielmehr erschüttern uns diese individuellen Stimmen infolge der Arglosigkeit der Opfer, die nichts von ihrem Schicksal ahnten, während viele rings um sie das Ergebnis kannten und manchmal an seiner Herbeiführung beteiligt waren. Vor allem jedoch bewegen uns die Stimmen der Menschen, denen die Vernichtung bevorstand, bis auf den heutigen Tag gerade wegen ihrer völligen Hilflosigkeit, ihrer Unschuld und der Einsamkeit ihrer Verzweiflung. Die Stimmen der Menschen bewegen uns unabhängig von aller rationalen Argumentation, da sie den Glauben an die Existenz einer menschlichen Solidarität stets von Neuem einer Zerreißprobe aussetzen und in Frage stellen.«

Auch die Geschichte der Villa in der Nachkriegszeit ist emblematisch für das postfaschistische Deutschland. Die Initiative des Historikers und Auschwitz-Überlebenden Joseph Wulf, in dem Haus eine internationale Forschungsstätte über den Holocaust einzurichten, wurde in den 1960er Jahren vom Berliner Senat brüsk abgewiesen. In der Debatte griffen die nicht-jüdischen Beteiligten tief in das Arsenal des sekundären Antisemitismus – jener Mechanismen der Schuld- und Erinnerungsabwehr, in denen die jüdischen Überlebenden als Störenfriede einer vermeintlich wieder errungenen nationalen Normalität wahrgenommen wurden. Die Ermordeten sollten noch, wie Adorno schrieb, »um das einzige betrogen werden, was unsere Ohnmacht ihnen schenken kann, das Gedächtnis«.

Das Argument der Gegner des Projekts, die Schaffung der Forschungsstätte könnte den Antisemitismus mobilisieren, war eines der häufigsten Begründungen zur Abwehr kritischer Auseinandersetzungen mit der NS-Vergangenheit, aber auch von Entschädigungsforderungen für das begangene Unrecht. Der Begriff der Ohnmacht, mit dem Adorno auf die ganz und gar unerträgliche Wahrheit verweist, dass der Mord durch nichts ungeschehen gemacht werden kann, steht dabei in einem schrillen Kontrast zu der bloßen Rede von der Wiedergutmachung oder der Vergangenheitsbewältigung nach 1945. Im Jahre 1992 wurde schließlich das Haus der Wannsee-Konferenz als »erste Gedenkstätte des Holocaust im Land der Täter« eröffnet.

Wenn man Adornos Einsicht folgt, dass der gesellschaftliche Druck, der sie zu dem Unsäglichen treibt, das in Auschwitz kulminierte, weiter auf den Menschen laste, dann gilt auch die Aufgabe einer Bildungsarbeit nach Auschwitz, wie sie Adorno benannte, trotz aller seither erfolgten Wandlungen der sogenannten Erinnerungskultur bis heute: »[…] Die Menschen sind davon abzubringen, ohne Reflexion auf sich selbst nach außen zu schlagen. Erziehung wäre sinnvoll überhaupt nur als eine zu kritischer Selbstreflexion.« Dabei wäre kritische Reflexion zuvörderst zu begreifen als gerades Gegenteil identitärer Sinnstiftung, und sei es der einer besonders vorbildlichen Aufarbeitung der Vergangenheit. Gemeint ist die Selbstreflexion des Individuums, die Auseinandersetzung mit der eigenen Situation in der Gesellschaft und damit insbesondere die Befähigung zur Selbstbestimmung gerade auch gegenüber den Ansprüchen identitärer Kollektive.

Solche Bildungsarbeit stößt dann an ihre Grenzen, wenn die Bereitschaft zum Nachdenken, die Fähigkeit zur Erfahrung fehlt. Gegen die antisemitische Weltanschauung – sei sie links- oder rechtsextremistisch oder islamistisch konnotiert – ist jedes Argument vergeblich. Was bleibt ist der Rechtsstaat, der antisemitische Bedrohung zu unterbinden und Jüdinnen und Juden Schutz zu bieten hat. Gleiches gilt für den im Gewand der Israelfeindschaft auftretenden Antisemitismus.

Für Herbert Marcuse bestand »der historische Zweck der Gründung des Staates Israel darin […], eine Wiederholung von Konzentrationslagern, Pogromen und anderen Formen der Verfolgung und Diskriminierung zu verhindern.« Und er stellte fest, dass »unter den gegenwärtigen internationalen Bedingungen […] die Verfolgung dieses Zwecks die Existenz eines souveränen Staates voraus[setzt], der verfolgte oder von Verfolgung bedrohte Juden aufnehmen und schützen kann.«

Und so ist die Solidarität mit Israel und den Jüdinnen und Juden in der Diaspora eine der unhintergehbaren Konsequenzen aus Auschwitz! Zugleich auch Ausdruck der Verpflichtung, sich jeder Fantasie der Vernichtung eines – wie es im Protokoll der Wannsee-Konferenz heißt – »neuen jüdischen Aufbaues« mit aller Macht entgegenzustellen.

Grußwort zur Eröffnung der Dauerausstellung im Haus der Wannsee-Konferenz, Berlin, 19. Januar 2020.

Biografie Klaus Lederer

1974
in Schwerin geboren. Aufgewachsen in Frankfurt (Oder) und Berlin-Hohenschönhausen

März 1980
Polytechnische Oberschule (bis 1988)

März 1988
Spezialschule mathematisch-naturwissenschaftlich-technische Richtung

März 1992
Abitur
Angestellter mit dem Tätigkeitsfeld eines Jugendsozialarbeiters
Eintritt in die PDS

März 1993
Studium der Rechtswissenschaften an der Humboldt-Universität zu Berlin und 1. juristische Staatsprüfung (bis 1998)

März 1995
Bezirksverordneter und stellvertretender Fraktionsvorsitzender der PDS im Bezirk Prenzlauer Berg

März 1999
Zivildienst

Januar 2000
Promotion zum Dr. iur. an der Juristischen Fakultät der Humboldt-Universität zu Berlin (bis 2004)
Stellvertretender Bezirksvorsitzender der PDS in Pankow

März 2003
Mitglied des Berliner Abgeordnetenhauses, zuletzt als rechtspolitischer Sprecher der Fraktion DIE LINKE (bis März 2016)
Stellvertretender Landesvorsitzender der PDS Berlin

März 2004
Referendariat im Bezirk des Kammergerichts Berlin, 2. juristische Staatsprüfung

März 2005
Landesvorsitzender der Linkspartei.PDS Berlin

März 2006
Rechtsanwalt, seit Amtsantritt als Senator Berufsausübungsverbot gem. § 47 Abs. 2 BRAO

März 2007
Landesvorsitzender der Partei DIE LINKE Berlin (bis 2016)

März 2012
Mitglied im Parteivorstand der Partei DIE LINKE

2016
Seit Dezember Bürgermeister und Senator für Kultur und Europa von Berlin

Der Autor

HANS-DIETER SCHÜTT, geboren 1948 in Ohrdruf (Thüringen), lebt als Publizist in Berlin. Veröffentlichte Essaybände (»Die Farbe Schwarz-Weiß«, »Doppelt leben«, »Glücklich beschädigt«, »Draußen daheim«), Biografien (Kurt Böwe, Regine Hildebrandt, Günter Gaus). Zahlreiche Interviewbücher, u. a. mit Reinhold Messner, Klaus Löwitsch, Frank Castorf, Robert Menasse, Ekkehard Schall, Alfred Hrdlicka, Ursula Karusseit, Dieter Mann, Friedrich Schorlemmer, Christian Grashof. Filmessays (mit Ulrich H. Kasten): »Die Langhoffs«, »Paul Celan«. Im be.bra Verlag erschien »Andreas Dresen. Glücks Spiel – Porträt eines Regisseurs«.

Hans-Dieter Schütt

Andreas Dresen

Glücks Spiel – Porträt eines Regisseurs

304 Seiten, 46 Abb., Gebunden
ISBN 978-3-89809-172-5

Andreas Dresen gehört zu den bedeutendsten deutschen Filmregisseuren. Ob »Halbe Treppe«, »Sommer vorm Balkon«, »Wolke 9«, »Halt auf freier Strecke« oder zuletzt »Gundermann« – seine Filme hinterlassen Spuren, sind preisgekrönt, begeistern oder verstören, zeigen in jedem Fall Haltung.

Für Dresen ist Arbeit Glück, und Filmen und Theater sind Spiel. Wenn beides zusammenkommt, ist das: Glücks Spiel. Im Gespräch mit Hans-Dieter Schütt kommt neben Arbeit und Spiel aber auch ganz Privates zur Sprache. So entsteht das Porträt eines Künstlers, der sich – bodenständig und bescheiden – immer wieder den großen Fragen unserer Zeit widmet.

Mit zahlreichen Fotos sowie Texten von Andreas Dresen, Laila Stieler und Wolfgang Kohlhaase

»Der große Realist des deutschen Kinos.«

SÜDDEUTSCHE ZEITUNG